- 浙江省社科规划课题成果（文化取向调节的浙江乡村教师绩效薪酬偏好及其影响研究，项目批准号：20NDJC182YB）
- 浙江省教育科学规划2019年度重点课题成果（浙江乡村教师薪酬偏好：构成、一致性及长期从教意愿研究，项目批准号：2019SB068）
- 绍兴文理学院出版基金资助
- 绍兴文理学院商学院科研平台课题成果

# 乡村振兴进程中
# 乡村教师绩效薪酬偏好研究

XIANGCUN ZHENXING JINCHENGZHONG
XIANGCUN JIAOSHI JIXIAO XINCHOU PIANHAO YANJIU

畅铁民　著

中国财经出版传媒集团

经济科学出版社
Economic Science Press

图书在版编目（CIP）数据

乡村振兴进程中乡村教师绩效薪酬偏好研究/畅铁民著.
—北京：经济科学出版社，2020.11
ISBN 978 – 7 – 5218 – 2131 – 4

Ⅰ.①乡…　Ⅱ.①畅…　Ⅲ.①农村学校 – 教师 – 工资
管理 – 研究 – 中国　Ⅳ.①G451.5

中国版本图书馆 CIP 数据核字（2020）第 242885 号

责任编辑：李　雪　高　波
责任校对：徐　昕
责任印制：王世伟

**乡村振兴进程中乡村教师绩效薪酬偏好研究**
畅铁民　著
经济科学出版社出版、发行　新华书店经销
社址：北京市海淀区阜成路甲 28 号　邮编：100142
总编部电话：010 – 88191217　发行部电话：010 – 88191522
网址：www. esp. com. cn
电子邮箱：esp@ esp. com. cn
天猫网店：经济科学出版社旗舰店
网址：http：//jjkxcbs. tmall. com
北京季蜂印刷有限公司印装
710 × 1000　16 开　20 印张　280000 字
2021 年 3 月第 1 版　2021 年 3 月第 1 次印刷
ISBN 978 – 7 – 5218 – 2131 – 4　定价：80.00 元
（图书出现印装问题，本社负责调换。电话：010 – 88191510）
（版权所有　侵权必究　打击盗版　举报热线：010 – 88191661
QQ：2242791300　营销中心电话：010 – 88191537
电子邮箱：dbts@ esp. com. cn）

# 前　　言

　　乡村振兴战略实施进程中，乡村教师职业吸引力问题受到重视。乡村教师绩效薪酬偏好与乡村教师职业吸引力协同是目前面临的关键理论问题。本书结合绩效薪酬制度分选效应视角下的绩效薪酬偏好理论，提出绩效薪酬偏好的文化—社会心理环境影响分析框架，基于CGSS2015数据库以及在校大学生和乡村教师的问卷调查，验证了绩效薪酬偏好文化影响模型、乡村教师绩效薪酬偏好文化—社会心理环境影响模型。

　　研究结果证实：个体在工作回报中最重视收入水平，认知能力显著影响薪酬偏好；在校大学生文化价值取向、核心自我评价均显著影响大学生的绩效薪酬偏好；文化取向显著影响乡村教师绩效薪酬观念偏好、绩效薪酬项目需求偏好；社会心理环境显著影响乡村教师绩效薪酬观念偏好、绩效薪酬项目需求偏好，其中，领导支持、水平集体主义文化直接影响绩效薪酬需求偏好，领导支持通过归属感、乡村学校发展认同、水平集体主义文化取向间接影响绩效薪酬需求偏好，归属感、学校发展认同，均通过水平集体主义文化取向的中介而间接影响绩效薪酬需求偏好。理论创新上，本书从文化取向、社会心理环境视角丰富了乡村教师绩效薪酬分选效应理论文献；实践应用创新上，构建了乡村教师从教决策矩阵工具，提出了四种乡村教师从教决策行为定位，提供了乡村教师从教决策矩阵的运行机制和实施步骤。

本书适合教育管理研究者、乡村教师及师范类专业高年级学生参考，也适合教育部门、人力资源和社会保障部门实际工作者参考。

本书是2020年度浙江省哲学社会科学规划课题"文化取向调节的浙江乡村教师绩效薪酬偏好及其影响研究"（项目编号：20NDJC182YB）成果。

本书的出版得到经济科学出版社编辑李雪老师的大力支持和帮助。在此，向经济科学出版社和李雪老师表示衷心感谢。本书同样得到绍兴文理学院及师生的大力支持和帮助，在此，作者深表谢意。

本书的出版得到绍兴文理学院出版基金、绍兴文理学院商学院科研平台课题资助，在此感谢学院的大力支持！

鉴于个人能力有限，本书一定存在不少缺点和错误，真诚欢迎同行和读者们提出宝贵意见。

# 目　　录

# 第二篇　理　论　框　架

# 第三篇　实　证　研　究

# 第四篇　对策与展望

# 引　言

新时代中国乡村教育正在进入新阶段。国家给予前所未有的重视。尤其是强化乡村教师队伍质量、数量、效能、持续满足乡村振兴战略要求，已经成为乡村文化教育事业发展的重要战略举措。

据 2020 年 3 月 31 日《人民日报》报道，习近平总书记在浙江安吉县余杭考察时指出，全面建设社会主义现代化国家，既包括城市现代化，也包括农业农村现代化。实现全面小康之后，要全面推进乡村振兴，建设更加美丽的乡村，要推动乡村经济、乡村法治、乡村文化、乡村治理、乡村生态全面强起来。这进一步为全国乡村教育及乡村教师队伍建设明确了方向。

乡村振兴战略的总要求是产业兴旺、生态宜居、乡风文明、治理有效、生活富裕。所谓产业兴旺，就是要紧紧围绕促进产业发展，引导和推动更多资本、技术、人才等要素向农业农村流动，调动广大农民的积极性、创造性，形成现代农业产业体系，促进农村一二三产业融合发展，保持农业农村经济发展旺盛活力。生态宜居，就是要加强农村资源环境保护，大力改善水、电、路、气、房、通信等基础设施，统筹山水林田湖草保护建设，保护好绿水青山和清新清净的田园风光。乡风文明，就是要促进农村文化教育、医疗卫生等事业发展，推动移风易俗、文明进步，弘扬农耕文明和优良传统，使农民综合素质进一步提升、农村文明程度进一步提高。治理有效，就是要加强和创新农村社会治理，加强基层民主和法治建设，弘扬社会正气、惩治违法行为，使农村更加和谐、安定、有序。生活富裕，就是要让农民有持续稳定的收入来源，经济宽裕，生活便利，最终实现共同富裕。

实施乡村振兴战略，乡村文化是先导和引领。要推动乡村文化振兴，必须加强农村思想道德建设和公共文化建设，以社会主义核心价值观为引领，深入挖掘优秀传统农耕文化蕴含的思想观念、人文精神、道德规范，培育挖掘乡土文化人才，弘扬主旋律和社会正气，培育文明乡风、良好家风、淳朴民风。

2018年1月2日，中共中央、国务院发布的《中共中央国务院关于实施乡村振兴战略的意见》强调，实施乡村振兴战略，是解决人民日益增长的美好生活需要和不平衡不充分发展之间矛盾的必然要求，是实现"两个一百年"奋斗目标的必然要求，是实现全体人民共同富裕的必然要求，进一步明确提出要优先发展农村教育事业。高度重视发展农村义务教育，推动建立"以城带乡、整体推进、城乡一体、均衡发展"的义务教育发展机制。要求统筹配置城乡师资，并向乡村倾斜，建好建强乡村教师队伍。

2018年8月国务院办公厅发布《关于进一步调整优化结构提高教育经费使用效益的意见》中明确规定，要不断提高教师队伍建设保障水平，健全中小学教师工资长效联动机制，确保中小学教师平均工资收入水平不低于或高于当地公务员平均工资收入水平，力争用三年时间解决义务教育阶段教师工资待遇问题。严格按照现行政策规定落实乡村教师生活补助政策，及时足额发放艰苦边远地区津贴，加强教师周转房建设，提高乡村教师工作生活保障水平，引导优秀教师到农村任教。

运用强有力的全面薪酬体系，增强乡村教师职业吸引力，将成为理论界和教育界最重大的教育政策走向。乡村教师职业吸引力提升机制中，基本工资战略、绩效工资战略、生活补助战略、周转房、职称晋升优惠政策正是促进乡村教师队伍良性发展的重要举措。绩效工资政策尤其重要，因为教师的绩效薪酬偏好是制度成果的重要标志。

乡村教师绩效薪酬偏好研究的主要意义表现在以下几个方面：

第一，体现着党中央、国务院实现稳就业、保民生的重要内涵；

第二，是绩效薪酬理论在中国文化背景下的重要体现，有助于丰富绩效工资效果理论的实证研究依据；

第三，是引导科教兴国、教师绩效评价的重要方向，促进国家对教育事业持续战略投入；

第四，绩效薪酬能否增强教师职业吸引力，受到广大教师的拥护和偏好，是乡村教师绩效薪酬政策制定者关心的重要内容，是检测教师绩效薪酬制度效果的重要标志；

第五，有利于不断提高乡村教师队伍素质，提升乡村教育事业水平，提升乡村学校学生的学习水平，增强人民群众对教育改变人生理念的强大信心。

从文化协同性视角，开展乡村教师绩效薪酬偏好研究面临着以下新机遇：

第一，目前国内外基础教育教师队伍建设都获得政府绩效薪酬政策的大力支持。虽然在政策效果上存在差异，但总体上正向效应正在逐渐展示出来；

第二，全球范围内，很多学科专家都高度关注基础教育教师绩效薪酬综合性偏好及其影响因素的探索，特别是文化因素的影响机制的探索研究已经成为热点；

第三，自20世纪中期至今，多学科、实证性成果层出不穷，绩效薪酬效果研究的观点虽然差异较大，目前仍然是研究前沿和多学科的热点，尤其是教育学、薪酬管理学、文化学、心理学等学科的交叉研究前沿；

第四，义务教育教师绩效工资的实践行为不断为理论研究提供新素材和新案例；

第五，国内外同行积极开展跨文化视角下绩效薪酬偏好比较研究，新成果不断涌现。

持续多年的教师绩效薪酬偏好研究，让我们认识到，开展新时代乡村教师绩效薪酬偏好的研究，要力求在以下方面有新的特色和进步：

首先，乡村教师绩效薪酬偏好的文化取向与社会心理环境分析是本书的核心，是新时代乡村文化环境支撑乡村教师队伍健康发展的主要机制。文化取向、社会心理环境对教师绩效薪酬偏好的影响研究是本书自始至终的一条主线。

其次，理论上之所以通过多视角分析乡村教师绩效薪酬偏好结构、文化取向与社会心理环境结构、绩效薪酬偏好对教师职业选择行为的影响机制，是由于乡村教师从教决策问题本身的复杂性和挑战性所致，也是乡村教师队伍发展政策的难点，加上涉及面广，政府财政投入巨大，与多项政策实施环境、路径密切有关，因此需要开展多学科交叉研究。

这些正是吸引笔者经年累月开展调研的兴趣所在。基于对绩效薪酬偏好基本理论的信心，笔者坚信调研过程的必要性和科学性，持续运用新的测量分析手段，试验新的研究模型，努力提供绩效薪酬偏好研究新成果，为解释绩效薪酬效果争议提供新的解释证据。

当前，乡村教师绩效工资效果研究要重点回应以下问题：

第一，在乡村振兴进程中，对乡村教师绩效工资效果及其影响因素的界定。我国乡村教师绩效薪酬偏好与职业吸引力关系是本书的核心问题，即在文化取向、社会心理环境分析视角下，揭示乡村教师绩效薪酬偏好的结构、文化取向—社会心理环境影响机制以及职业吸引力之间的复杂关系。

第二，当下乡村教师职业满意度、薪酬满意度、在乡村长期从教意愿以及工作积极性研究。

第三，立足乡村教师的职业吸引力现状，从实证研究方法出发，合理运用乡村教师绩效薪酬效果理论研究方法。

第四，各个国家乡村教师绩效薪酬需求差异比较分析。

第五，从规范分析着手，通过案例分析，探索乡村教师绩效薪酬效果中，文化取向、社会心理环境所产生的影响。

本书主要侧重于以下几个方面：

第一，实证研究结果要为乡村教师职业吸引力提升提供关键的路径参考；

第二，为完善乡村教师绩效工资制度提供项目优化目标、内容、强度参考依据；

第三，为完善乡村学校治理、推动乡村文化与社会心理环境建设提供参考建议；

第四，为乡村教师职业发展、教师人力资本提升提供对应路径；

第五，为各级教育主管部门、人力资源和社会保障部门、就业中介机构，提供乡村教师、师范生培养方案完善对策；

第六，持续开展师范生职业生涯的调研活动，为乡村教师职业发展、学生学业进步、乡村学校发展高水平的协同机制提供新观点；

第七，为乡村振兴与乡村教师队伍建设协同提供建议。

# 第一篇　理论回顾

# 第一章 绪 论

## 第一节 概 述

### 一、政策背景

2019 年 9 月 3 日教育部新闻发布会上宣布，将研究改革和完善绩效工资总量核定办法，提高奖励性绩效工资比例，降低职称在绩效工资分配中的权重，单列班主任岗位津贴，推动提高教师教龄津贴标准。2020 年 1 月 10 日教育部在全国教育工作会议上提出，要"严师德、促发展、优管理、立尊严"，大力营造尊师重教的社会氛围，提高教师社会地位，解决义务教育教师工资待遇问题，更好地发挥绩效工资激励导向作用，表明教师薪酬的诉求得到教育主管部门的认可和治理。乡村教师作为特殊的义务教育教师群体，国家对他们绩效工资的关怀表现得更为突出。

基础教育离不开教师队伍，乡村振兴尤其需要乡村教师队伍在质量、数量、结构等方面的发展，达到与城镇教师队伍优质均衡。

实践上，这些政策的陆续出台，反映了政府对义务教育教师，尤其是乡村教师队伍发展的重视态度。理论上，新时代乡村教师绩效工资制度改革及其效果再次成为教育学、经济学、薪酬管理等学科交叉研究热点。具体来说，学者关注的焦点集中在绩效薪酬背景下，不同类型的文化取向是否调节教师的薪酬态度，从而影响教师的职业承诺。这个问题的探索，不仅是项重要的民生活动，也是国家在教育领域进行教师队伍待遇改善的巨大投入和效果的重点目标。人民需要高质量的、均衡的城乡教师优质均衡机制，优秀人才能够下得去、留得住、教得好，是乡村教师振兴计划的重要目标。

在实现乡村教育现代化进程中，结合乡村文化振兴战略，大力提升乡村教师薪酬待遇，促进高质量教师队伍健康持续发展，是新时代乡村教师队伍和乡村教育质量改进的战略举措。本书主要是探索城乡教师文化取向差异现实条件下，城乡教师薪酬偏好存在哪些差异，是否有利于城乡教师从基本均衡向优质均衡转换，以及如何协同来解决不利状况。这些问题不只是实践中的问题，在理论上同样意义巨大，因为绩效薪酬效应理论的完善仍然需要更多的证据。特别是中国城乡教育一体化进程，更进一步提供了教师薪酬制度转换对师资队伍素质构成影响研究的政策机遇期，有利于为绩效薪酬分选效应实证研究提供中国文化背景的证据。

从国家战略来看，到 2020 年全面建成小康社会、基本实现教育现代化，薄弱环节和短板在乡村。尽管党和国家历来高度重视乡村教师队伍建设，在稳定和扩大规模、提高待遇水平、加强培养培训等方面采取了一系列政策举措，乡村教师队伍面貌发生了巨大变化，乡村教育质量得到了显著提高，广大乡村教师为中国乡村教育发展做出了历史性的贡献。但受城乡发展不平衡、交通地理条件不便、学校办学条件欠缺等因素影响，当前乡村教师队伍仍面临职业吸引力不强、补充渠道不畅、优质资源配置不足、结构不尽合理、整体素质不高等突出问题，制约了乡村教育持续健康发展。

2019 年 2 月，中共中央、国务院印发了《中国教育现代化 2035》，要求提升义务教育均等化水平，建立学校标准化建设长效机制，推进城乡义务教育均衡发展。在实现县域内义务教育基本均衡基础上，进一步推进优质均衡。

2018 年 1 月 2 日，中共中央、国务院发布《中共中央国务院关于实施乡村振兴战略的意见》。意见中明确提出，高度重视发展农村义务教育，推动建立"以城带乡、整体推进、城乡一体、均衡发展"的义务教育发展机制；统筹配置城乡师资，并向乡村倾斜，建好建强乡村教师队伍。

建设高素质专业化创新型教师队伍。加大教职工统筹配置和跨区域调整力度，切实解决教师结构性、阶段性、区域性短缺问题。完善教师资格体系和准入制度。健全教师职称、岗位和考核评价制度。提高教师社会地位，完善教师待遇保障制度，健全中小学教师工资长效联动机制，全面落实集中连片特困地区生活补助政策。加大教师表彰力度，努力提高教师政治地位、社会地位、职业地位。

2018 年 1 月 31 日，中共中央、国务院发布《关于全面深化新时代教师队伍建设改革的意见》，坚持"兴国必先强师"，深刻认识教师队伍建设的重要意义和总体要求，提出完善中小学教师待遇保障机制。优化义务教育教师资源配置。实行义务教育教师"县管校聘"。深入推进县域内义务教育学校教师、校长交流轮岗，实行教师聘期制、校长任期制管理，推动城镇优秀教师、校长向乡村学校、薄弱学校流动。实行学区（乡镇）内走教制度，地方政府可根据实际给予相应补贴。

要求健全中小学教师工资长效联动机制，核定绩效工资总量时需统筹考虑当地公务员实际收入水平，确保中小学教师平均工资收入水平不低于或高于当地公务员平均工资收入水平。完善教师收入分配激励机制，有效体现教师工作量和工作绩效，绩效工资分配向班主任和特殊教育教师倾斜。大力提升乡村教师待遇。深入实施乡村教师支持计划，关心乡村教师生活。认真落实艰苦边远地区津贴等政策，全面落实集中连片特困地区乡村教师生活补助政策，依据学校艰苦边远程度实行差别化补助，鼓励有条件的地方提高补助标准，努力惠及更多乡村教师。

2015 年国务院办公厅印发《乡村教师支持计划（2015—2020 年)》，提出各地要依法落实乡村教师工资待遇政策。

## 二、乡村教师职业吸引力与队伍发展基本态势

在实施乡村振兴战略过程中，乡村教育现代化已经不可避免被提上议事日程中。乡村教师的质量建设尤其是重中之重。如何综合运用物质激励和文化、社会心理环境协同的长远动力机制来吸引优秀人才在乡村长期从教，是本书的研究核心。其中，乡村教师职业吸引力分析是落脚点。

围绕乡村教师职业吸引力方面，从研究工具看，东北师范大学农村教育研究所提出农村教师职业吸引力结构，具体包括社会认可、职业提供、个人偏好和空间社会特质四个因素。其中，社会认可指农村优秀教师愿不愿意留守农村，城镇优秀教师愿不愿意到农村交流，师范院校优秀学生愿不愿意到农村任教，直接反映了农村教师的职业吸引力。所谓职业提供，就是某一职业向求职者提供的工作内容、工作负担、薪酬福利、晋升发展、工作环境等一系列职责要求与劳动回报体系。进一步地，乡村教师的职业地位可以从经济地位、社会地位、专业地位三个方面来评价。

乡村教师职业吸引力不足，在很大程度上并不是因为教师职业本身没有吸引力，而是因为学校所拥有的社会空间没有吸引力。长期在农村地区工作和生活的教师对"边远艰苦地区"是什么印象呢？排在前四位的因素分别是缺乏公共服务设施、整体文化程度低、经济发展水平低和交通不便。由此可见，城镇教师对边远艰苦地区的负面感受更加全面，特别是"交通不便""网络等信息通道不通畅"和"缺乏公共服务设施"反映的都是政府应当关注的内容，抓边远艰苦地区农村基本公共服务建设已成当

务之急。与城乡现职教师相比，大学生对农村的印象要好很多，持"很符合"态度的个案百分比最高的两项是"民风淳朴"和"自然环境好"。

吸引优秀人才去农村当老师，至少需要增强乡村教师的职业吸引力量（工资待遇、发展空间等）、职业保障力量（编制、医疗保险、周转房等）和社会促动力量。这些要素，正是新时代城乡教师资源优质均衡的重大制约环节，即文化环境和全面薪酬待遇动力协同性。协同性是文化取向因素和乡村教师绩效薪酬偏好结构的对应程度，内在地促使教师在乡村长期从教。

东北师范大学中国农村教育发展研究院发布的《中国农村教育发展报告2019》显示，我国乡村教师队伍建设成效明显，师资队伍向好发展。2017年全国各地共招聘特岗教师7.7万人，分布在1万多所农村学校，乡村小学和初中的生师比低于国家标准。2017年全国小学专科及以上学历的教师比例为95.26%，其中农村为93.80%；全国初中本科及以上学历的教师比例为84.63%，其中农村为81.10%，城乡差距较2015年有所缩减。

另外，农村义务教育整体发展与教师队伍建设成效明显。通过对全国18个省区市35个县（区）中小学分层抽样调查显示，2017年义务教育教师（县城、镇、乡、村屯教师）由前一级职称晋升到二级、一级、高级、正高级职称花费的年限分别为3.91、5.77、9.13、9.83、9.44年；乡村（乡+村屯）教师晋升二级、一级、高级职称的年限分别为5.93、9.22、10.28年，县镇（县城+镇）教师分别为5.66、9.07、9.67年，乡村教师晋升二级、一级、高级职称的年限均显著高于县镇教师；评三级职称，乡村与县镇教师分别花费3.82年和4年，乡村教师显著低于县镇教师。

《中国农村教育发展报告2019》中的数据显示，县城、镇、乡、村屯中学一级教师每月实发工资分别为3248.3、4344.2、4097.0、4155.2元；

县城、镇、乡、村屯小学高级教师每月实发工资分别为 3461.9、4317.9、4289.2、4511.1 元。2017 年乡村教师生活补助首次实现了集中连片特困地区县的全覆盖，其中乡村学校和教师覆盖率分别为 97.37% 和 96.41%。2017 年中央投入的乡村教师生活补助资金占 91.67%，各地人均月补助标准为 322 元，比 2016 年增加 38 元，增幅为 13.38%，其中，人均月补助标准超过 400 元的占 27.27%。

有学者认为，改革开放 40 多年来，国家高度重视农村教育发展，积极改变农村教育落后面貌，农村教育实现了由扫盲普小教育向普及高中阶段教育、由城乡教育非均衡发展向城乡教育一体化发展、由农村教育结构单一向多元、由农村学生"有学上"向"上好学"的重大转变（邬志辉，2019）。

## 三、乡村教师队伍建设的困境

上述发展指标反映了目前城乡教师队伍在学历方面仍然存在差距，处于基本均衡状态，距离优质均衡还存在一定差距。2017 年，乡村教师生活补助首次实现了集中连片特困地区县的全覆盖。值得注意的是，各地人均月补助标准为 322 元。该报告还显示，"乡村教师支持计划（2015－2020年）"实施后，对支持计划持满意态度的乡村教师占比达 84.85%，83.46% 的乡村教师愿意继续留在乡村学校任教。

乡村振兴战略中，基础教育教师队伍落后一直受到社会关注，尽管各级政府不断给予投入，但距离城市教师队伍仍有一定差距。从目前情况看，影响的主要因素是教师综合待遇和生活环境、工作条件等方面的不足，造成教师"下不去、待不住、教不好"。如何提升乡村教师优质人才比例，从未来教育政策来看，仍然是重点。

# 第二节 研究问题

## 一、乡村教师队伍研究关注的焦点

学者们对乡村教师队伍研究，主要聚集在教师职业发展与支撑保障政策的效能方面。有学者运用书目共现分析系统 Bicomb 和文献可视化软件 CiteSpace，对 2000～2018 年中文社会科学引文索引数据库（CSSCI）收录的 833 篇以乡村教师为研究主题的学术论文进行统计分析，绘制出乡村教师研究的知识图谱，以期揭示近 20 年来中国乡村教师研究的现状和热点主题。结果表明，我国乡村教师研究的热点主要集中于农村教育、教师专业发展与义务教育这三个方面（杜志强，2019）。进一步地，有学者注意到，青年教师是乡村教育可持续发展的战略保障。但由于《乡村教师支持计划》政策倾斜点与青年教师需要的非对称性，导致青年教师在生活补助、周转宿舍以及职称改革方面受益十分有限，并且忽略了城镇化对乡村青年教师生活选择和教学实际的影响，存在乡村青年教师亲情分割、多学科教学知识短板、同行交流缺位以及婚恋社会交往尴尬的治理盲点。激励乡村青年教师须精准治理，构建以"关键需要"为首要任务的治理方略，形成"主要矛盾区先行"的治理行动路径，创新学校管理进行专业激励，增强人文关怀进行情感激励（王红，2019）。

## 二、乡村教师薪酬偏好方面存在的问题

谢爱磊（2019）立足一项较大规模的社会调查，就乡村教师荣誉制度

建设措施—从教 30 周年荣誉证书的发放进行探索性研究。数据分析表明，受访教师倾向于将荣誉证书的发放作为一项社会声望授予方式。由于他们感受到较为强烈的声望危机，他们在职业身份认同上处于摇摆状态，谈及"荣誉证书"以及荣誉感时大多显示出一定的矛盾心理：既认可，又表示其"含金量不够"，无法帮助他们提升社会声望并进一步获得建基于此的荣誉感。

可以看出，包括乡村教师在内的教师，对于长期从教奖励的荣誉证书制度的偏好存在明显的不认可。如何立足教师需求、回归个体以专业发展激发专业荣誉、促使社会风气转变、落实教师实惠的待遇，是形成教师荣誉证书偏好的重要举措。这些观点反映出乡村教师对于荣誉证书激励作用的淡漠。

杨挺（2018）提出，我国城乡义务教育取得了令人瞩目的成就。从纵向治理来看，基于不同阶段的治理理念，城乡义务教育治理经历了"两条腿走路""非均衡发展""均衡发展""优质均衡发展"四个阶段。从横向治理来看，我国在城乡义务教育治理体制、治理目标、治理价值、治理方式等方面呈现出其发展的基本特征，实现了从市场自主向政府责任的回归、从外延增长转向内涵发展、从效率向公平转化、从统一性模式向多元化模式发展的治理特征，对乡村教师队伍建设提出了新的对策建议。

刘丽群（2018）提出，美国乡村学校的改革走过了一条从乡村出发、向城市迈进然后再回到乡村的曲折道路。当前，美国乡村学校数量大、规模小、分布广且城乡教育经费配置不均衡，教育条件整体性落后于城市，但教育质量并不完全逊色于城市。美国的乡村学校改革正从向城市看齐转至面向乡村教育自身，其乡村教育的发展得益于宏观政策的引领、教师队伍的建设、多种社会力量的联动以及现代技术的辅助应用等。当前，我国的乡村教育处在最好也是最难的发展时期。因此参照美国乡村学校的发展历程，值得我们关注和思考。比如，美国教育部的调查表明，教师工资低、孤独感（包括社会性孤独、地理性孤独）是导致乡村教师缺乏吸引力的两个最主要因素。2011～2012 年，美国城市各学校全职教师的平均工资是 54860 美元，城郊为 58470 美元，镇区为 47780 美元，乡村为 47130 美元。首先，美国政府通过教师绩效薪酬项目发放包括教师签约奖金、特殊岗位奖金、住房券、住房补贴、支付搬迁费用、实习津贴、助学贷款等多管齐下的经济奖励；其次，消除教师的孤独感，帮助他们更快地融入当地文化之中。阿拉斯加大学和当地的教育部门在 2004 年发起阿拉斯加州导师项目，为新教师提供指导服务，乡村教师的稳定率从 67% 提高到 77%。

对于乡村教师薪酬制度，蒋亦华（2019）认为，新世纪我国乡村教师政策可划分为完全性政策与关联性政策，其内容演变表现出三个特点，即由被动应对向主动呼应过渡、由关注部分人向关注所有人过渡、由强调基本合格向促进个体持续发展过渡。我国乡村教师的政策体系虽已渐致形成，政策效应也已显现，但并非没有不足。要解决存在的问题，应明晰政策改进的脉络与主要呈现方式，夯实政策改进的研究基础，以主体协同为政策改进的基本线索，进一步彰显政策制定的乡村立场。

张国玲（2019）基于历年国务院政府工作报告中有关教师队伍建设的分析发现：新中国成立 70 年来教师队伍建设的核心议题由"知识分子改造"至"尊师重教、提高教师素质"再至"乡村教师队伍建设"；"变"中之"常"表现为："教师队伍建设"隐喻成为表现教师工作基础性地位的常态化主流话语；"提高素质、改善待遇、尊师重教"成为常规化建设维度。这些政策导向均包括教师待遇从单一向全面转型，强化绩效薪酬的战略意图尤为明显。

目前乡村教师绩效薪酬效果正日益集中于绩效薪酬的激励效应、分选效应、绩效考核文化等方面。尤其是绩效薪酬分选效应成为研究热点（格哈特，2005）。结合国内外学者的研究结果，绩效薪酬分选效应的教育领域研究更加重视应用心理学研究范式，即薪酬偏好模型的假设与检验。

相同的教师绩效薪酬，往往也有不同的效果，即教师的绩效薪酬偏好差异是否受到自身的文化价值取向以及所在社区环境的心理感觉影响。这里两个关键变量的研究是目前本书的焦点。相关的调查研究中，作者采用量化与质性研究相结合的方法对山东省 463 名"90 后"乡村小学教师的职业适应状况进行考察，并分析工资待遇、工作地域、学校管理、职业态度和职业成就动机这五个因素对教师职业适应的影响（刘擎擎，2017）。对问卷进行频率分析的结果显示："90 后"乡村小学有 40% 以上的教师对目前的工资待遇总体上不太满意。对工资待遇"非常满意"或"比较满意"的教师只有 10%，近 20% 的教师不赞同学校的教师评价制度，而对学校育人模式的不赞同人数也达到 13.4%。由此可见，这类乡村小学教师在教育理念与管理方面与学校存在不协调现象。除此之外，人际关系总体来说是比较融洽的，大部分教师能够与同事建立亲密合作的关系，和学生也相处融洽。相比较而言，教师与家长、领导的融洽度不高，处于总体平均分以下。塑造合作文化，构建学习共同体已经是青年乡村教师的专业发展的有效路径。

## 三、乡村教师绩效薪酬效果的研究特点

近年来，学者对于乡村教师绩效薪酬偏好的研究特点具体表现在以下几个方面：

### 1. 研究内容以定性分析为主

研究内容主要关注教师绩效工资高低、评价、职业吸引力等方面。绩效薪酬偏好的影响相对集中在定性与描述性统计分析方面，实证研究活动开展得比较晚。

### 2. 乡村教师绩效薪酬效果实证研究成果相对较少

乡村教师是乡土文化的代言人与传承者，其能力构成必然成为有别于

城市教师的独特之处。有学者从乡村教师职业、生存环境和教育对象的特殊性出发，通过验证性因子和探索性因子分析，建构了乡村教师所包含的个人特质、态度、学科知识、乡村价值观和教学技能五个维度共 23 个因子模型。期待该模型能够引领教师主动完善自我，教育部门主动优化乡土文化环境，进而促使对乡村教师实施具有乡土文化特质的教师培训（刘赣洪，2019）。与解决乡村教师薪酬管理与职业发展的问题比较，学科交叉研究相对较少。对乡村教师的绩效薪酬效果调查，立足文化影响的实证相对缺乏，反映个人文化取向、社会环境心理感受的量化研究更少见。

以上乡村教师绩效薪酬效果的文化学研究特点提醒人们，当前乡村教育急需解决乡村教师绩效薪酬态度的结构、社会心理环境与文化影响机制，以及职业发展的相关预测，在理论上检验绩效薪酬偏好文化模型，彰显乡村教师的独特绩效薪酬偏好结构，并提供社会环境对教师薪酬态度、职业意向变量的影响结果。

## 四、乡村教师绩效薪酬偏好主要研究问题

笔者认为，目前我国乡村教师绩效薪酬偏好急需围绕以下问题开展相关研究：

（1）一般性绩效薪酬偏好性质与新维度测量模型。

（2）乡村教师绩效薪酬偏好的性质、结构、演化过程。

（3）乡村学校社会心理环境及其影响机理。

（4）乡村教师文化取向及其影响。

（5）文化价值取向、社会心理环境综合影响机制。

（6）乡村教师职业发展意向评价。

（7）国内外案例比较研究。

（8）政策完善研究。

以上对乡村教师薪酬偏好问题的研究，不仅要展示结果，更要结合中国乡村教师的文化背景、对乡村环境的社会心理感受等因素，分析它们对绩效薪酬偏好的影响，从而增强文化、社会心理感受的关联性，精准调整现实的乡村绩效工资制度，促进乡村教师文化背景、社会心理与绩效薪酬制度效果的一致性。

# 第三节　研究意图

## 一、研究思路

本书总体研究意图是立足乡村教师队伍现状，结合乡村振兴进程，依据绩效薪酬分选效应理论，按照国家基础教育战略目标和现实条件，验证乡村教师绩效薪酬偏好结构，检验社会心理环境与文化因素影响机理，并提出相关制度创新机制和路径。

本书拟构建乡村教师绩效薪酬偏好文化—社会心理环境模型，为现实乡村教师绩效薪酬效果分析提供文化—社会心理环境模式，立足文化学、教育学和薪酬管理学的多学科交叉分析过程，面对复杂的绩效薪酬制度效果问题，运用多学科验证工具，以横向比较不同文化背景、社会心理环境等变量的作用机制。

从乡村振兴和教师队伍建设的实践来看，为开发乡村人才队伍、促进乡村学校师资队伍建设，提供精神激励和物质激励相互协调的政策工具组合体系，形成一系列创新方法和手段，来加强乡村教师素质与绩效薪酬制度的匹配性，为实现高质量的师资队伍提供制度完善建议。

## 二、理论研究目标

本书将验证个体绩效薪酬偏好是否受社会心理环境、文化取向影响，以及其影响方式如何。因此拟构建、验证乡村教师绩效薪酬偏好的文化—社会心理环境模型，以检验绩效薪酬偏好是否和所在的生活社会心理环境关系密切。这样的理论研究分析主要包括如下：

（1）分析绩效薪酬偏好的文化成因，从而为绩效薪酬偏好提供个体的自身因素诱因，为解释不同个体文化背景下的绩效薪酬偏好差异提供新证据。

（2）分析社会心理环境对个体绩效薪酬偏好的作用机制，重点检验归属感、目标认同、领导支持等社会心理特征在绩效薪酬偏好中的影响机制，解释不同组织采用相同绩效薪酬制度、但是制度效果差异较大的外部原因。

（3）整合分析社会心理环境与乡村教师文化取向对绩效薪酬偏好的影响机制，以便更全面地分析在内外条件交互作用下，乡村教师绩效薪酬偏好的结构与特征。

（4）探索乡村教师职业吸引力的社会心理环境、薪酬偏好的影响路径。

## 三、实践应用目标

乡村振兴战略的实施成功，必然要求乡村中小学教师队伍建设取得显著成就。为此，本书的主要研究意图就是寻找在社会环境心理感受剧烈变化的进程中，乡村教师职业发展心理、获得感、薪酬期望、价值观等方面的协同性是如何实现的。这个进程不仅是个体对乡村教育的巨大信心，对乡村教师职业的分析和评价，也反映着国家各级教育部门、人力资源和社会保障部门的政策激励制度意图，更展现了宏观社会心理环境、乡土文明、乡村学校战略的多层次、协调性实践活动。在制度设计和实施中，制度变迁及其成本降低，是实现乡村教育现代化、城乡一体化最低成本的重要内涵。

在应用意图方面，本书包括以下几点：

（1）乡村振兴战略对乡村教师绩效薪酬制度效果的支持保障作用。

（2）乡村振兴战略与乡村教师质量的协同目标。

（3）乡村教师外部激励制度和内在激励制度的匹配机制。

（4）乡村文明与乡村学校社会心理环境创新策略。

（5）乡村教师长期从教的综合待遇改善机制策略。

（6）乡村教师绩效薪酬制度的运行保障机制建设。

# 第四节　研 究 内 容

本书总体框架分为四部分，分别是理论回顾、理论框架、实证研究、对策与展望。

## 一、理 论 回 顾

理论回顾主要包括以下三个方面：

（1）绪论

（2）绩效薪酬偏好比较研究理论回顾

（3）乡村教师绩效薪酬偏好研究理论回顾

## 二、理论框架

结合文化取向理论、社会心理环境理论，构建乡村教师绩效薪酬偏好的文化—社会心理环境影响模型，分析文化取向、社会心理环境对乡村教师绩效薪酬偏好的综合影响。初步的概念研究模型如图1－1所示。

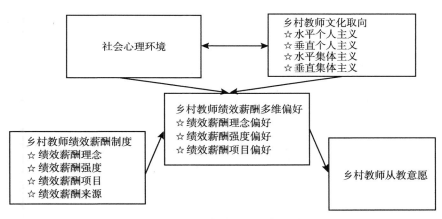

**图1－1 初步的研究概念模型**

## 三、实证研究

### （一）实证研究模型

本书拟立足国内劳动力居家调查 CGSS2015 数据库、在校大学生、乡村中小学教师及师范生的问卷调查，开展居民薪酬偏好分析，在校大学生及乡村教师绩效薪酬偏好、文化取向、乡村社会心理环境感受分析；证实文化取向、社会心理环境对绩效薪酬偏好影响假设；进行规范分析，开展乡村教师绩效薪酬偏好的多案例分析；对相关分析结论进行讨论，提出研究结果和对策。

### （二）基本研究步骤

（1）运用问卷调查方法，选择浙江在校大学生、乡村学校教师进行绩效薪酬偏好测评。

（2）乡村教师绩效薪酬多维偏好测量。

①绩效薪酬项目偏好测量。首先，请乡村教师按照个人需求愿望，测量乡村教师四类绩效薪酬项目需求偏好；其次，比较四类绩效薪酬项目与固定工资项目的吸引力，测量绩效薪酬项目比较偏好；最后，按照个人喜好程度，测量四类绩效薪酬项目的顺序偏好。

②绩效薪酬强度偏好测量。按照个人愿望，测量乡村教师绩效薪酬收入比重偏好。

（3）文化取向、从教意愿测量。请乡村教师按照国内成熟的个体主义/集体主义文化量表进行自我评价、测量文化取向，按照课题组设计的从教意愿量表测量从教意愿。

（4）综合统计分析方法运用。运用回归分析方法，验证文化取向对乡村教师绩效薪酬多维偏好调节效应、绩效薪酬多维偏好对乡村教师长期从教意愿影响；运用潜变量结构方程模型，检验文化取向、社会心理环境对乡村教师绩效薪酬偏好的整合影响模型（上述研究步骤如图 1－2 所示）。

关于大学生绩效薪酬偏好及相关因素影响机制实证研究步骤，与乡村教师绩效薪酬偏好实证研究过程类似，只是绩效薪酬项目、影响变量不同，此处不再赘述。

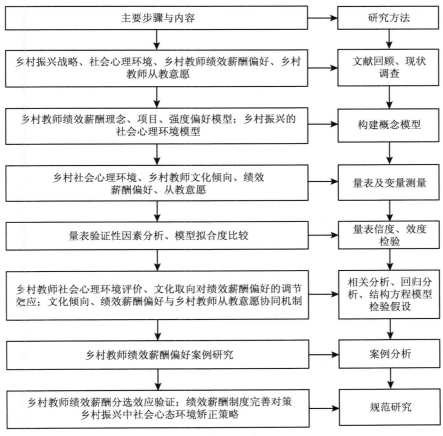

图 1-2　研究步骤

## 四、对策与展望

对于本书的研究成果进行综合性讨论，开展乡村教师绩效薪酬偏好视角下的从教决策分析，构建乡村教师从教决策矩阵，并提出相关的对策建议和未来的研究方向。

## 五、本书拟形成的创新点

（1）验证乡村教师绩效薪酬多维偏好模型，为更全面解释教师绩效薪酬偏好争议提供新证据。

（2）结合乡村振兴战略，验证文化取向、社会心理环境对乡村教师绩效薪酬偏好的影响机理，为绩效薪酬分选效应理论提供文化取向、社会心理环境影响证据。

（3）实践应用创新方面，构建了乡村教师从教决策矩阵工具，提出了四种乡村教师从教决策行为定位，有助于提升乡村教师队伍质量。

# 本 章 小 结

本章作为全书的概括，总体上分析了研究背景，明确了研究对象和问题，提出了研究任务和方法选择，概述了本书的基本内容框架。

# 第二章　绩效薪酬偏好理论回顾

本章将重点围绕绩效薪酬偏好理论、文化取向、社会心理环境及其影响机制理论，开展文献综述与理论回顾。

## 一、时期选择

本书将围绕绩效薪酬分选效应理论发现时期，即从拉齐尔（Lazear, 1986）在 1986 年发现该现象、2000 年正式提出该理论开始，进行理论回顾。

## 二、理论回顾的分析对象

为了开展比较研究，本书实证研究将涉及居民、在校大学生（包括师范生）、乡村教师的绩效薪酬偏好及其社会心理环境、文化取向的影响机制。因此，理论回顾分析对象既涉及绩效薪酬偏好的一般性理论回顾，也涉及乡村教师绩效薪酬偏好理论回顾。

## 三、理论回顾目标、框架与任务

### 1. 理论回顾的目标

（1）明确绩效薪酬偏好理论的主要研究进展和观点，跟踪绩效薪酬偏好理论的研究脉络，提出绩效薪酬偏好理论研究观点分类和特征，辨析理论研究主要参考价值。

（2）探讨激励理论效果研究进展，提出绩效薪酬偏好理论研究需要进一步深入的空间和不足。

**2. 理论回顾框架**

聚焦绩效薪酬偏好的文化取向、社会环境心理影响机制，开展一般性理论研究进展梳理，获得相关研究的同行研究成果，尤其是文化取向、社会心理环境因素的实证研究成果的整理和分析，从而为后续的实证研究提供观点支撑。

# 第一节　绩效薪酬偏好概说

绩效薪酬偏好研究目前引起经济学、管理学、心理学、社会学、法学和文化学等领域的广泛关注。多个学科领域共同关注该现象，表明该领域与多学科知识、社会关注、政策效果的内在关系错综复杂，也表明该学术问题仍然处于初期探索阶段。

## 一、绩效薪酬偏好研究基本认识

### （一）薪酬偏好

**1. 含义**

薪酬偏好反映出个体对薪酬制度、薪酬项目的喜好情况，表明个体喜欢什么样薪酬制度、薪酬项目，不喜欢什么样的薪酬制度与项目（Cable，1994；格哈特，2005）。

薪酬偏好是个体对某一薪酬制度或薪酬项目所表现出的以认知因素为主导的具有情感和意向因素成分的心理倾向。该心理倾向被证实会直接决定员工对薪酬制度、薪酬项目自我选择、甚至向某组织求职与否的具体行动方案的实施（畅铁民，2013）。因此，也可以将个体的薪酬偏好定义为个体针对两个或两个以上薪酬制度、薪酬项目的评价性判断，其中包含了态度偏好（attitude based preferences）和属性偏好（attribute based preferences）。态度偏好是个体根据对两个或两个以上薪酬制度的态度所做出的偏好判断，要形成态度偏好，个体必须在其长期记忆中储存对相关薪酬制度的态度，这种态度是个体提前已经形成的，如果大脑中没有这种态度就不可能依据态度形成偏好。属性偏好是个体对薪酬制度、项目没有什么总体评价（态度），而是通过比较两个或两个以上薪酬制度特点或特征而形成的偏好。从这些个体偏好分类中可以看出，态度偏好的出发点较多地基于个人的情感、个人的态度更偏向于选择哪一个，也就是更喜欢哪一个。属性偏好的出发点则更多的是基于个体对两个或两个以上薪酬制度所具有的各种特征和特点的对比分析结果，也是个体在对两个或两个以上制度认知的基础上所形成的具有理性特征的偏好（Cable，1994）。

**2. 薪酬偏好构成与性质**

个体相对来说都有自己的工资偏好，工资制度特征而非工资水平对于求职更重要（格哈特，2005）。研究结论显示高工资水平、弹性福利、基于个人的工资、固定工资、基于工作的工资构成了全面薪酬偏好体系（Cable，1994）。工资制度既影响工作吸引力，也影响着组织对求职者的吸引力。

**（二）绩效薪酬偏好**

（1）含义。

绩效薪酬是基于团体或者个人绩效的、结果导向的薪酬激励计划，随着个人或者组织绩效变化而变化的可变工资，体现着员工对组织的贡献（Gerhart，2005；Milkovich，2011）。绩效薪酬偏好就是指个体对组织制定的绩效薪酬制度与项目的评价性判断，是个体对绩效薪酬制度与项目所表现出的以认知因素为主导的具有情感和意向因素成分的心理倾向（Lazear，2000）。

（2）性质。

绩效薪酬偏好是薪酬偏好理论的重要组成部分，本质上，绩效薪酬偏好是绩效薪酬分选效应的心理学研究范式（格哈特，2005）。

### （三）绩效薪酬偏好研究对象

目前对于绩效薪酬偏好的研究主要围绕以下几个方面：

（1）绩效薪酬偏好的起源研究，明确绩效薪酬偏好的研究发端、研究脉络等事项。

（2）绩效薪酬偏好理论的研究内容。该部分作为学者的重点研究对象，立足自身兴趣和绩效薪酬偏好对象，开展了日趋丰富的选题和分类研究。主要围绕绩效薪酬偏好的构成维度、前因变量、影响效果等进行基本理论检验。

（3）绩效薪酬偏好研究方法。目前主要采取定性研究方法与定量研究方法结合的基本方法，其中，数理统计分析方法、案例分析方法、跨学科交叉研究方法、系统分析方法、实验研究方法、计量分析方法已经广泛得以运用。

（4）国内外学者对绩效薪酬偏好的研究成果日趋丰富，创新性观点和研究视域更加宽广。

拉齐尔（Lazear，2000）、帕斯彻（Paarsch，2000）的案例研究发现，计件工资分别增加了40%和23%的生产率。在英国，绩效薪酬对9%的男性和6%的女性产生了较大影响（Booth，1999）。克鲁泽（Kruse，1992）发现，在美国从事生产的公司中，利润分享计划提高了公司生产率的

2.8% ~3.5%，非生产性公司提高了2.5% ~4.2%的生产率。英国工程类公司引进利润分享计划后生产率提高了3% ~8%（Cable，1989），法国生产类公司提高了2%。

吉伦（Gielen，2010）证实，荷兰公司绩效薪酬制度提升劳动生产率9%，就业增长了5%。过去几十年，荷兰企业大量使用绩效薪酬，从1995年的30%提高到2001年的39%。

龙立荣（2010）认为我国员工更偏好可直接支配性较高的经济性薪酬项目。在可直接支配性较高的薪酬项目中，相对于基于平均分配规则的变动性较低的薪酬项目而言，员工更偏好基于公平规则的，变动性较高的经济性薪酬项目；相对于学历较低的员工，学历较高的员工相对更加偏好可直接支配性较低、但变动性较大的薪酬项目如股票期权；与住房公积金相比，年龄较大的员工更偏好企业年金，而年轻人则更偏好住房公积金。

### （四）绩效薪酬偏好的基本认识

（1）绩效薪酬分选效应机制与信息经济学信号理论。罗斯柴尔德（Rothschild，1976）创立的信息甄选模型假定雇主设计基于不同教育水平的薪酬方式，并根据雇员对薪酬方式的自我选择来甄别其教育水平，从而减少信息不对称。

（2）人事管理经济学理论。拉齐尔（1986）的分选效应模型认为，在固定薪酬制度下，企业会根据工人产量的概率分布得到产量的期望值作为固定工资。只要工资水平大于保留工资，就难以淘汰低能力者。如果采用计件制薪酬，则低能力工人最终会退出企业，从而实现有效的分选效应。科内里森（2008）扩展了拉齐尔模型后研究发现，无论能力如何，极度风险喜好者都会选择计件制薪酬，极度风险厌恶者都会选择计时制薪酬。

（3）个人—组织匹配理论基础。沃勒（Waller，1985）基于个人—组织匹配视角认为，个人对自我特征和组织薪酬契约特征的感知会影响其匹配评价，并影响薪酬选择。这一框架为后期的实证研究开拓了重要思路。学者认为，绩效薪酬是薪酬分选研究关注的一种重要薪酬方式，但是在一些团队或国家的文化情境中却没有产生激励效应，不过其分选效应却不容忽视（Gerhart，2014），而且不同形式的绩效薪酬方式存在程度不同的分选效应（Park & Sturman，2016）。肖（2015）基于一家杂货连锁商店的研究发现，在薪酬压缩或者未实施绩效薪酬的情况下，高绩效者的跳槽率更高。贝勒马尔（Bellemare，2010）在对英国与加拿大企业的研究中发现，在选择激励性薪酬工作岗位的工人中，风险中性或风险喜好者比例远远超过一般人群的这一比例。李（Lee，2011）研究发现，个体的竞争性越强，越偏好绩效薪酬。丁明智等（2014）研究发现，薪酬陈述框架与外控导向等心理特征会共同影响个体的薪酬选择行为。

（4）绩效薪酬偏好的应用心理学范式。应用心理学范式侧重运用问卷研究，关注个体对绩效薪酬制度的偏好（畅铁民，2013，2014，2015，2018）。规范结合应用心理学理论和方法，重视个体心理特征差异，是绩效薪酬分选效应理论的主体方法和范式。

## 二、本书绩效薪酬偏好理论回顾框架

以上概况只初步展示了学者对绩效薪酬分选效应、绩效薪酬偏好研究的基本状况，以及对该领域的研究重点、研究方法所做的概略讨论。至于绩效薪酬偏好的更深入分析，将在后续章节中做详细讨论。

本书绩效薪酬偏好理论回顾主要分为两大部分：第二章从多角度开展绩效薪酬偏好理论回顾，第三章则聚焦于乡村教师绩效薪酬偏好理论研究文献的综述。其中，第二章内容将从以下方面进行绩效薪酬偏好理论回顾：

（1）学者对绩效薪酬偏好测量、绩效薪酬偏好构成的差异研究理论回顾，以回答绩效薪酬偏好"是什么""有何区别"等问题。

（2）不同文化背景对绩效薪酬偏好影响机制比较研究回顾。将围绕学者就文化取向等因素影响机制，开展绩效薪酬偏好跨文化比较综述。

（3）开展绩效薪酬偏好规则理论研究成果回顾，以便了解绩效薪酬偏好规则的研究现状。

# 第二节　文化、社会心理环境与绩效薪酬偏好关系研究

## 一、文化价值观对绩效薪酬偏好的影响机制

### （一）背景

随着商业全球化，全球各地的公司都在采取行动，以应对员工国籍的日益多样化。组织公平的跨文化研究强调文化差异影响个体公平观念。一些研究则关注霍夫斯泰德文化模型中的个人主义—集体主义文化维度（Kim，2010；Tata，2003）和权力距离维度（Kim，2007）。

早期学者主要集中在三类薪酬规则：公平规则、平均规则和需求规则（Deutsch，1975）。公平规则植根于公平理论（Adams，1965），强调依据个人投入获得收入，绩效最高的员工获得最高薪酬。平等规则强调全体员工应该获得相同数量的薪酬。需求规则则给予最贫困的人们，或者需求最大的人最高薪酬。

### （二）价值观影响模型与基本观点

杰西（Jesse，2015）研究了薪酬偏好中社会和个人价值观，在提出的理论模型中，包含了九项个人价值观和社会价值观，揭示了绩效薪酬的分配规则偏好，强调社会价值观和个人价值观具有互动性。

#### 1. 社会价值观对薪酬偏好的影响

相关研究结果主张，总体上，个人主义者偏好公平薪酬规则，集体主义者偏好平均薪酬规则（Fadil，2005）。人们观测到，在集体主义社会里存在着按需分配的偏好（Murphy – Berman，1984）。个人主义文化激发了个人成就（霍夫斯泰德，1980），进而反映在公平性的薪酬制度中。

公平报酬制度与公平理论关联。该理论设想：个体都是以别人作为参考，比较自己的投入和产出，以决定他们与社会的交换是否公正。这些评价、感受随后将进一步影响他们的未来行为。这就意味着，人们通过引用交易是否公平的评价感受，来构建社会交换理论。社会交换理论表明，某一个体参与了服务他人的行为，会被行为回报所激励。这样的行为确实在接受者中创造了责任义务感，接受者将回报该行为，以履行责任（Blau，1964）。

在个人主义社会文化里，社会交换、公平概念是发生在个体之间的事情，主要聚焦于努力、技巧、个人地位、薪酬、福利等这些理念，均涉及个体的投入和产出事宜。但是，这些理论所描述的过程也可能发生在集体主义社会里，强调忠诚、支持、群体内部地位、和谐、凝聚力等群体相关的概念群（Fadil，2005）。于是，在个人主义社会里，个人为实现组织目标而努力，期望得到与其努力对称的回报。这一回报预示着直接来自组织的投入目标。在集体主义社会中，个人可能会看到，他们与组织的相互依赖程度更高（Brockner，2000）。这将引导人们为实现组织目标而努力，忠诚团队，期望获得稳定的人际和谐关系和团队支持（包括货币支持，以满足其物质需要）。需要注意的是，不仅组织对个人努力工作给予回报，而且组织内其他团队成员也会给予回报。

杰西（Jesse，2015）的观点是：对于薪酬分配，在个人主义文化中，个人更偏好公平规则，不喜欢社会价值观影响的平均规则与需求规则；在集体主义文化中，个人更喜欢平均规则、需求规则，而不喜欢社会价值观影响的公平规则。

**2. 个人价值观对薪酬规则偏好的影响作用**

个人价值观决定了人们对特定行为或生存状态的偏好（Bardi，2003；Schwartz，1996），也包括组织公正偏好。

施瓦茨（Schwartz，1992）的个人价值观模型提供了这样的一个框架：个人价值观代表着广泛、稳定的个人目标，能够归类为 10 个基本类型，即自我导向、刺激、享乐主义、成就、权力、安全、一致、传统、仁慈和普遍主义。施瓦兹（1992）将这些价值观结构排列为圆形，相邻价值观可以同时追求，但在这个圆圈上相反的价值观是不一致的。例如，追求享乐主义，个人寻求获得快乐和满足，可能与寻求新情况和挑战刺激相容。然而，追求享乐主义很可能与追求从众心理不一致，即试图约束自己，从而使自己得到社会性规范的支持。因此，在价值观循环结构中可以发现，享乐主义与从众心理、刺激是相互对立的。

杰西（2015）在确定薪酬规则偏好时，提出相关的价值观是成就、普适、仁爱和从众。其中，成就价值观的个体有积极性来展示自己的成就、能力和成功之处。他们会被描述为雄心勃勃的、有野心的人（施瓦茨，1992）。比如，股权奖励分配系统就更多地关注个人的社会交换，其中，人们在获得了自身努力的回报后，能够识别出自己努力的成就。因此薪酬制度能够反映出人们的努力程度和能力证明，能够与成就价值观相一致。因此杰西（2015）的观点是：高度成就价值观的个人偏好公平规则，不偏好平均和需求规则。

普适主义者有强烈保护他人和自然的愿望要求。这样的价值观多多少少与成就价值观对立，因为它更关注他人，而成就价值观更关注自己（施瓦茨，1992）。普适主义者很可能不大关注那些偏好公平规则的社会交换，因为他们的诉求是平均偏好。个人也可能喜欢需求规则，因为这些薪酬规则可以被看作是保留或提升不太幸运的人的福利。杰西（2015）的观点是，重视普适主义的个人偏好平均规则和需求规则，而不喜欢公平规则。

在施瓦茨（1992）的价值观结构中，与普适主义价值观相邻的是善举价值观。与普适主义一样，善举是以他人为中心的，但它比普适性更独占。具有强烈善举价值观价值的个体往往更关心团队成员的幸福（比如家人、朋友、同事等的幸福），这些人都与个人频繁接触。杰西（2015）推测，这一价值观将对个人薪酬规则偏好产生独特的影响。莱昂（Leung，2004）提议，集体主义社会里的个人偏好不同的薪酬规则，是针对内部团队成员而不是外部群体成员。个人越善举仁爱，功能越大。这反映了个体关注群体成员幸福的动机（施瓦兹，1992）。杰西（2015）的观点是，重视慈善的个人更喜欢对外部成员的公平规则和对内部成员的慷慨规则。

从众是一种个人价值观，需要自我约束以便维护社会规范（施瓦兹，1992）。因为拥有坚强从众价值观的个人会颠覆自己对社会的期望，社会价值观在决定他们的行为和偏好方面起着特别重要的作用。因此杰西（2015）认为，即使在希望实现个人目标的个人主义社会里，重视从众性的人更有可能表达出与社会平均程度一致的偏好。这些人使用的理由可能很简单，"我喜欢公平报酬规则，就像这里的其他人一样"。因此，杰西的观点认为，对于重视从众性的个人，社会价值观对薪酬偏好的影响将更为强大。

**3. 社会价值观对个人价值观的影响作用**

杰西认为，不仅社会价值观、个人价值观对薪酬规则偏好有直接的影响，社会价值观也决定着个人价值观。这就表明，除了二者对薪酬规则偏好的直接影响以外，社会价值观也通过个人价值观间接影响薪酬规则偏好，即社会价值观与薪酬规则偏好关系，受到个人价值观的部分调节。施瓦兹（1992）认为，个体价值源于对所有个人共有的三种必需品（生理需要、协调社会互动需求和群体生存需求）的响应。个人用不同的方式进行交易，就产生了不同的价值观结构。

然而，在不同的情况下，个体之间往往会有一些相似之处。他们所持有的价值观，很可能是因为塑造他们价值观的经历相似。因此，具有社会特征的价值观有助于形成个人所处的社会环境，个人价值观与主流社会价值观相一致会受到奖励。因为个人主义强调追求个人目标和个人成就的重要性（霍夫斯泰德，1980），个人主义者倾向发展成就导向的个人价值观。因此，杰西（2015）的观点是，个人主义社会中的个体往往看重成就，而来自集体主义社会的个人则不会。

同样，因为集体主义强调对群体目标的追求、遵守群体规范的重要性（霍夫斯泰德，1980），因此，集体主义社会中的成员将因展现普适主义、善举仁爱和从众的个人价值观而得到奖励。普适主义激励个人去关心和保护他人，善举仁爱关注群体成员的幸福，从众一致性则保留着群体社会规范（施瓦兹，1992）。这些价值观最终将会促进和保持社会集体主义，因此人们在这样的环境中会得到激励并会普遍这样做。因此，与个人主义社会比较，集体主义社会的个人具备较高的普世主义、善举仁爱、从众性（Jesse，2015）。

综上所述，杰西（2015）认为，个体价值观在一定程度上调节着社会价值观与薪酬规则偏好之间的关系。他认为，社会价值观对薪酬规则偏好的影响部分地受到个人价值观的调节。

这一理论探索不仅为跨文化组织研究做出了贡献，而且对管理实践也有一些启示。如引言所述，现代全球化运营的公司管理者须能够有效地管理日益国际化的员工队伍，不仅需要考虑国内个人价值观的差异，还要考虑其对不同国家背景下员工薪酬偏好的影响。与个人主义社会相比，虽然全世界重视成就的人可能都强烈偏好公平薪酬规则，那些来自集体主义社会的人们可能更宽容，更偏好平等或需求规则。组织在招聘时会解释自身的价值观，以便让潜在的申请人更有效地自我选择加入组织（Judge，1997）。吸引与组织价值观一致的申请人是有益的，因为价值观的一致性最终会带来更高的员工工作满意度和较低的流动率等有益的结果（Kristof，2005）。

　　杰西的研究成果从预测内容特征来看，社会价值观（个人主义/集体主义）、个人价值观（成就、普适、仁爱和从众）不仅对薪酬规则偏好都会产生影响，并且社会价值观还通过个人价值观调节。从薪酬分配规则偏好模型看，围绕公平、平均和需求规则设计了薪酬偏好结构，明确了今后要检验的绩效薪酬偏好目标。

　　该研究在薪酬规则偏好的前因变量设计中，所提出的文化价值观结构影响是很有创新的。因为长期以来的研究只研究两者之一的影响，将文化影响从社会价值观、个人价值观进行细分研究，是很少见的。更准确地探索到价值观结构对薪酬规则偏好的独特影响。

　　从社会价值观来看，该研究提出了个人主义、集体主义与三类薪酬分配规则偏好的关系预测；从个人价值观来看，成就、普适、仁爱和从众等个人价值观与三类薪酬分配规则偏好的预测同样很有独特性。

　　该研究的理论基础立足于薪酬分配规则的文化影响机制，研究方法立足于文献分析和假设分析，所建立的概念框架及预测模型，为未来的实证研究提供了深刻的文化影响分析基础。其不足也很明显，缺乏经验结果，难以对预测模型的准确性进行评判；社会价值观讨论了个人主义/集体主义维度的预测效果，但其他变量的影响则相对缺乏，所以在研究设计前期可能存在先天不足；本模型拟应用实证的国家或地区缺乏明确的定位，导致其预测适用性不当，如果能提出拟验证的国家或地区，后期实证检验结果信度、效度可能就更高。

## 二、南非员工绩效薪酬偏好研究

### （一）背景

自 2008 年以来，受世界性经济衰退影响，薪酬占了大多数南非企业运营成本的一半以上，人力资源经理面对着越来越大的压力（Grobler，2011）。这表明企业在经济困难时期，要求人工成本能够产生更大的贡献（Sutherland，2011）。

然而，不幸的是，根据《非洲竞争力 2011 年报告》，南非在"薪酬与生产力"的评价项目中的 139 个参与国家中排名 112。这意味着，薪酬与南非的员工生产力之间没有很强的相关性。

人们高度关注员工的高留存率。员工的表现促使企业重新思考激励员工的方法，因为非洲国家的技术与管理人才短缺（Sutherland，2011）。在非洲的企业里，很难找到技能熟练的员工，因为许多高技能的非洲高校毕业生移民到了美国等发达国家。梅耶（2012）支持该观点，认为非洲国家一直存在着高技能、高素质人才大量流失现象。需要制定新的薪酬策略以留住并激励年轻的员工（Grobler，2011）。尤其是全球化推动了竞争的需要（Swanepoel，2008）。人口和社会学的变化（Vandenberghe，2008）、员工偏好差异与代际差异（Giancola，2008）、文化影响（Chiang，2007），都促使企业在吸引、保留和激励员工时面临着重大挑战。因此迫切要识别南非员工的薪酬偏好以及薪酬满意度，探索人口统计变量对薪酬偏好的影响，明确各类薪酬吸引、激励和保留员工的效果。

### （二）南非员工薪酬偏好

罗宾（Robin，2013）采用尼纳波（Nienaber，2011）的结构化问卷调查法获得员工薪酬偏好数据，以解释全面薪酬体系中的各个项目偏好。研究表明，员工最偏好基本工资，最不喜欢工作—家庭生活平衡项目。这一发现并不令人惊讶，因为薪酬一直是个人工作的主要原因（Price，2011）。赵（Chiu，2002）的研究也表明，最受员工欢迎的薪酬项目是基本工资、年度假期、带薪病假、年终奖金和产假。

绩效薪酬排在第二位。劳勒（2000）认为，绩效薪酬激励员工努力工作。但是阿姆斯特朗（Armstrong，2009）认为，绩效薪酬对于一般员工实际上是消极作用而非激励效应，因为大多数员工都是普通人而不是最优秀的人，这就导致了大多数员工在工作时感觉受到不公平的待遇，不愿意按照绩效来加薪。

虽然罗宾（Robin，2013）认为基本工资、绩效薪酬是重要的激励项目，这样的结果与斯科特（Scott，2012）的调查研究一致，但是受访者对这两类不满意的程度也最高，这表明组织没有为其员工提供足够的经济回报来满足他们的需求。

高质量的工作环境被证明是最不重要的吸引、留住和激励员工的项目。

绩效认同和职业生涯管理的激励效果排名第二，表明绩效和发展奖励项目在激励、留住员工中是非常重要的。虽然工资吸引对留住员工最重要，但是企业不应只是利用这一点吸引、保留和激励员工，而应重视非货币报酬（Hill，2006）。表现出色、拥有宝贵技能的员工不仅仅是为钱而工作，而是乐意找一份能给他们带来未来快乐的工作、专业发展和个人成长的机会、积极认可自己的工作环境。

罗宾（2013）证实，与男性比较，南非女性喜欢基本工资、高质量的工作—生活平衡项目。这个结果与尼纳波（2011）的研究结果一致。但是潘迫（Paddy，2011）发现，在工作与生活平衡方面，南非员工没有性别差异。因为工作与家庭的冲突可能会严重影响员工工作成果，如很低绩效、较低水平的承诺、忠诚度，并提高了员工离职率。

研究证实，基本工资和绩效薪酬是影响员工留任的极其重要的薪酬项目。这一发现与罗斯（Rose，2011）的观点不一致，即个人倾向于非现金奖励，比如工作—生活平衡计划。建议雇主更重视基本工资和绩效工资设计，以满足员工的货币薪酬需求来保留高技能员工。

研究结果为今后的研究提供了有益的指导，即组织要以满足员工的需求和喜好为基础，调整绩效薪酬制度。例如，通过强调性别和年龄等因素，满足女性和年轻员工在家工作的需求，为不同岗位级别的员工提供灵活的或"自助餐式"的福利（Meyer，2012）。传统奖励的形式不再适用于今天不同的员工，组织现在需要理解这一点。

研究发现，家庭需要、生活方式、经济保障和职业抱负都是影响员工薪酬选择的重要因素。组织如果不将员工的需求考虑在内来建立全面报酬制度，很可能会降低员工的积极性。

南非是一个多元文化的国家，雇员社会经济地位各不相同，要匹配员工的需要和生活方式对雇主来说很困难。加强南非人口统计变量研究，有利于为南非开发和实施绩效薪酬计划提供更好的指导。

### （三）启发

从研究目标选择来看，该研究明确围绕南非员工的全面报酬体系偏好进行检验，证实了南非员工的绩效薪酬偏好：人格变量对绩效薪酬偏好有显著影响。员工偏好绩效认同，拥护组织实施的良好沟通制度，反映出员工对绩效薪酬制度基础的拥护和肯定，这个基础设施得到员工的高度肯定，是能够留住优秀人才的重要保障，也是绩效薪酬制度良性运行的必要条件。

总之，这些实证研究成果对于发展中国家员工绩效薪酬偏好的文化影响机制研究提供了良好的基础证据。我国是发展中国家，南非员工的绩效薪酬偏好实证结论有比较高的理论研究参考价值和实践运用意义。需要注意的是，应该结合我国发展阶段的员工需求和社会价值观来综合检验我国员工的绩效薪酬偏好，不能够仅仅依据人口统计变量的相关性来确定。

以上研究成果在文化维度验证以及影响机理上缺乏必要证据，是比较大的缺陷；其次，在全面薪酬体系偏好验证中，对于南非社会发展基础条件分析如果更充实的话，绩效薪酬偏好的效果预测更有说服力。

## 三、日本员工绩效薪酬偏好实证研究

### 1. 制度实施背景

随着 20 世纪 90 年代日本经济泡沫的破裂，日本本土公司开始大量运用绩效薪酬制度。尤其是在员工个体层面上，通过在高生产率员工中的运用，成为控制成本的手段。针对日本企业实施绩效薪酬状况，学者提出争议：绩效薪酬是基于个体的、短期的薪酬体系，是否与日本企业传统的、以群体导向目标为中心的集体主义文化相一致。

随着 20 世纪 90 年代日本股票市场的崩溃，以及所谓的经济泡沫破裂，日本经济几十年高速增长态势轰然倒塌，随后日本经济进入严峻的衰退期，企业经营环境发生巨大变化，进而企业面临着高成本的尴尬局面（Schede，2008）。

依据 2004 年日本劳动政策和培训研究所进行的一项研究成果，58%的企业已经建立了绩效薪酬制度，超过 1000 人的企业中有 71%的采用了绩效薪酬制度。虽然统计数字没有提供每个企业绩效薪酬的实施程度，但是高比例的采用率表明，绩效薪酬是妥善处理高劳动成本的、受到欢迎的薪酬策略。同时，日本企业还面临着战后人力资源管理模式的挑战，尤其是年功工资无误，是工资类型之一制度。

**2. 日本企业实施绩效薪酬中的挑战**

关于绩效薪酬制度的实施情况，许多文献都明确其面临的多种挑战（Gomez – Mejia，1992；Farrell，2009）。一个是因为难以提供公平的考核和建立目标，出现了普遍的消极心理，这是普遍的挑战（Kohn，1993），日本也不例外。对于部分员工群体（如销售人员），因为有明确的个人绩效目标，于是个体绩效的客观度量就比较容易设计和考核。但是其他群体的工作（如项目团队成员），就比较难以量化、测量和考核。而在日本的年功工资制度中，往往忽视绩效考核计划（Nonaka，1988），部分原因是人们预计需要很长时间才能获得技能，所以不需要进行测量。

在日本公司，相关的挑战是绩效和工资之间的关联性。金钱激励对美国的员工激励很重要，但是对日本员工则不重要（Money，1999）。部分原因是：在日本企业团队中的个人，往往看重的是成为成功团队的成员，大家具有共同目标，而不是个人的金钱报酬有多少。另外一个挑战是如何建立薪酬制度，在性质上，该制度是交易型的，人们认为绩效薪酬制度会损害个体的亲社会行为，即组织的公民行为。

关于绩效薪酬制度还有许多争议，如绩效薪酬制度会对团队工作有害，容易造成机会主义，比如过度关注可以明显考核的工作任务，以及目标定位在能够获得多少报酬的工作上（Gomez – Mejia，1992；Farrell，2009）。研究表明，绩效薪酬制度会威胁到与日本传统的雇佣制度有关的公益行为，比如帮助同事，与管理层合作，共享信息，积极学习公司内部技能，关注组织利益，促进管理层和员工之间和谐关系。所有这些都被看作是对日本企业生产率的贡献。传统雇佣关系结构反映着和谐、合作价值观，驱动着日本集体主义文化深入发展（Hofstede，1991）。不过尽管有这些挑战，但是大体上，人们仍然赞同绩效薪酬制度原则。

**3. 日本员工绩效薪酬制度偏好的影响因素**

李铉京（Hyun – Jung Lee，2011）调研了日本一个大型家电制造公司，该公司正准备实施绩效薪酬，以符合当前人力资源管理改革潮流。该公司正处于向个人绩效薪酬制度和晋升制度转型之中。该公司决定薪酬和晋升基础是年功薪酬制度。虽然任职年限是薪酬主要的决定因素，但是也有业绩为基础的评价考核成分，相当于员工年度奖金的 5%。该公司当前执行新的薪酬计划，把基本工资降低了 20%，同时提高个人绩效薪酬。

**4. 日本员工的绩效薪酬偏好结果**

分层回归分析结果显示，员工的年龄、竞争力、组织承诺、职业承诺都显著影响绩效薪酬偏好，但是工龄不影响绩效薪酬偏好，绩效薪酬偏好不影响员工的组织公民行为。年轻的、竞争力强的、对职业忠诚的员工偏好绩效薪酬。35 岁以下的员工比年龄大于 35 岁的员工更偏好绩效薪酬。年轻人更偏好交易型契约。而在关系型心理契约下进入公司的老员工，他们希望退休前公司能够继续执行年功工资制度。

研究显示，绩效薪酬偏好和组织公民行为之间没有显著的正相关关系。虽然主流观点认为在绩效薪酬制度中，员工倾向于很少的公民行为（Deckop，1999）。但是该研究结果是背道而驰的。换句话说，在对组织公民行为没有消极影响情况下，员工偏好绩效薪酬制度，而不喜欢年功工资。一些研究者认为，日本的 HR 模式正在合并西方模式（Pudelko，2005），也有人认为，日本建立的组织和 HR 体系包含着持续的文化价值观（Keizer，2009）。

日本人力资源管理模式正处于历史转折点。年功工资制度体系正日益朝着对个体绩效评价趋势发展，促进了个人主义薪酬价值观和集体主义工作价值观的独特融合。面对绩效薪酬制度，年功工资制度正日益势化。日本员工似乎用不同于西方企业雇员的方式偏好绩效薪酬制度，人们能够维护、捍卫合作与和谐的集体主义规范精神，也拥护个人主义的绩效薪酬制度。

### 5. 李铉京（Hyun – Jung Lee，2011）的研究价值和启示

（1）研究价值

该研究立足日本企业组织战略调整、年功工资困境、实施绩效薪酬制度面临的机遇与挑战、薪酬制度转型的压力和要求，整合性检验了文化、人格等变量对绩效薪酬偏好的影响机理。

研究结论表明，日本企业薪酬制度转型得到了员工的大力支持，年轻的、竞争力强的、对职业忠诚的员工偏好绩效薪酬。特别是个人能力强（表现为个人竞争力）、组织承诺和职业承诺强者，都显著影响绩效薪酬偏好。研究显示，日本组织中的个体对于个人绩效薪酬能够积极支持，再次支持了工龄影响绩效薪酬偏好的观点，从而表明在公司工龄越短的员工，越偏好绩效薪酬。这一结论与目前日本企业的终身雇佣制调整有更密切的关系，支持了员工追求个人发展的意愿。

绩效薪酬偏好不影响日本员工的组织公民行为，这表明即便员工个人偏好绩效薪酬制度，但仍然保持浓郁的集体主义文化。这个文化传统与个体的绩效薪酬偏好能够协同融合，是当前日本企业薪酬制度良性变革的优势。

李铉京（Hyun – Jung Lee，2011）的研究验证了集体主义文化的调节效应，验证了组织承诺、职业承诺的显著积极影响机理。

（2）研究启示

第一，要明确组织薪酬制度的真实挑战和问题，是否存在调整空间，调整余地是否充分。

第二，薪酬制度调整必须和企业战略转型要求对应。企业战略变革必然导致组织调整，要求薪酬制度进行协同变革。就需要事前在员工中，围绕文化、个性、员工整体队伍结构特征，进行制度效果的预判。

第三，制度效果的综合影响要全面评价衡量。尤其是绩效薪酬制度是

否损伤组织公民行为，是否会给个体产生过高的工作压力。

第四，集体主义文化环境和个体的绩效薪酬偏好能够协同，是和米尔科维奇、霍夫施泰德等学者的观点有一定冲突的，但是泰安迪斯的集体主义/个人主义的文化模型可能会给予更好的解释。

第五，个体绩效薪酬偏好不仅仅和文化密切相关，还可能和产业特征、组织特征有关。所以需要多视角进行综合分析检验。

## 四、韩国企业绩效薪酬的激励效应

韩国人力资源管理处于激烈变化状态中，尤其是自 1998 年经济危机和国际货币基金组织实施紧急援助以来。金融危机对韩国人生活的方方面面影响显著，尤其是员工工资的方式。2002 年的一份调查报告显示，拥有超过 100 名雇员的韩国公司中，有 45.2% 的公司已经实施了个人绩效薪酬制度，而 22.6% 的公司计划在一年内采用这种薪酬制度（Park，2002）。

这种新的薪酬方案能有效地激励集体主义员工吗？关于这个问题存在争议。最近的研究表明，个人绩效薪酬可能会增加集体主义员工的工作积极性。例如，张（Zhang，2006）的报告显示，个人绩效薪酬会促进韩国员工努力工作，而乌苏加米（Usugami，2006）也发现，增加奖金是韩国和日本高管成员的重要工作动力。

格哈特（Gerhart，2003）强调，应该考虑不同调节变量的重要性，才能更好地理解薪酬制度的影响。当试图理解绩效薪酬激励效应时，需要考虑个人层面的调节变量。因为个人对薪酬制度有不同的反应。因此，对个体调节变量检验将加深个人态度对薪酬制度影响效果的理解。

张恩美（Eunmi Chang，2011）考察个体两个重要调节变量的影响，即金钱价值观（以下简称"金钱观"）和实践观。他采用问卷调查，调研了韩国首尔 30 家公司的 604 名员工。其研究结果显示：员工金钱观并没有显示与公司层面绩效薪酬变量的交互作用。然而，员工实践观与公司绩效薪酬实践有很大的交互作用，从而影响员工的工作努力程度。因此，当意识到绩效薪酬制度将有助于实现激励和提高绩效的目标时，员工就会更倾向于通过薪酬实践活动来获得激励。

与金钱观不同，实践观是因为与工作场所相互作用而形成的，因此，管理者采取更积极的行动可能会提高人们对实践活动的认知程度。

张恩美（Eunmi Chang，2011）研究了绩效薪酬激励效应中的文化影响机理，检验了金钱观、实践观各自的影响，肯定了实践观的显著作用，否定了传统金钱观的影响效果观点。该文献有助于对韩国教师绩效薪酬偏好的分析，对韩国文化及其对个体绩效、职业选择提供新的解释。尤其是实践观的强大基础支撑，对于我国组织实施绩效薪酬制度过程中，如何获得个体的拥护，具有较高的参考价值。

## 五、本节评价

国外学者立足不同国家文化环境的实际情况，结合组织变革及绩效薪酬制度的日益广泛运用，提出了丰富的绩效薪酬维度体系，建立了多种绩效薪酬项目结构，结合霍夫斯泰德文化为主的文化模型，开展了多个绩效薪酬偏好及文化影响机制实证研究，研究结果支持了学者的绝大多数假设，研究结论一致性较强，表明了绩效薪酬偏好及文化影响机理日益得到了理论界的认同。这些实证研究为开展绩效薪酬偏好国际比较提供了较好的前提条件。本节理论回顾是基于各国的文化背景，检验员工绩效薪酬偏好以及文化环境的影响，不进行国家之间绩效薪酬偏好的比较与文化影响机制比较。本章第三节将运用比较研究方法，从跨文化管理视角，开展绩效薪酬偏好的跨文化国际比较，提供绩效薪酬偏好构成的比较研究，丰富绩效薪酬偏好比较研究文献。

# 第三节 绩效薪酬偏好国际比较研究

从拉齐尔（Lazear，1986）、坎贝尔（Cable，1994）、格哈特（1990）等学者陆续发现绩效薪酬分选效应以来，绩效薪酬分选效应、绩效薪酬偏好理论研究持续成为本领域的热点，多学科研究成果日益丰富。本书聚焦于绩效薪酬偏好的社会心理环境与文化取向影响机制研究，因此，立足社会心理环境及文化视角，展开绩效薪酬偏好理论回顾，是本书的特色和创新之一。首先，制度经济学、行为经济学、薪酬管理等理论强调，组织薪酬制度无不展现出企业哲学，无不体现着组织外部社会心理环境与文化因素的影响。其次，绩效薪酬偏好是全球组织的聚焦热点，文化差异必然体现在实证研究成果之中。最后，比较绩效薪酬偏好的社会心理环境与文化影响差异，可以更进一步辨析绩效薪酬制度效果，探索绩效薪酬创新机制中的文化支持机理，以响应绩效薪酬管理理论创新和绩效薪酬管理实践需求。

本节主要就绩效薪酬偏好的文化影响机理进行国际比较研究，涉及中欧、中美、欧美、美国与印度员工绩效薪酬偏好的跨文化比较研究。

## 一、中国和欧洲国家员工绩效薪酬偏好比较研究

在某一国家或地区有良好效果的绩效薪酬制度，在其他国家或地区未必有效。这是因为，绩效薪酬偏好很大程度上是由个人需求、价值观和期望决定的。弗罗拉（Flora，2005）结合激励理论和文化理论，比较了我国与英国、加拿大、芬兰部分欧洲国家员工的绩效薪酬偏好。

当今管理者面对的巨大挑战是辨析怎样的绩效薪酬制度能够提升员工

的绩效。市场压力与竞争对手几乎一夜之间可以培育出士气高昂、积极高效的劳动力队伍，从而建构起竞争优势。绩效薪酬制度成功与否，看它能否吸引、保留、激励员工。如果员工没有得到适当的奖励，就会阻碍员工的技能和效果。没有一个组织能免受绩效糟糕员工的消极影响。因此，组织应该重视、理解员工的需求、价值观和偏好，以便决定绩效薪酬制度设计的第一步，实现激励良好的绩效。

研究表明，组织激励制度与其文化环境之间存在密切的相互依赖关系（Schuler，1998；Sethia，1985）。如果跨国公司试图将母公司的绩效薪酬制度转移到其他国家中，那就需要深入理解人类行为。从事跨国经营活动的组织，必须认识到文化对薪酬偏好的影响。

大量的研究集中在薪酬与企业战略的匹配性上（Balkin，1990；Boyd，2001；Rajagopalan，1996）。研究显示，激励制度与商业战略的成功匹配，是重视、理解员工报酬的结果（Lawler，1995），但是对员工激励偏好与战略关系的实证研究较少。早期占主导地位的研究要么是高度关注美国社会，要么是某个特定的员工群体（Penning，1993），要么仅讨论单一维度的绩效薪酬（Hempel，1998）。

学者开展了跨文化情形下的绩效薪酬偏好研究。薪酬制度中包括绩效薪酬和非绩效薪酬。一方面，在实施绩效薪酬制度时，员工的报酬按照他对组织的贡献，或者其工作职责中的表现状况计酬。这个过程中最重要的机制是绩效考核，它是绩效薪酬制度决策流程的组成部分。另一方面，非绩效薪酬制度主要按照员工的资历（比如工作年限、职位、地位等）、市场条件变化（生活成本的调整）计酬（Flora，2005）。

报酬标准是指组织用来分配收入的要素。分配标准往往反映着组织的分配原则和规范，比如，公平、质量和需求（Deutsch，1985）。

研究者推测，阳刚文化下的员工要比阴柔文化更偏好货币报酬；个人主义者比集体主义者更喜欢货币报酬（Flora，2005）。

对于报酬系统和文化关系研究，学者认为文化会影响报酬偏好。支付给员工的报酬依据其贡献、胜任力、绩效考核结果（Lawler，2000）。基于霍夫斯泰德（1980）的理论，贝尔（Beer，1998）认为，在个人主义社会，因为个人业绩而使人们收入差别很大。而个人乐于接受报酬结果的巨大差异，容易产生个人主义文化与个人绩效报酬的相容性。相反，与集体主义文化密切适配的则更重视团队和谐。集体主义者认为，个人绩效薪酬制度对于人际关系、士气是有害的，因此没有吸引力（Baker，1988）。

个人主义、低权力距离者则认为，自己能够驾驭报酬状况，因此喜欢基于自身行为的报酬制度（Miceli，1991；Cable，1994）。相反，集体主义、高权力距离者认识到，薪酬受自身难以控制的外部因素影响，不喜欢接受绩效考核结果以及风险（Mendonca，1994）。

贝尔（Beer，1998）证实，男性文化、忍耐不确定性者，更乐意接受绩效薪酬制度。因为男性需要拼搏以获得成就，这一工作态度和绩效薪酬制度特征是一致的（Nenman，1996）。因为金钱是获得财富和美誉的途径（Hofstede，1980a），于是密切联结个人绩效和所得的薪酬制度就得到认同（Beer，1998）。不确定忍耐性强的个体乐意冒险，能够接受未来的不确定性，这样的话，个人将偏好绩效薪酬制度。

研究者推测，集体主义者偏好群体绩效薪酬，个人主义者偏好个人绩效薪酬制度；男性要比女性更偏好绩效薪酬制度；高风险规避者喜欢非绩效薪酬制度，低风险规避者喜欢绩效薪酬制度（Flora，2005）。

实证研究结果支持以下推测：男性化个体要比女性化个体更偏好货币奖励。总体上，人们偏好绩效薪酬，而不喜欢非绩效薪酬（如资历薪酬）。

文化对绩效薪酬偏好的影响是重要的，但是文化的影响不应该被夸大。来自某种文化的个体，是可以与不同文化的员工共享薪酬理念的。例如，来自加拿大的员工（低风险规避）展现出与芬兰员工（高风险规避）同样的工作保障偏好。而加拿大员工与英国员工（个人主义者）、中国员工（集体主义者）都偏好个人激励而非团队激励。并且，来自相似文化的个人还会展现出不同的薪酬偏好，比如，英国和加拿大员工尽管文化有相似性，但是他们在几乎所有的非货币报酬偏好方面都有显著差别。因此，总体上，薪酬项目偏好受到不同国家文化影响，但是也受到企业组织、产业和社会心理环境的影响（Flora，2005）。

中国和欧洲国家员工绩效薪酬偏好的比较研究，以下几点值得重视：

第一，规范地借鉴了霍夫斯泰德（1980）文化维度，解释我国和欧洲国家员工的薪酬偏好差异。

第二，虽然文化影响显著，但是仍然比较客观指出，还存在其他变量的影响，就是说，不能够用文化因素来解释员工绩效薪酬偏好差异的全部。当然，弗罗拉（2005）提出的企业组织、产业和社会心理环境变量也只是外部环境变量，员工的人格特征变量也需要考虑。

第三，研究扩展了薪酬分配规则偏好。早期的薪酬偏好研究往往侧重于绩效薪酬理念、项目、强度偏好，对薪酬分配规则偏好的研究关注不足，所以弗罗拉（Flora，2005）进一步丰富了薪酬偏好维度的测量。

第四，研究结果与早期文献的观点一致，表明跨文化研究视角下，绩效薪酬偏好模型可以持续作为有效的研究范式。

与坎贝尔（Cable，1994）开展的全面薪酬偏好人格模型研究成果比较，弗罗拉（Flora，2005）的研究对象存在绩效薪酬项目偏好维度较少、国家样本代表性弱等不足。

## 二、中国与芬兰员工薪酬偏好比较

弗罗拉（Flora，2012）选择中国和芬兰进行跨文化比较研究，意图证实文化对货币报酬和非货币报酬效果具有显著影响，揭示文化维度（男性／女性、个人主义／集体主义、不确定性规避、权力距离）以及其他变量

（企业组织、产业制度、经济环境）对薪酬价值观、薪酬偏好和个人行为的影响机制。

要实现和保持竞争优势，组织必须依据战略要求来发挥人力资本的杠杆作用。要实现该目标和要求的首要方法，就要发挥报酬激励效应。经济学和行为学研究成果表明，薪酬制度能提升组织绩效（Bartol，2002；Cadsby，2007；Heneman，2000）。阿德勒（Adler，1997）强调，对于同一薪酬制度，不同文化环境的员工将感受到不同激励效果。研究表明，个人主义文化中发挥良好作用的薪酬制度（比如个人绩效薪酬），在集体主义文化中就可能会受到限制，因为人们认为该薪酬制度会瓦解团队的和谐氛围（Schuler，1998）。非货币报酬，比如工作安排，在高度重视工作生活平衡、生活质量的女性群体中会发挥更好的效果（Oliver，1999）。

但是早期的绩效薪酬研究在几个重要方面明显不足。

首先，美国文化中心理论体系占据了主流地位，忽略了系统的跨文化调查（Fey，2009；Gomez，2003）。依据戈麦斯（Gomez-Mejia，1997）的观点：“对美国企业薪酬制度效果研究的偏见削弱了全球普适性”。

其次，现有的有限研究成果或者聚焦于某一特殊类型的薪酬制度，或者聚焦于某个单一的绩效维度（Javidan，2004），狭窄和碎片化的视野限制了对绩效意义的认识。

最后，局限在企业层面的分析上（Collins，2006）。在认识方面缺乏个体层面的分析以及文化对薪酬效果影响的观点（Liao，2009）。正如邓宁（Dunning，1997）所强调的，文化因素调节的组织更可能实现竞争优势，拓展、丰富不同情境环境和个体层面的薪酬效果研究更加重要。

这些不足限制了理论和对薪酬效果领域的知识建构，也削弱了组织薪酬制度完善进程。因此，探究文化对报酬制度效应影响机制，不仅有助于扩展货币报酬、非货币报酬对员工绩效的不同影响辩论，也将提升人们对薪酬价值观、偏好和工作行为的认识，有利于探究文化对报酬—效果交换关系的影响机理。

弗罗拉（Flora，2012）的实证研究结果支持以下观点：中国员工在激励绩效方面，感觉货币报酬要比非货币报酬更有效。尤其是基本工资—绩效、个人绩效薪酬—绩效的关联感是很显著的。这个和芬兰员工形成强对比，芬兰员工看重的是非货币报酬、团队绩效薪酬。

依据非货币报酬—绩效关联性，中国员工和芬兰员工也显示出巨大的差异。芬兰员工的成就激励效果要比中国员工强，证实集体主义者和货币薪酬导向相关。

中国员工的阳刚性文化导致人们看重物质的、外部报酬（晋升）。这个与芬兰员工阴柔性文化形成对照。在芬兰，工作—生活平衡的弹性工作制度更受人们重视（Schuler，1998）。

从薪酬分配规则看，也证实了芬兰员工和中国员工之间的显著性差异。在中国员工和芬兰员工之间，个人绩效薪酬对成效的重要性没有显著差异。

至于非金钱报酬对成效的影响，在芬兰和中国的差异也是很显著的。在非金钱报酬的效果中，比如工作安排、培训机会对于成效的影响，在低权力距离的芬兰员工中更高。

芬兰员工（不确定性规避程度高，即厌恶风险）感觉到，与固定薪酬影响比较，绩效薪酬对各个绩效维度的影响效果更高，而中国员工（不确定性规避程度低，即偏好风险）却认为固定薪酬、福利影响更高（Jiang，2012）。

研究显示，我国员工处于阳刚性、高权力距离、低不确定性规避的文化背景下，所感觉的货币报酬与经济绩效、竞争绩效、人性绩效更相关；而芬兰员工处于阴柔性、低权力距离、高不确定性规避文化中，感觉非货币报酬与竞争绩效、人格绩效关联性更高。这些发现与前人研究成果一致（French，2000；Lee，2000）。虽然报酬类型（货币的/非货币报酬）和绩效关系显著，但是薪酬标准（个人薪酬/团队薪酬，固定薪酬/绩效薪酬）的文化影响差异不显著。

弗罗拉（Flora，2012）的研究有以下可取之处：

第一，从弗罗拉（2012）的研究视角看，所观测的薪酬维度是货币薪酬与非货币薪酬、个人绩效薪酬与团队绩效薪酬、固定薪酬与绩效薪酬项目，薪酬维度选择更丰富，更有利于分析员工的薪酬需求。

第二，以下观点没有得到支持，即个人主义/集体主义文化维度、不确定性规避维度不能对薪酬分配规则、固定薪酬/绩效薪酬偏好进行有效的解释。该结论与霍夫斯泰德文化模型中同类维度影响力的解释效果有比较大的差异。

第三，研究结合了贝特曼（2002）三维组织绩效构想，拓展了文化差异的影响作用研究视角，丰富了多维组织绩效的文化影响机理研究成果。

第四，弗罗拉（2012）克服了传统早期研究不足，立足霍夫斯泰德（1980）文化维度模型，融合代理理论，就多维薪酬结构、组织多维绩效、绩效薪酬影响效果之间关系进行了多项验证，尤其是非货币报酬体系的运用差异，对于改善目前我国企业薪酬结构单一、人工成本居高不下的不利状况，进一步提升组织竞争力，借鉴价值更大。

第五，组织多维绩效假设研究结论将对同类研究提供更有力的研究基础作用，实践上为全面确定组织绩效、个人绩效维度提供了经验结论。

不足之处是，芬兰作为北欧国家的样本代表性仍然不足；薪酬形式维度还有扩展的空间；忽视了霍夫斯泰德文化模型的长期/短期维度影响机制的验证。

## 三、中国与美国员工薪酬偏好比较

公平分配在组织变革中非常重要。组织薪酬政策会进行调整或再设计，以体现、传达新价值观，并将行为和活动与组织的新使命、目标协调一致。对于组织理论研究者来说，主要聚焦社会历史环境中的公平信念、偏好和动机（Sampson，1981），而对于实践者来说，则有兴趣就不同政治制度、不同经济发展水平和不同文化传统情形下开展跨国公司运作。

美国和中国的组织变革提供了理想机会来探索这些事项。众所周知，美国、中国各自呈现明显的个人主义与集体主义传统文化（Earley，1993），这直接涉及分配规则（Hui，1991），两国都在进行薪酬分配制度改革。创新型美国公司正在改进其个人薪酬制度以便支持团队组织，并强化合作（Kanter，1989），而创新型的中国企业正在改革绩效薪酬制度，以便建立个人责任体系，促进创新和竞争（Jackson，1992）。

朝（Chao，1995）探索了中美两国员工的报酬偏好，以辨别两国薪酬分配偏好的趋势，明确文化规范、公司目标优先对分配偏好的影响机制。

## （一）报酬偏好模型

分配公平涉及薪酬分配决策的多个因素，包括个人特征、文化规范（Bond，1982）、资源（Tornblom，1983）、分配目标（Mikula，1980）。尤其是组织公平研究是分别验证这些因素的。但是管理者在分配组织报酬时，必须经常考虑多个矛盾因素。朝（1995）从分配决策的三个因素展开探索，即文化规范、组织目标、资源类型。

### 1. 报酬规则偏好

所谓报酬规则偏好是指资源分配者对分配情形特征的态度（Leventhal，1980）。资源分配规范和程序是分配情形的两个主要特征。朝（1995）只研究分配规范偏好的情况。

雷斯（Reis，1984）认为，在分配规范研究中，以下三种被认为是最重要的分配规范，或者分配规则（Deutsch，1985）。

①公平规则。分配必须要和组织每个成员对组织的贡献成比例。

②平均规则。规定、要求对各个成员平等分配，而不管其贡献。

③需求规则。要求依据成员需求进行分配。

立足这些规则，马丁（Martin，1988）发展了七个分配规则：绩效、排序、资历、工作需要、团队平等、个人需要、个人平等。报酬不平等分配源于差异规则，报酬平均源于平均主义规则。

**2. 报酬偏好的决定要素**

（1）文化模型

该模型聚焦于普世信念和价值观的影响。跨文化研究发现，集体主义社会成员，比如，中国人喜欢平均主义分配；美国是个人主义国家，总体上美国人喜欢与贡献成比例的差别性分配（Hui，1991）。个人主义与集体主义的区别关键是对于群体的关注（Triandis，1989）。集体主义者偏好平均，因为人们非常关注人际和谐。个人主义者喜欢差别化分配，因为他们关注业绩成就（Leung，1988）。

（2）目标模型

文化模型强调了文化规则与价值观的广义、持久影响，目标因素模型直接将人们的注意力引导到社会环境目前的需求上。目标模型的主要构成因素假定，薪酬分配目标是分配偏好的关键决定因素。分配目标关系到社会体系的集体目标（Leventhal，1980）。为了实现生存目标，组织必须实现生产率、社会和谐、个人发展和福利目标。当环境需求和个人需求变化时，各个目标的相对重要性则随着组织所处的不同时间而不断变化。

（3）资源模型

该模型的理论基础是资源理论（Foa，1980）。按照该理论，资源具有显著的特征，塑造着各种社会人际关系的类型，比如经济和非经济交换。不同资源满足着交换各方的各自需求。

（4）报酬偏好整合模型

集体主义、和谐目标、心理情绪资源关系到平均主义偏好，个人主义、经济目标、物质资源关系到差别化偏好。

### （二）中美文化与报酬偏好比较

#### 1. 个人主义/集体主义文化与公平/平均规则

研究表明，美国人和中国人处于个人主义/集体主义文化维度的两个端点。公平分配研究发现，在团队成员之间分配报酬时，个人主义的美国人喜欢公平结果，集体主义的中国人喜欢平均结果（Bond，1982）。这种平均主义偏好可能是植根于传统的孔子儒家思想（Bond，1986），在孔子的警示格言中，有"不患寡而患不均"的观点。

#### 2. 组织目标优先序列

美国公司目标优先序的扩展。美国企业一直被看作是生产和利润的理性工具（Scott，1992），也具备社会和人文目标的追求（Scott，1988b）。人文关注在美国公司中强调合法性，所以，美国组织的优先目标强调不断增加社会和人文目标的权重。

在中国企业中有类似的优先序变化，但是方向不同。1978年经济改革之前，中国企业的行事方式是作为政治、教育和福利机构的，与经济目标比较，企业目标更多的是社会政治的和意识形态的（Jackson，1992）。利润是禁忌的，关注生产会被批判为资本主义的东西。自从1978年经济体制改革后，开始重视企业的经济效益。企业有权利来重视生产和销售。管理责任系统得以引进。经济改革鼓励企业追寻利润，利润目标作为绩效标准。《中华人民共和国企业破产法》1988年在中国开始有效实施。

朝（Chao，1995）的实证研究结果支持了其研究假设。这些研究内容、研究方法和经验结论，带给我们的启发如下。

第一，薪酬维度划分有学者自己的标准，也对应着薪酬管理主流观点。物质报酬和精神报酬对中外组织薪酬管理实践者来说，是比较常见的结构划分，有较强的应用实践价值。物质报酬和精神报酬类维度也经常为国内学者、组织薪酬管理和企业文化管理所借鉴。但值得注意的是，该类薪酬维度中的社会心理、精神类报酬项目尽管和组织文化建设项目融合混用，但是作为薪酬项目中的非货币报酬项目仍然是薪酬管理、组织行为学、文化学领域的学术热点。

第二，朝（1995）的研究丰富了我国员工薪酬分配偏好准则、薪酬偏好决定因素结果，特别是运用分配偏好整合模型，发现集体主义、和谐目标、精神心理资源关系到平均主义偏好，个人主义、经济目标、物质资源关系到差别化偏好。

很显然，某些结论和传统的分配规则相悖，应该注意的是，这些结论是朝（1995）基于文化规范、组织目标、资源类型整合分析模型得出的实证研究结论。

第三，同样验证了多伊奇（Deutsch，1985）等学者的分配偏好准则观点，丰富了公平规则、平均规则和需求规则证据，辨析出中美组织员工的各自偏好，为精准化薪酬分配理论分析提供了文化影响机理分析路径。

第四，研究背景是 20 世纪末中国改革开放背景下的状况，距离今天中国经济体制改革和社会发展已经有几十年，所以某些观点和今天中国员工的薪酬偏好状况可能有所不同。

## 四、印度与美国员工绩效薪酬偏好比较

詹姆斯（James，2009）对印度与美国员工绩效薪酬偏好进行了文化影响机制比较研究。

研究证据表明，国家文化不同，人力资源管理实践也不同（Newman，1996）。跨国公司往往遵循"全球思考，本地执行"的一般规则，来调整其人力资源政策（包括薪酬制度），以适应东道国员工的文化偏好，提高公司竞争地位（Doz，1986）。

学者强调，增强人力资源的民族文化价值观能提升绩效（Earley，1994）。研究者运用霍夫斯泰德（1980）的文化维度，解释美国和墨西哥的人力资源实践活动差异（Schuler，1996），分析印度员工就业观和绩效薪酬的盛行（Budwar，2002；Newman，1996）。这些研究表明，文化是解释国与国之间人力资源政策和实践差异的重要变量。也有人认为，人力资源实践活动与国家文化相匹配是很重要的，因为其传达着文化意识和敏感性，传达着对根深蒂固的可接受的员工行为模式、行为期望和激励，能够提高公司的财务业绩（Schuler，1998）。

为了实现可持续竞争优势，组织会通过调整薪酬以适应文化偏好（Newman，1996）。舒勒（Schuler，1998）发现，不同国家有不同的薪酬制度，民族文化对其提供了一个重要的解释。因此，人格与基于民族文化的薪酬组合偏好之间是否存在一定的关系就值得探索。具体来说，就是要通过探索美国员工与印度员工的个性和薪酬组合偏好之间的关系，来考察文化背景对人格—薪酬偏好之间关系的影响。

从文化角度来看，霍夫斯泰德（1980）的文化维度模型认为，印度和美国之间的差异相对较大，主要反映在：集体主义/个人主义取向差异（个人主义量表中，美国91分，印度48分）、对权力距离容忍的差异都很大（印度得分77分，美国得分40分）。

薪酬偏好中的文化影响之所以重要，是因为在印度，高权力距离和集体主义行为规范将对薪酬偏好的个体差异发挥一致性和抑制性的整合作用。集体主义描述的是这样的文化：个人被视为更大群体的一部分，在该群体中，成员互相照顾，并保护其成员利益以换取忠诚。在集体主义文化中，身份建立在社会制度的基础上，属于某个社会组织，不强调个人的主动性和成就。道德的定义是，通过维护团结，个人利益将服从于共同利益（Triandis，1997）。集体主义与自我导向相反，导致了个人对组织的高度情感依赖（Hofstede，2001）。

权力距离描述了权力地位较弱的人接受不平等权力分配的程度。高权力距离社会中，决策结构集中化，规则形式化，权力集中化，组织具有权利高度集中的金字塔特征。在印度，接受高权力距离表明，员工非常重视一致性，"威权主义态度展示为一种社会规范"（Hofstede，1980）。上级管理者"更满足于做指示或其说服力"，而下级则认为"上司是另一种人"。

在集体主义和高权力距离工作环境中，员工对组织情感高度依赖，归属感浓厚，与上级管理者之间的地位距离，可能会对行为和结果的一致性施加强大的力量。虽然员工可能拥有广泛的个人差异和兴趣，但是不同于常态的偏好不太可能自我表现出来。在印度，超越个人偏好的文化影响也在学者的研究中得以关注。比如，梁（Leong，1998）运用霍兰德（Holland，1977）基于印度样本测量的职业偏好量表开展研究，研究结论和美国样本研究发现具有明显差异：印度数据表明，在个体的职业兴趣和职业满意度之间，不存在显著性关系。这些结果表明，跨国企业文化环境复杂，意图追求最大化产出的"一刀切"的薪酬管理制度很难发挥作用。

在研究设计方面，学者围绕以下四种类型薪酬结构进行了实证分析。（1）工作—生活平衡薪酬策略。其中，薪酬策略设计为：基本薪酬占50%，福利占30%，奖金和期权则各占10%。（2）安全/承诺薪酬策略，其中基本薪酬占80%，福利占20%。（3）绩效薪酬策略，其中基本薪酬占50%，绩效薪酬占33%，福利占17%。（4）市场匹配薪酬策略，其中基本薪酬占70%，绩效薪酬占10%，福利占20%（James，2009）。

詹姆斯（James，2009）的研究证实：在美国，责任心只是唯一显著的与薪酬方案偏好（针对绩效薪酬）相关联的五大人格特征之一。在印度，外向性、神经质与绩效薪酬策略偏好相关，内向性则与安全/承诺薪酬策略偏好相关。

可见，人格可以作为个体薪酬偏好的显著预测变量。随着薪酬成为高离职率的组织招聘和留住人才的有效手段，个体薪酬偏好和组织薪酬制度之间的关系越来越对实现组织未来的预期成果有重要意义。在美国，尽管责任心与绩效薪酬显著正相关，但是总体上，人格不是薪酬偏好的显著预测变量，而印度的结果模式却大不相同。

因此，这项研究的主要意义在于，个性和薪酬偏好之间的关系，很明显会因文化背景而有显著差异。在集体主义和高权力距离的印度文化中，情绪稳定的个体，偏好于高度保守的薪酬方案（市场匹配策略），即90%薪酬是有保障的，其中70%是基本工资，另外还有20%的福利以及一小部分的绩效工资。

此外，那些性格内向的人则更喜欢安全/承诺型薪酬策略（即80%是基本薪酬，20%是福利），性格外向的人则喜欢绩效薪酬。

外向性是有效领导者的特征（Judge，2002），外向的个体通常被认为是更有成就导向的人，可能更倾向于偏好绩效薪酬策略。然而，令人惊讶的是，在印度，绩效薪酬策略也受到了更多神经质的个体青睐。可以说，这些高神经质的外向型人格的个体，可能存在于印度的社会边缘，与集体主义、高权力距离中的文化拥有较低的"契合度"。

因此组织应大力调整、完善各自的薪酬策略，以适应其劳动力文化。人们对薪酬策略的偏好各不相同，不同的文化和策略可能会吸引有责任心的员工，例如，美国可能对神经质、外向型的人更有吸引力。

在印度，薪酬经理面临的挑战将是了解他们的员工需求，具体可以通过使用个人档案、问卷调查或其他工具，保障劳动力的最大适应性。这对企业和人力资源部门也有好处，招聘人员必须熟悉公司的薪酬策略，以便协助求职者能够合理选择用人单位。

詹姆斯（James，2009）运用系统方法，验证了员工对薪酬制度体系的偏好。研究结果表明，人格变量显著预测了薪酬偏好。通过美国和印度之间的跨文化研究，证实两种文化之间的薪酬偏好显著差异。

除了上述研究特点以外，詹姆斯（James，2009）的研究可借鉴之处在于：

第一，薪酬结构设计了四类薪酬策略，即工作—生活平衡策略、安全/承诺策略、绩效驱动策略和市场匹配策略。这样的薪酬维度划分来自不同的薪酬项目组合特征，对于开展绩效薪酬偏好测量来说，提供了新的对照工具，因此薪酬偏好测量具有较高的理论意义。

第二，选择美国和印度两国文化比较，不仅证实文化对薪酬偏好有显著影响，而且文化代表样本选择有比较强的参考价值。

第三，詹姆斯（James，2009）在本研究中综合测量了人格特征、文化背景的复合影响机制，比坎贝尔（1994）的人格模型研究内容更为宽泛和现实。因为每个个体不仅文化环境不同，各自的人格特征也不同，因此，该研究结果对未来同类研究提供了多项自变量影响机制研究视角。

该研究的不足表现在：虽然霍夫斯泰德的文化维度效度得到主流研究者的肯定，但是美国和印度文化的结构差异是什么，如何影响两国员工薪酬偏好，仍然需要更多的证据。

## 五、美国与土耳其员工薪酬偏好比较

尽管在薪酬领域进行了跨文化研究，但在民族文化和薪酬偏好之间还没有建立明确的联系，现有的研究仅侧重于民族文化的某个方面（Papamarcos，2007），或者他们仅比较了不同国家员工的薪酬偏好，而没有检验国家文化差异的影响（Rehu，2005；Westerman，2009）。巴努（Banu，2011）考察了国家文化对薪酬偏好的影响，而不是仅比较不同国家员工的薪酬偏好。

巴努（2011）的研究结果显示，总体上，文化差异会影响个人的薪酬偏好。

首先，土耳其和美国文化之间权力距离、个人主义/集体主义、男性/女性特质存在显著差异，表明霍夫施泰德（1980）的国家民族文化概念仍然有价值。

其次，个人主义与个人绩效薪酬偏好之间存在显著的正向关系。这意味着，个人主义文化中的雇员，比如美国文化，导致人们更喜欢个人绩效薪酬，而不是团队绩效薪酬。在土耳其集体主义文化中的个体，则偏好团队绩效薪酬。同样地，集体主义和工龄工资之间也存在着一种重要的关系。

最后，公司如果在全球各个国家都实行相同的薪酬制度，可能并非最有效的薪酬制度。

巴努（2011）的研究突出点在于：

第一，验证美国和土耳其国家文化结构是不同的，霍夫斯泰德（1980）的国家民族文化模型效度再次得以验证。目前多项实证研究支持了霍夫斯泰德（1980）的国家民族文化模型。本研究是近期的实证研究成果，表明文化测量学的主流文化模型结构具有较强的应用型。

第二，从薪酬结构模型看，巴努（2011）除了比较绩效薪酬与固定薪酬偏好、个人绩效薪酬与团队绩效薪酬以外，还增加了工龄工资项目，以增强个体辨析薪酬需求能力，明确文化的影响机理。

第三，该研究结论与多项文化影响机制的结论一致，为薪酬偏好的文化影响机理提供了美国—土耳其员工的跨文化证据。

## 六、德国和美国员工的绩效薪酬偏好比较

雷胡（Rehu，2005）调查了德国和美国员工的绩效薪酬偏好。研究采用了三个构想：制度构想，绩效薪酬框架及其含义，与绩效薪酬有关的个人边际效用递减以及绩效薪酬设计。实证调查是依据在德国和美国的跨

国公司雇员调查数据，运用霍夫斯泰德的跨文化问卷来进行。研究结果表明两国的员工对绩效薪酬有不同的偏好。为某个国家设计的激励计划可能对另外的国家员工没有激励作用。该学者还发现了边际效用递减的逻辑可以适用于某些绩效薪酬制度设计。参考这些结果，雷胡（2005）提出建立有效激励机制的方法。

雷胡（2005）揭示出西方国家员工的薪酬偏好差异背后的文化影响。其研究结果表明，绩效薪酬文化的差异性和应用性存在不同的文化环境要求。该研究中的薪酬结构模型主要包括收入与成就（现金报酬、绩效薪酬、晋升）、家庭报酬（家庭度假）、附加福利（健康关心计划、退休金）、认同（月度最佳员工奖、正向反馈、培训—职责与技能发挥）、工作条件改善。

雷胡（2005）的研究独特之处有三点：

首先是薪酬维度体系偏好按照全面报酬体系进行测量，薪酬项目比较丰富，更全面展现出两国员工对报酬体系的需求。

其次，该研究采用了三个构念：制度构念，绩效薪酬框架及其含义，与绩效薪酬有关的个人边际效用递减以及绩效薪酬设计。这样的分析框架结合代理理论分析，较好地展现对绩效薪酬偏好的影响。

最后，该研究结论直接用于绩效薪酬制度设计，显示出理论成果的实践指导价值。

## 七、本节评价

本节围绕国家之间绩效薪酬偏好比较及文化影响机理开展了理论回顾，可以看出，在中国与美国、中国与芬兰、欧洲与中国、美国与印度、美国与土耳其、美国与德国的绩效薪酬偏好比较研究中，都证实显著的偏好差异；运用霍夫斯泰德（1980）文化模型，均证实文化的显著影响机理。同时，部分研究融合人格变量，均证实了人格对绩效薪酬偏好的影响机理。

此外，多项国际绩效薪酬偏好比较研究过程中，研究者对薪酬维度结构、薪酬分配准则、绩效结构、绩效薪酬偏好的影响均有差异，展现出学者的研究对应了绩效薪酬制度完善问题，从国际化、多学科交叉研究视野，精准地辨析出文化维度的影响，较全面揭示出薪酬需求背后的文化机制，以及绩效薪酬偏好的文化动因与组织绩效关系。

# 第四节　薪酬偏好准则研究

## 一、聚焦员工薪酬分配需求的组织激励制度

公平合理的薪酬决策十分重要。决定公平薪酬的因素可能有很多。在集体主义文化中，相互依赖、群体内部和谐往往促进平均规则的薪酬决策（Stone，2007）。在个人主义文化中，绩效薪酬制度往往依据公平规则进行分配（Gully，2003）。

绩效薪酬制度的跨文化差异研究表明，一般来说，影响绩效薪酬制度分配规则有三个：（1）公平规则；（2）平均规则；（3）需求规则（Deutsch，1975；Leventhal，1976）。在分配规则的跨文化比较中，个人主义文化通常在公平规则基础上分配报酬，即依据个人贡献或工作努力而支付薪酬（Stone，2007；Triandis，1994）。研究表明，个人主义强调竞争力，关注自己（Triandis，2002）。集体主义倾向于平均规则，或基于需求的分配规则（Sama，2000）。例如，在印度尼西亚，需求被认为是分配规则的公平基础，而在这种情况下，人们怀疑资源短缺可能增强这种偏好

（Murphy - Berman，2002）。可见，个人主义和集体主义更适合从文化层面解释价值体系对社会行为的影响机理（Earley，1998；Triandis，2002）。吉莉安（Jillian，2014）推测，员工需求与薪酬呈正相关，即员工需求越大，将会获得越多。

员工的沟通对薪酬分配的影响。参考员工需求，良好人际关系能带来更好的工作—生活平衡和工作成果，比如较低水平的人际关系压力（Anderson，2002）。沟通能够加强经理—员工之间的信任关系，员工之间交流与工作相关的信息、需求，往往会导致经理的理解和同理心（Scandura，1986）。员工沟通越多，就会得到越多，与沟通较少的员工相比，管理者会更关心沟通比较多的员工所处的环境。

薪酬和员工公平感关系。在西方组织研究和跨文化比较研究中，薪酬公平感是员工满意度的一个重要因素（DeConinck，2004）。然而，公平感的基础可能因组织内部的文化规范而大不相同（Morris，2000）。在集体主义价值观支配的文化中，人们之间相互依赖，群体内部和谐，薪酬制度按照需要规则或平等规则来运行，人们感觉到制度是公平的，因为这样的制度强调群体幸福和人际关系的重要性（斯通，2007）。相反，个人主义文化价值观强调独立性和竞争力，强调自我被认为是公平的（Stone，1998，2001）。

薪酬分配的研究虽然集中在公平与平均规则上（Leung，1997），但是吉莉安（Jillian，2014）的研究强调，员工的需求也会影响薪酬制度。通过理解这些因素和分配价值，组织能够扩大绩效奖励模式，能够更好地回应员工期望。这些期望可能最终会改变规范，甚至成为组织的正式政策。

吉莉安（Jillian，2014）比照薪酬分配的公平、平均规则，专门检验了个体的需求规则以及文化价值观的影响机制，在薪酬分配规则偏好的研究内容、研究方法中有新意，研究结果支持了多伊奇（1975）、利文撒尔（1976）的薪酬规则观点。尤其是结合泰安迪斯（2002）个人主义文化特征的影响，为绩效薪酬偏好的需求规则验证提供了文化效应分析模式。

## 二、美国员工薪酬规则偏好

朱莉（Julie，2006）证实，美国员工最欢迎以下三个薪酬维度，分别是"责任""知识—技能—能力""绩效"。经济全球化导致市场竞争更加激烈。公司不断寻找方法来提高员工劳动生产率，其中流行策略就是采用绩效薪酬制度，该制度可以提升劳动生产率，原因有二。首先，鉴于员工能力的信息不对称性，绩效薪酬制度能够激发员工尽自己最大的努力工作。其次，当雇佣新员工时，计件工资方法可以发挥分选效应，鼓励大部分有能力的员工选择绩效薪酬制度的企业（Lazear，2000）。

薪酬制度强调，公平的薪酬特征非常重要（Armstrong，1994），薪酬不公平感关系到组织和个体的一系列消极作用，包括工作不满、组织承诺下降、对组织的信任下降、沮丧和人生抱怨（Cohen，2001；McFarlin，1992；Shaw，2001）。尽管薪酬的公平特征如此重要，但是关于薪酬差异标准的态度研究却很少。员工期望得到什么样的薪酬支付标准值得研究，因为其涉及员工的薪酬选择基础偏好态度。

产业关系和经济学领域的研究发现，工资规范化期望有助于保持薪酬差异（Akerlof，1982；Brown，1988）。研究显示，关于职业的相对价值有着长期存在的、普遍的一致意见（Dickinson，1990；Kelley，1993）。霍曼斯（Homans，1974）认为，薪酬差异决定着人们的预期，随着时间流逝，约定往往就成为制度。因此，在解释薪酬差异时，人们很少将它们归属于惯例。相反，他们尝试来发现合理的比照方法、手段、岗位评价的标准，比如任职资格、技能、职责、合适的劳动力市场供应、工会力量等（Dickinson，1990）。在考虑自己的薪酬是否公平时，人们往往对自己和他人进行比较。

迈曼（Mamman，1997）调研了九个工资标准偏好问题，发现尽管所有九个标准都被评价为重要，但是某些标准（绩效、责任、技能）比其他标准（任期、集体谈判）更为重要。人们按照关系到自己利益来选择标准（Dickinson，1990；Mamman，1997）。道斯特（Dornstein，1985）发现，白领员工比蓝领员工更偏好责任、权威、必要要素，而蓝领员工比白领员工偏好困难工作条件、不利的工作时间、家庭需求等要素。个体差异在于标准的支持程度，而非支持某些标准而否定其他标准，例如，51%的白领、23%的蓝领工人选择了责任和权威标准（Dornstein，1985）。

薪酬标准的变化。自1980年以来，薪酬决策方法有了很大的变化（Brown，2000；Rubery，1997），这些薪酬确定方法打破了人们对职业相对价值的期望。首先，关键变化是集体谈判地位的下降。布朗（Brown，2000）的研究发现，只有35%的员工能够享受集体谈判协议，集体谈判下降可能会影响职业群体识别自身以及监控其他组织报酬的能力。其次，增加员工绩效、灵活性和组织目标参与的新业务，经常关系到新型工资制度，比如能力工资、绩效工资和利润分享制度（Handel，2004）。这些类型薪酬制度的基准依据员工素质而非工作本身（Heery，1996）。调查证据显示，总体上受访者喜欢绩效薪酬（Ballou，1993；Mamman，1997），但是绩效薪酬制度建立却让员工质疑薪酬分配决策的公平性（Lowery，1996）。

朱莉（Julie，2006）研究结果显示，大多数员工偏好四个薪酬标准，即职责（占71%）、知识—技能—能力（占57%）、绩效（占53%）、工作难度（占31%）。由此可见在薪酬标准偏好中，三个最受欢迎的标准分别是"责任""知识—技能—能力""绩效"。

该研究结果支持了多伊奇（1975）、利文撒尔（1976）的薪酬规则观点，验证了绩效薪酬偏好的制度规则，揭示了绩效准则偏好的地位，为绩效薪酬偏好检验提供了新的理论观点和依据。该研究目标与绩效薪酬分选效应理论假设对应，提供了绩效薪酬分选效应分析新方法。

## 三、团队绩效薪酬偏好

### 1. 背景

在全球互联网时代，生产力对组织的重要性越来越大，组织授权和灵活性密切结合在一起。因此，许多公司实施了网络化运行，建立了虚拟团队（Gibson，2003；Hart，2003）。除了管理系统协作之外，还有一个重要的问题，就是如何支付虚拟团队成员的薪酬。奥利弗（Oliver，2011）验证了不同类型团队薪酬对团队绩效与沟通的影响机理。

虚拟团队由地理上分散的成员组成，运用电子通信技术（电子邮件、网络会议等）来完成共同的目标（Hertel，2005）。与面对面工作的团队相比，虚拟团队保持着高水平工作动机。

绩效薪酬制度通常有四种基本模式：①个人激励；②收益分享；③利润分享；④团队绩效薪酬（Abernathy，1989；Welbourne，1995）。

团队绩效薪酬在许多领域越来越重要（Lawler，2000；Rynes，2000）。原因是，与个人报酬相比，团队绩效薪酬能够促进成员信息交流和组织学习，削弱员工之间的个人竞争；团队绩效薪酬强调组织层面目标，培养对团队的承诺。

目前关于团队绩效薪酬偏好研究较少（Baltes，2002；Hertel，2005）。利文撒尔（1976）认为，团队绩效薪酬可以采用两种不同的分配规则。一种是平均规则，无论成员的努力或贡献如何，每个团队成员得到相同数量的薪酬。另一种是公平规则，每个团队成员所得与个人对团队任务的贡献成正比。平均规则可能带来社会惰化动机风险（Spink，2000；Hertel，2003），但是也会增加和谐感、群体凝聚力和团结（Heneman，1988）。

**2. 研究结果**

奥利弗（Oliver，2011）证实，团队成员自信程度的调节效应显著；团队绩效薪酬对任务定向有正向影响；平均分配奖励会导致更高层次的合作；沟通行为比公平分配规则更重要，平均规则比公平规则导致的薪酬满意度高；团队绩效薪酬偏好与外在动机、内在动机正相关。该研究展示了团队绩效薪酬制度对绩效、薪酬满意度和沟通行为的影响机制，发现了平均规则比公平规则具有更高的激励作用，显示了团队的积极作用；平均规则比公平规则有更高的薪酬满意度。尽管没有发现团队绩效薪酬在绩效方面的直接影响经验证据，结果仍然证实，团队成员的自信心对绩效薪酬结构与绩效关系具有调节效应：与公平规则比较，在平均规则下，自信心弱的团队成员绩效更好；与平均规则比较，在公平规则下，自信心强的团队成员绩效更好。此外，平均分配的绩效薪酬对薪酬满意度具有积极影响作用，但是对于绩效则没有影响。这很有趣，可以进一步研究团队绩效薪酬、薪酬满意度关系。

研究者提议，当管理者在团队中引入激励机制时，必须考虑成员的需求特征，以实现团队绩效薪酬的最大奖励效果。值得一提的是，金钱奖励可能并不会单独影响人的动机和行为。非金钱奖励，即自豪感、同事和主管的支持和赞赏、发展机会等，都可以作为有效的激励措施（Oliver，2011）。

**3. 启示**

奥利弗（Oliver，2011）的研究验证了不同分配规则下，团队绩效薪酬偏好及其效果。该研究立足虚拟团队的四种绩效薪酬项目效果，结合薪酬分配规则和薪酬满意度、外在动机/内在动机，在人格控制变量影响下，衡量了绩效薪酬偏好的效应。专门分析了团队绩效薪酬偏好的条件、影响和分配准则调节效应，模型设计比较新颖，选择研究对象切合灵活组织特征，对于智能化组织及个体绩效衡量、吸引力都有实践意义。该研究结构没有验证团队绩效薪酬的激励效应，不支持团队绩效薪酬分配的公平规则效应高于平均规则效应的观点。研究结果表明，虚拟团队员工对团队绩效薪酬的平均规则高度肯定，激励效果和薪酬满意度更高。成员的自信心对团队绩效薪酬效果具有显著的调节作用。

该项研究专门围绕虚拟团队绩效薪酬效果的分配准则激励和偏好进行验证，并检验人格特征的调节效应，较好地反映出绩效薪酬偏好分配规则的文化意义。

其不足主要是，团队绩效薪酬分配规则与个人绩效薪酬分配规则或许有不同的维度，但是研究没有显示出二者的差异。此外，团队绩效薪酬激励效应不显著的成因解释不足。尤其需要明确的是，该实证研究的调研对象不清晰，文化背景不显著，这可能会给研究成果信度带来一定程度的消极影响。

## 四、本节评价

薪酬准则偏好近年再次获得学者的关注，表明早期薪酬分配准则模型对绩效薪酬偏好研究仍然有较强的解释力。朱莉（2006）的研究结果表明，最受个人欢迎的三个薪酬标准分别是"责任""知识—技能—能力""绩效"，和多伊奇的薪酬分配的三个规则（公平规则、平均规则、需求规则）有较大的区别，丰富了薪酬分配规则理论。奥利弗（Oliver，2011）则运用了多伊奇（1975）薪酬分配规则，证实平均规则比公平规则具有更高的激励作用，平均规则比公平规则有更高的薪酬满意度。这些不断涌现的实证研究结果，为薪酬分配规则理论应用提供了新途径。特别值得注意的是，本节中的团队绩效薪酬偏好文献提供了新的评价方法。

# 第五节　非货币薪酬偏好研究

## 一、非货币激励对未来知识型员工的吸引力

全球范围的组织都在争夺稀缺的人力资源，尤其是特别稀缺的人才。职场越来越全球化，这形成了日益相互依赖的全球经济。全球化和人才匮乏是推动市场竞争的因素之一。吸引和留住员工是公司人才管理战略的一部分，将人才管理与组织战略结合起来，这两个因素至关重要。在心理契约的基础上，学者对工作吸引力结构进行了分析（Kickul，2001）。有竞争力的工资、工作与生活的平衡、培训和有意义的工作，可以换取员工的时间、精力、技能、知识和能力。可以推断，人才管理作为一个整体，不仅对员工有巨大的影响，也是心理契约建立的过程。

传统上，薪酬方案中的货币报酬是最重要的，而非货币报酬项目，比如培训和发展机会，弹性工作时间对员工的重要性正稳步上升。薪酬是最简单、也是最容易复制的制度，正因如此，企业正在不断寻找新的薪酬项目，将自己与市场竞争对手区分。更广泛的非货币制度就是组织采用的策略，明晰本企业定位，吸引优秀的人才。

学者安东（Anton，2015）探讨了非货币报酬对人才吸引力，尤其是对知识型员工的吸引力。1968 年，彼得·德鲁克（Peter Drucker）提出"知识工作者"这一概念，这些员工指从事生产性工作，提供思想、概念和信息，而不是手工技能或体力（Brinkley，2009）。知识型工作者包括医生、工程师、律师、经理、销售代表、教师等专业技术人员。这些专业技术人员被认为对全球公司的竞争成功至关重要（Lund，2012）。阿卜杜勒

（Abdul，2013）的研究表明，人才管理在其中起着业务流程再造与组织绩效的中介作用，业务流程再造与人才储备具有一定的相关性。

与人才流失相关的直接经济成本包括更换雇员的费用，员工的离职损失，停工时间及费用，招聘、面试、新员工的培训和发展等费用。公司的直接和相关成本估计会达到一个初级工职位工资的 50% ~ 100%（Hagen，2011）。其他有关损失和替换员工的相关成本估计是一份工作年薪的 1.5 ~ 2.5 倍（Cascio，2006）。与经济损失成本比较，间接的财务损失还包括工作流程中断损失、组织信息损失的代价、隐性战略性知识流失损失、生产率损失、客户服务损失、骨干员工流失损失。人们普遍认为，人员流动的直接和间接经济成本对组织绩效有显著影响。

员工吸引力是指多种因素融合的因素，这些因素随着每个人成长与职业发展、生活环境的影响而变化（Amundson，2007）。施耐德（1987）主张组织吸引、选择和留住那些与他们有共同价值观的人，通过吸引—选择—淘汰（ASA）循环，个人感兴趣的工作产生不同的吸引力。企业通常会聘用符合组织文化特点的员工，那些不符合组织文化的员工自然会随着时间的推移而离开。因此，工作吸引力会受到求职者个人因素的影响，而不仅仅是组织声誉等客观变量、工作场所，或组织提供的总报酬。吸引力的潜在因素取决于个人和环境，处于不断变化之中。阿蒙森（Amundson，2007）列举了 10 个工作吸引力因素，分别是安全性、位置、关系、识别、贡献、工作适应、灵活性、学习、责任和创新。

职场报酬大致可分为两类：货币类报酬和非货币类报酬，非货币报酬包括工作与生活的平衡、学习和职业发展。全面报酬不仅包括传统的基本工资、绩效工资和福利等，也有非货币报酬，如工作职责、职业机遇、学习和发展机会，这些报酬提供了工作本身的内在动力，以及组织所提供的工作生活质量（阿姆斯特朗，2004）。全面报酬的目的是为了让报酬制度多样化，从而整合对员工有意义的薪酬项目。有效地管理全面报酬制度对员工吸引力、保留率、工作绩效会产生积极的影响。而非货币报酬项目通常与货币报酬相结合，会产生更有效的、更具包容性的、更广泛的薪酬体系（Rumpel，2006）。

普林拉托（Pregnolato，2010）探索了 5 个报酬项目，即薪酬、福利、工作与生活的平衡、绩效认同、发展和职业机会。其中，薪酬是员工因提供劳务而获得雇主所给予的现金。福利是雇主补充员工获得的报酬以外的服务、产品及利益。工作与生活的平衡是组织活动、政策、计划以及支持员工取得成功的理念。绩效认同是评价组织、团队和个人的努力状况，目标实现和组织成功状况，特别关注员工的努力、行为和成就。发展和职业机会则旨在提高员工技能、能力、经验。

雇主和雇员对非货币报酬意识越来越强。非货币报酬中，表扬和认同是公认的激励员工工具，因此雇主用来提高员工绩效（Zani，2011）。雇主们意识到，高于或低于市场水平的薪酬对于鼓励、激励和留住员工是不够的（Whitaker，2010）。

惠特克（2010）也发现，员工动机和满意度可能会随着加薪而提高，但效果比非货币报酬的激励时间要短。非货币报酬中，如减少工作时间、补贴膳食或服务、额外假期和团队活动，都会激励员工，培养积极文化，鼓励员工忠诚组织，提升员工的组织承诺。

随着企业降低成本的压力不断加大，促进企业利用非货币报酬作为员工报酬的另一种安排（蒋任宏，2011），报酬系统中薪酬项目的优先次序发生了重大变化，非货币报酬项目正在改变企业提供的薪酬包。薪酬优化正成为薪酬制度的下一个重大挑战，以实现薪酬成本与薪酬制度目标之间的最佳平衡。

调查发现，年轻员工基于和组织目标的一致性，而非金钱或工作保障原因做出就业选择（Amundson，2007）。普林拉托（Pregnolato，2010）证实，各个报酬项目按其对保留员工的重要性排列如下：福利、认同、薪酬、职业晋升、学习、以及工作与生活的平衡。

安东（2015）发现，与没有非货币报酬的工作比较，员工更可能被吸引到有非货币报酬的工作中；非货币报酬对女性的吸引力高于男性。公司可以利用全面报酬制度来吸引优秀女员工。

## 二、工作特征偏好

很多雇主对员工的期望，最明显地体现在客观和主观的招聘甄选准则方面。通常，希望从他们的工作中获得特定的品质和结果，称为"员工任务属性首选项"。那么如何排列作业属性首选项？工作属性偏好与哪些个人特征相关？

工作在个人生活中所扮演的角色在社会科学中有很多争议。古典经济思想学派，例如，斯密、马尔萨斯、边沁和麦卡洛克认为，工作是"坏的"，"从本质上讲是一种痛苦"，而相反，马克思对这一假设提出了挑战。他认为工作可以是一种"好的、充实的、有价值的、令人振奋的活动"。从这个角度来看，工作就假设为"负效用"。因此个体只有出于自身利益和最大化效用，需要金钱报酬来弥补自己因为工作而牺牲的时间，以保证他的劳动供给（Marsden，1986）。

1992 年英国就业调查包括 15 个工作属性（Gallie，1998）。按照外在工作属性和内在工作属性进行分类，具体如下：

外在工作属性偏好有：良好的发展前景；良好的薪酬；安全的工作；工作时间方便；弹性工作时间；良好福利；良好的培训制度。

内在工作属性偏好有：与上司关系良好；可以发挥主动性；喜欢从事的工作；运用能力的机会；工作轻松；良好工作条件；工作丰富；同事友好。

萨瑟兰（Sutherland，2011）的研究显示，工人的工作属性偏好中，喜欢从事的工作、工作安全、同事友好、发挥能力机会是排名前四的工作属性偏好。工作属性偏好因员工的特点而异，受到个性、性别、家庭环境、职业资格等因素影响。

## 三、本节评价

与绩效薪酬的货币薪酬形态的偏好研究进行比照，本节对非货币薪酬偏好、工作特征偏好研究进行了分析，进一步明晰货币薪酬和非货币薪酬偏好的研究特征。相关研究验证了非货币薪酬偏好研究成果，显示出组织提高外在薪酬效果、降低薪酬总成本、提升员工全面薪酬偏好的关键环节和路径。相反，为组织提升员工绩效薪酬偏好提供了对比性工具和研究方法价值。

# 本 章 小 结

本章对绩效薪酬偏好研究内容作了概况介绍；开展了文化—社会心理环境与美国、南非、日本、韩国员工绩效薪酬偏好关系研究文献综述；进行了欧洲国家与中国、中国与美国、美国与印度、美国与土耳其、美国与德国员工绩效薪酬偏好的国际比较研究理论回顾；讨论了薪酬偏好准则的比较研究、工作特征、非货币薪酬偏好研究。

之所以进行文化—社会心理环境视角下绩效薪酬偏好的比较研究，是遵循了这样的分析逻辑和认识：人们的工作偏好存在差异；作为工作属性的薪酬偏好存在差异；绩效薪酬偏好存在差异；偏好差异的准则不同；文化—社会心理环境影响绩效薪酬偏好；绩效薪酬偏好导致不同的职业选择结果。

按照个人—组织匹配理论，人们对组织、工作的偏好，必然和薪酬偏好有关。因此，组织、工作吸引力特征，终究要通过展现组织价值观内涵的薪酬制度，吸引对应价值观的个体。本章的绩效薪酬偏好的文化影响研究理论回顾，就是聚焦学者们所做的绩效薪酬偏好文化环境前因影响机理，系统分析绩效薪酬偏好产生的效果。

总体上，文化对绩效薪酬偏好影响机制、绩效薪酬偏好的效果研究，尤其是跨文化视角下的绩效薪酬偏好比较研究，已经达成多项共识。通过广泛运用霍夫斯泰德（1980）和泰安迪斯文化模型，学者基于多个国家数据开展的多个实证研究的结果一致性较高，为绩效薪酬偏好的文化模型提供了较坚实的成果基础。

对于个体绩效薪酬偏好的文化影响机制理论回顾，有以下一些认识，还需要进行再讨论和深入思考：正如本章的文献梳理所支持的观点一样，绝大多数研究结果都支持了绩效薪酬偏好，并且验证了绩效薪酬偏好的文化影响机理，最重要的是，部分研究项目还进行了跨文化比较研究，形成了较丰富的跨文化绩效薪酬偏好研究成果。

借鉴之处和存在的不足主要是：

第一，形成文化比较共识。学者研究了包括我国、印度、南非等发展中国家与其他发达国家的跨文化比较研究成果，这些发达国家包括部分欧洲国家（英国、芬兰）、亚洲国家（日本、韩国）、北美国家（美国、加拿大）。学者验证和肯定了霍夫斯泰德（1980）文化模型、泰安迪斯文化模型，还校验了发达国家之间的文化差异，如美国与德国之间的文化差异。这些跨文化研究成果，明确了新时代组织中的个体绩效薪酬偏好形成的文化环境制约和保障。总体上，文化研究成果中展现出强有力的共识。

第二，绩效薪酬维度界定和绩效薪酬项目体系更为丰富，绩效薪酬偏好普遍得以验证。学者的绩效薪酬制度维度、项目和分配准则偏好测量各有特色，从多个角度，更全面反映个体的绩效薪酬态度和反应。简要地看，至少包括个体绩效薪酬/团队绩效薪酬偏好，内在激励/外在激励动机偏好，固定薪酬/绩效薪酬偏好，货币绩效薪酬偏好/非货币绩效薪酬偏好，全面薪酬偏好/绩效薪酬偏好等等，对绩效薪酬观念、强度、项目、分配准则偏好的衡量评价范围进一步扩展。

此外，绩效结构、绩效薪酬偏好的影响更为丰富。尤其是在日本集体主义文化中，个体绩效薪酬偏好不影响组织公民，个性绩效薪酬制度偏好与集体主义文化高度融合结论，为中国组织建立、实施高效能的绩效薪酬制度提供了有益的参考。

第三，文化和人格特征变量同时进行验证，更准确地反映了个体绩效薪酬偏好的差异。人格变量的融合检验，对文化影响机制验证发挥更显著的验证作用，对于个体绩效薪酬偏好有更真实、效度更高的研究意义，人格和文化的互动影响机理结果更清晰地揭示个体的态度。

第四，泰安迪斯文化模型应用不如霍夫斯泰德文化模型运用更充分，还需要进一步增加泰安迪斯文化模型下，个体文化、人格特征对绩效薪酬偏好的影响机制，中国社会结构、人力资源结构正适合该类项目的实证研究。

第五，未来中国个体绩效薪酬偏好还需要更多的实证研究成果，包括居民、在校大学生、乡村教师等群体的绩效薪酬偏好专项研究还需要更多的证据，特别是文化、人格影响机制研究成果，还需要更多的实证文献。

# 第三章　乡村教师绩效薪酬
# 偏好理论回顾

近年来乡村教师绩效薪酬偏好理论研究成为国内外多学科、多领域学者关注的热点。本书第二章围绕个体绩效薪酬偏好从文化视角进行了理论回顾。本章主要讨论乡村教师绩效薪酬偏好。

乡村教师绩效薪酬偏好与个体绩效薪酬偏好具有共同特征，但是必然受到乡村文化、学校校园环境的影响，也必然和乡村教师绩效薪酬制度密切有关。同时，乡村教师绩效薪酬偏好也会影响教师职业吸引力。

本章主要通过梳理乡村教师绩效薪酬偏好含义、结构、演化、文化与人格动因、绩效薪酬偏好效果、乡村教师社会环境与职业吸引力等方面的研究成果，从而为乡村教师绩效薪酬偏好的文化模型设计提供理论基础。因为乡村教师绩效薪酬偏好结构与文化影响机理模型需要就相关问题，回顾国内外学术观点和进展，结合我国乡村振兴战略背景下乡村教师绩效薪酬状况，围绕乡村教师绩效薪酬偏好、社会心理环境、文化取向和教师职业发展关系进行综合分析。

# 第一节　我国乡村教师薪酬待遇问题研究

乡村教师是精英，新中国成立 70 年，乡村教师为我国的基础教育事业，包括实施义务教育、扫除文盲教育、两个文明建设和守护留守儿童心灵等方面都做出了卓越贡献。进入新时代，实现乡村振兴赋予其新的历史使命，乡村教师在保证乡村学子上好学、建设社会主义新农村、做好乡村意识形态工作和传承传统文化等方面都担负着重要责任（席梅红，2019）。

## 一、乡村教师待遇概况研究

### （一）乡村学校与乡村教师

从理论上分析，以人口结构为特征、以乡镇为单位，城镇化人口比例在 30% 以下的地区称为"乡村地区"，这些地区的教育便为乡村教育（高书国，2018）。乡村教育特别是现代乡村教育的特点主要体现为自然性、本土性、开放性、融合性和自治性。在这些乡村教育机构从事教学的老师，即为通常意义的乡村教师。

庞丽娟（2017）提出，在全面建成小康社会的决胜阶段，乡村教师仍然是乡村教育乃至国家基础教育向更高水平迈进的短板，工资待遇总体水平较低、流失严重、数量短缺、队伍老龄化、工作繁重、专业素养不适应时代需要等新旧问题交织，严重制约了乡村教育事业发展。首先，乡村工作生活环境非常艰苦；其次，乡村教师待遇总体水平较低仍然是最大的现实：教师行业总体工资收入仍处于较低水平，乡村教师工资收入明显低于城镇职工和教师；过低的津贴对乡村教师的补偿和激励作用弱；乡村教师的实际社会保险保率总体较低；再次，安居问题长期未能有效解决；最后，社会地位总体较低。经济地位、政治地位、专业地位和职业声望较低，决定了其总体社会地位的相对低下，乡村教师已逐渐演变成乡村社会的边缘性群体。

城乡教师失衡，无疑是教师流动的不利现象，是否和绩效工资待遇不公平有关？学者调查表明这些关系可能存在。教育是民族振兴的基石，教育公平是社会公平的重要基础。目前我国乡村教育存在着人们对乡村美好学校的需求与教育资源配置的不充分、不均衡的矛盾。其根源在于编制困局形成的负载均衡、待遇失尊影响的利益格局、流动无序的沉疴痼疾、乡村教师面临两难抉择等。从资源配置、系统平衡和社会公平稳定维度分析，理应实施区域教师无校籍管理，推进本土化全科型教师切入，使得乡村教师失衡状态得以改善。资源配置合理、乡村教育走向优质是社会公平和均衡的美好期待（龚宝成，2019）。330万名乡村教师群体，倾情15万所乡村学校、服务4000多万农村娃，乡村教师收入水平落差，在"为农"和"离农"的平凡良心的两难抉择中，面临着美丽与坚守之间的妥协和突围。调研发现，待遇状况偏低直接导致农村教师职业尊严感丧失，导致农村教师地位下降，颠覆着"同工同酬"的利益格局，困扰着农村教师群体，师资难招难留等痛点成为必然，且成为农村教育改革必须面对的首要难题。调研发现，目前我国乡村各地教师津补贴标准比较低，仅占工资总额的2%～8%左右，约在30元～200元之间，而日本、韩国等发达国家乡村任教津贴发放额度已占工薪总额的25%，澳大利亚的中部荒芜地区教师工资待遇甚至是其他地方的3倍。在西方发达国家，由于有配套的鼓励政策，特别是到乡村当教师，政府各种福利和津贴远远超过普通的公务员，有相当多的优秀人才选择去做乡村教师。

李宁（2017）认为，乡村教师生活补助是政府给予从事乡村教师工作的在岗在编人员的生活补贴及帮助，其目的在于调动乡村教师工作的积极性和热情，增强乡村教师职业吸引力，稳定乡村教师队伍。对乡村教师生活补助政策的发布动机、政策体系内容进行全面梳理，运用麦克唐纳尔政策分析模型对乡村教师生活补助政策的内容进行评析，提出政策改进建议，将有助于我国乡村教师生活补助政策的有效执行。

王爽（2019）的研究表明，基于事实—价值的政策评估理论框架，中国对东中西部八省八县乡村教师生活补助政策评估发现，政策在事实性层面上取得显著成效：生活补助标准逐年提升、政策覆盖范围持续扩大、逆差序化待遇格局初步形成。从价值层面来看，部分相关主体的利益诉求难以得到充分满足，表现为政策目标群体尚未纳入全部边远艰苦地区乡村教师；省级财政统筹缺位致使部分地区补助标准仍然偏低；地方政府在政策执行中存在偏差，阻碍乡村教师的实际获得感提升。为了进一步优化乡村教师生活补助政策，应制订科学化生活补助实施方案，建立财政投入的激励约束机制，完善动态化生活补助监管机制。

具体来说，提高生活待遇是吸引优秀教师到乡村任教的关键，也是全面深化新时代教师队伍建设改革的重要举措。以发放津补贴等方式提高教师待遇是目前各国激励教师到边远艰苦地区任教的普遍做法。例如日本、韩国等发达国家农村任教津贴发放额度已占农村任教教师工薪总额的25％。法国、美国、澳大利亚等国家规定了直接津补贴或奖励金额度。我国早在 2009 年《关于义务教育学校实施绩效工资指导意见》就明确提出在绩效工资中设"农村学校教师补贴"项目，但由于补贴额度偏低且未体现边远艰苦地区学校岗位的特殊性，这一补贴项目对于激励教师到乡村学校特别是边远艰苦地区学校任教的作用甚微。为了提高乡村教师生活待遇水平，2013 年教育部、财政部《关于落实 2013 年中央 1 号文件要求 对在连片特困地区工作的乡村教师给予生活补助的通知》提出，按照"地方自主实施、中央综合奖补"的原则，对在连片特困地区乡村学校和教学点工作的教师给予生活补助。2015 年国务院出台《乡村教师支持计划

（2015—2020 年）》，进一步明确要求"全面落实集中连片特困地区乡村教师生活补助政策，依据学校艰苦边远程度实行差别化的补助标准，中央财政继续给予综合奖补。"作为提高乡村教师生活待遇的重要举措，乡村教师生活补助政策受到了乡村教师的广泛关注，也引发了学界对其实施情况及效果的深入探讨。有学者基于欠发达地区县级层面分析了生活补助政策实施面临的困境，也有学者基于实证研究分析了生活补助政策对乡村教师的留教意愿，师范生到乡村学校从教意愿的影响。但目前相关研究主要集中在中微观层面，较少在宏观层面对生活补助政策进行系统性评估。因此，基于政策评估的理论框架全面审视生活补助政策的科学性、实效性和公平性，这对于后续完善生活补助政策、提升生活补助政策效用具有重要的理论价值和现实意义。

王吉康（2019）建议，乡村教师对乡村教师支持计划的实施效果最有发言权，应当倾听他们的声音。支持计划中的乡村教师主要是指老少边穷岛等边远贫困地区的乡村教师。乡村教师一般包括乡村初中教师和乡村小学教师。通过对乡村教师的调查发现，G 县乡村教师支持计划得到了较大程度的落实，教师工资收入得到显著提升，工作生活条件明显改善。但还存在以下问题：乡村教师待遇增幅较小；工作生活条件改善的精细化程度不足；职业吸引力提升不显著；低水平重复的培训不利于教师专业发展。从影响因素角度分析，导致政策效果不佳的原因有：政策资源的有限性；政策实施的"照搬式"和"选择式"执行方式；基层政策宣传缺位降低了政策效能感。为增强实施效果，建议加强政策资源的专项投入，优化政策执行主体的实施方式，增强对教师支持计划的实施主体的监督，设立专门性基层教育政策宣传机构。

从历史角度看，民国时期，华北地区乡村教师的收入来源具有多样性特征。除薪资外，教学津贴、兼职所得及家中地亩收入对乡村教师至为重要（杜维鹏，2015）。多样性的收入所得使乡村教师在乡村社会普遍贫困化的情况下尚能保证生活上的自足，他们的消费水平亦要较普通乡民优越，不能简单地用清贫来形容乡村教师的生活。随着国家权力的不断下移以及现代化事业在乡村中的推行，乡村教师凭借自身掌握的文化资本开始更多地参与地方事务，有的甚至可以跻身于乡村社会权势阶层之中。"乡村文化衰落，中国城乡一体的传统文化格局从此出现了难以弥合的裂痕。"乡村社会文化的蜕变在近代中国具有普遍性。据 1929～1933 年间原金陵大学（现南京大学）农业经济系的调查显示，"就华南与华北而言，前者不识字者为 80.7%，后者为 85.2%"。若单就乡村社会而言，这一比例显然还要高出许多。乡村精英的外流在客观上使文化知识成为乡土社会的稀缺资源，乡村教师则顺势弥补了这种文化空缺。随着国家权力的不断下沉以及现代化事业的推进，乡村教师凭借新学为其带来的文化资本，愈发在乡村社会中发挥着独特的作用（杜维鹏，2015）。

## （二）乡村教师工资水平现状表现

总体上，乡村教师工资水平偏低。以北京市为例，2016 年北京市大幅提升偏远山区教师待遇，乡村学校面貌全面改善，乡村教育质量稳步提升。以密云区为例，深山区中学教师平均工资可达到税后 11000～12000元，校长最高可达到 13000 元。[①]

需要关注的是，2017 年浙江省全社会单位就业人员年平均工资为60665 元，与 2016 年的 56068 元相比，增加 4597 元，增长 8.2%，扣除价格因素，实际增长 6.0%。其中，非私营单位就业人员年平均工资为80750 元，与 2016 年的 73326 元相比，增加 7424 元，增长 10.1%，扣除价格因素，实际增长 7.8%。私营单位就业人员年平均工资为 48289 元，

---

① 北京市教育委员会、北京市人力资源和社会保障局、北京市财政局：《北京市支持乡村学校发展若干意见》。2016，6.

与 2016 年的 45005 元相比，增加 3284 元，增长 7.3%，扣除价格因素，实际增长 5.1%。①

2017 年浙江省全体居民人均可支配收入 42046 元，人均生活消费支出 27079 元；城镇常住居民人均可支配收入 51261 元，人均生活消费支出 31924 元；农村常住居民人均可支配收入 24956 元，人均生活消费支出 18093 元。②

从国内观之，随着城乡教育均衡发展的提出与实践，社会对乡村教育特别是乡村教师赋予更多的关注和更高的期盼，但与之相悖的是，我国乡村教师不但出现身份认同的危机，而且面临"下不去、留不住、教不好"等现实窘境，其中"下不去"主要表现为教师不愿到乡村学校任教，"留不住"集中指向乡村优秀教师、青年教师的流失，"教不好"则是乡村教师队伍整体质量较低的重要外显（蒋亦华，2019）。

根据事业单位收入分配制度改革的要求，2008 年 12 月 21 日国务院常务会议决定，从 2009 年 1 月 1 日开始，我国率先在义务教育学校实施绩效工资制度改革。与公务员工资联动收入稳步增长。国际上普遍认为，教师工资应该同公务员系统中的行政官员工资水平大致持平，这样才有利于义务教育教师队伍的稳定，避免优秀教师的大量流失。之所以如此，是因为：其一，国家公务员从长远来看，将具有较高的工资水平和物质待遇，对义务教育教师比较有利；其二，国家公务员工资水平比较稳定，还有稳定的财政保障机制，与之相联动，有利于义务教育教师工资水平的稳步增长；其三，根据世界各国的经验，教师工资如果低于公务员工资，会导致教师大量流失。但长期以来，我国义务教育教师工资低于公务员工资。国家教育督导团 2008 年 12 月提出的《国家教育督导报告》表明，2006 年

---

① 浙江省统计局：《2017 年度浙江省人民生活等相关统计数据公报》。2018，9.
② 浙江省统计局：《2017 年浙江省全社会单位就业人员年平均工资统计公报》。2018，9.

全国普通小学、普通初中教职工年均工资收入为 17729 元和 20979 元，分别比国家机关职工收入低 5198 元和 1948 元。义务教育教师与公务员实际收入差距拉大，严重挫伤了义务教育教师工作的积极性。

有学者发现义务教育教师绩效工资改革 10 年来，义务教育教师的名义工资和实际工资均得到明显增长（付卫东，2019）。从 2010 年到 2018 年的《中国教育经费统计年鉴》可以看出，小学教师的名义工资自 2008 年的 26258 元增长到 2016 年的 69031 元，实际工资也由 2008 年的 10873 元增长到 2016 年的 23808 元；初中教师的名义工资自 2008 年的 29889 元增加到 2016 年的 73763 元，实际工资也由 2008 年的 12377 元增长到 2016 年的 23808 元。由此可见，改革 10 年是自 1990 年以来义务教育教师名义工资和实际工资均增长最快的时期，义务教育教师在社会行业中的地位也从 2008 年的第 12 位增长到 2016 年的第 8 位。2013 年以来，中央财政划拨奖补资金 157 亿元，实施连片特困地区乡村教师生活补助政策，其中 2018 年 45 亿元，惠及中西部 725 个县 8 万多所学校 127 万名教师，补助最高每月达到 2000 元（付卫东，2019）。

但是县域义务教育教师工资待遇不平衡不充分的现状却是：县域义务教育教师工资待遇不高，农村教师津贴和乡村教师生活补助标准低，实际收入比本地公务员低，教师绩效工资分配不均，社会养老保险政策不到位。这些现象背后深层次的原因是：义务教育投入重设施轻人员，教师工资发放仍沿袭"以县为主"的财政体制，绩效工资分配公平性缺失，社会养老保险政策执行不力。

可以预期的是，未来随着乡村振兴的进程，义务教育投入将向教师倾斜，不断提高教师工资待遇，构建"以省为主"的财政体制，以确保工资按时足额到位，实行农村教师津贴和乡村教师生活补助倍增计划举措，完善乡村教师绩效薪酬制度，不断提升乡村教师职业吸引力。

## 二、乡村教师职业认同度

乡村教师是农村教育发展最宝贵的财富，其教育情怀和职业认同是影响农村教育质量的关键因素。基于河南、江西、山东、安徽四省 504 位乡村中小学教师的抽样调查和职业认同测评，发现样本区乡村教师职业认同在不同方面呈现较大差异。职业价值方面的认同处于高水平，工作满意度方面的认同水平中等略高，学校支持满意度方面的认同中等偏低，职业回报和职业生存状况这两方面的认同水平较低，乡村教师职业认同状况有待提升。通过对乡村教师职业认同样态进行分析，提出进一步提升乡村教师职业认同的策略建议（宁本涛，2019）。

赵新亮（2019）认为，工资待遇是近年来我国加强乡村教师队伍建设的重要政策工具，而提高工资收入对留住乡村教师的实际效果有待研究。通过对贵州等五个省乡村教师流动意愿的调查研究显示，工资收入并非是影响乡村教师流动的首要因素，而为了照顾家庭、孩子以及个人专业发展的需求，是当前多数乡村教师选择流动的主要因素。是否发放乡村教师津贴，对其流动意愿有显著影响，但现有津贴额度的设计，对激励教师留在农村的作用不显著。学校层面中的生师比、留守儿童占比及至县城距离等因素，对乡村教师的流动意愿也有显著影响。为促进乡村教师队伍的稳定发展，需要在保障乡村教师工作待遇的同时，更加关注非货币性激励因素；优化乡村津贴的额度设计，发挥津贴的激励作用；关注乡村教师家庭生活需求，制定人性化的支持政策；加大教师培训与教研支持，促进乡村教师的专业成长。

乡村教师绩效不清晰，往往和教师的身份、职业认同模糊有关。当前，乡村教师身份认同存在危机，具体表现为：自我身份认同消弭；乡村社会身份认同模糊；对社会结构中身份认同的焦虑。而场域是促进乡村教师身份认同的重要路径。在乡村学校、乡村社会和整体社会结构等场域下，乡村教师身份认同的问题不一。基于此，提升乡村教师身份认同的对策为：树立文化自觉意识，增强自我身份认同；激励乡村教师回归本土，重拾对乡土社会的归属感；推动不同区域教师对话交流和意义协商，培养对社会结构的归属感（周桂，2019）。

在对云南省 30 个县 10356 位乡村教师的调查显示：云南乡村教师中近 80% 有流动（调动）及流失（改行）意愿；教师的流动及流失意愿呈现出"向城性"与"返乡性"两种趋向；30 岁以下青年教师的流动及流失意愿最为强烈；总体上工资收入越高，教师的流动及流失意愿越弱，但学校区位的影响不容忽视。影响乡村教师流动及流失意愿的因素按重要性排序依次是：子女上学及家庭生活、工资待遇与工作负担、学校位置及交通、住房条件、学校管理与教学风气、社会氛围与工作环境。为此，需要关注教师作为社会人的基本需求，创造条件帮助教师解决子女上学和夫妻分居等问题；应在提高教师工资待遇的同时，保障不同层级学校教师岗位具有相同的吸引力；在教师招聘时实行家庭来源地优先的政策，吸引优秀青年返回本乡本土从教；想方设法改善乡村教师工作、生活条件，尤其是为青年教师提供周转住房；优化学校内部管理，帮助乡村教师获得归属感和成就感（王艳玲，2017）。

李颖（2017）对辽宁省 546 名农村教师的调查发现，性别、年龄、职称、婚姻、健康状况对离职意向没有显著影响，家庭住址和学历方面却有显著差异，职业认同和地方认同度与离职意向呈负相关。对离职意向解释力度最高的是生活满意度（30.1%），其次是职业认同感（20.9%）和学历（16.3%），再次是工作负担（7.1%）、自主专业发展重视度（5.7%）、月收入（5.5%）、组织对专业发展的支持度（4.9%），生活满意度、职业认同感、自主专业发展、组织支持度、月收入与离职意向呈显著负相关，工作负担、学历与离职意向呈显著正相关。

赵志纯（2007）对甘肃省 3000 名农村教师的调查研究表明，31% 的受访者有不同程度的离职意向，性别、学历、教龄间存在显著差异，婚姻状况、任教科目间不存在显著差异。伏衡（2007）对甘肃省 2613 名农村教师调查发现，教师对工资待遇不太满意，离职意向与工作满意度呈负相关。赵志纯（2008）以甘肃省积石山县、合作市为样本的研究表明，农村教师离职意向在性别、年龄、民族、工资水平等个体背景因素上不存在显著差异，积极情绪、教学效能感对离职意向有重要影响。

发展乡村教育的首要问题是建设乡村教师队伍，培养具有乡土情怀的乡村教师是队伍建设的重要议题。乡土情怀是乡村教师对乡村、农民和乡村孩子的关注、关切和关心之情感，爱和责任感是乡村教师乡土情怀之情感基石。乡土情怀既是乡村教师坚守和奉献乡村教育的情感基础，也是他们关爱乡村孩子和创造性地开展教育教学活动的内在动力之源，是由内而外地自然生成的，乡村教师可以通过学习相关的乡村教育课程、增强自己的职业认同感以及在日常的教育生活过程中逐渐生成乡土情怀（马多秀，2017）。

赵鑫（2019）提出，乡村教师乃乡村教育之本，乡村教师职业吸引力作为吸引人才就业、促进教师安业与乐业的力量，既是民族地区乡村教育亟待弥补的"短板"，也是民族地区乡村教育振兴的"着力点"。当前，民族地区乡村教师存在贤才难招、现才难留以及英才难育等问题。为此，民族地区乡村教师职业吸引力的提升应针对当地乡村教育的特殊需要，以"专业""法治""民生"和"系统"等理念为导向，采取多元联动的措施提升乡村教师职业供给力、增强乡村教师职业保障力、提高乡村教师职业发展力，确保民族地区乡村教师"引得来""留得住"并"教得好"。具体地说，乡村教师职业吸引力是指"乡村教师"这一职业所具备和提供的条件，对在职乡村教师和潜在乡村教师的个体价值与社会责任的实现予以满足，吸引其就业、保障其安业并促进其乐业的力量。一方面，着力吸引高校优秀毕业生和其他地区优秀教师到民族地区乡村学校任教；另一方面，确保在职乡村教师安心工作并积极谋求师生和学校的发展。具体而言，民族地区乡村教师职业吸引力主要包括职业供给力、职业保障力和职业发展力。其中，职业供给力重在"就业"，旨在为民族地区乡村教育提供稳定的、优质的专业人才储备，满足乡村师资队伍建设的数量需求；职业保障力重在"安业"，涉及教师外部和内部要素，前者是指民族地区乡村教师的薪酬待遇、福利晋升、工作环境和生活条件等，后者立足于乡村教师自身的职业自觉，两者共同影响着乡村教师职业吸引力的强度；职业发展力重在"乐业"，强调乡村教育职业的发展空间与未来趋向及其对乡村教师的激励和引导，决定着民族地区乡村教师职业吸引力的持久度。民族地区乡村教师职业吸引力的出发点和落脚点是针对当地乡村教育发展滞后、质量偏低、体制机制僵化等重大民生问题，努力打造高素质的乡村教师队伍，以此为基础推进乡村教育的发展和乡村社会的繁荣。

朱永新（2018）认为，明显增强教师的职业吸引力，使教师队伍的规模、结构、素质能力基本能满足各级各类教育的发展，这一目标的实现需要扎扎实实的行动。根据《中共中央国务院关于全面深化新时代教师队伍建设改革的意见》中"不断提高地位待遇，真正让教师成为令人羡慕的职业"的具体要求，为切实提高教师地位待遇，增强教师职业吸引力，提出以下建议：明确教师的特别重要地位，吸引优秀人才从教；完善中小学教师待遇保障机制，确保教师生活条件；大力提升乡村教师待遇，打造一支素质优良、甘于奉献、扎根乡村的教师队伍；维护民办学校教师权益，让民办学校教师安心从教；推进高校教师薪酬制度改革，激发高校办学活力；提升教师社会地位，在全社会形成尊师敬教的氛围。

杨明刚（2018）主张，教师吸引力是指教师职业吸引力，包括职业候选人优先选择教师职业，在岗教师热爱教师职业，全社会羡慕教师职业等内涵。其具体指标包括：教师队伍结构合理、薪酬与福利高于公务员、工作条件舒适、合格教师留得住以及选择教师职业人数踊跃等方面。以此为理论框架考察欧盟中小学教育，发现它们正遭遇教师结构失衡、薪酬与福利低、工作条件退化、合格教师队伍不稳定以及优秀人才难以进入等问题。从完善教师终身学习系统、教师管理、公共舆论等三方面入手，欧盟采取如下措施：一是强化教师职前教育，重视教师入职教育和完善教师继续教育；二是改善工作条件，提高薪酬以及健全招聘系统；三是加强舆论宣传，弘扬尊师重教传统，树立教师正面形象，重建教师崇高地位。欧盟教师发展状况与我国乡村的教师状况具有相似性，对提高我国乡村教师吸引力有以下启示：一是厚生与保障，提升教师管理的科学性与人文性；二是强舆与扬道，彰显教师职业的崇高性与神圣性；三是自修与持恒，提升教师发展的自主性与超越性。

欧盟委员会对如何提升教师吸引力的问题高度重视，并提出一系列相应目标，包括努力吸引外部人才，促使越来越多的优秀人员选择教师职业；留住优秀教师，保证教师队伍的稳定性；最重要的目标是提高教师队伍的整体专业素质，以臻于更好的教育产出，回归教育本身的目的。对于教师自身来说，不仅从物质上有"厚生"之保障，而且在精神上有幸福之皈依，热爱教师职业、安居乐业、身心和谐。欧盟希望通过实现以上目标，使欧盟内中小学教师的发展局面焕然一新。

## 三、乡村教师政策扶持效果

桑国元（2019）认为，自《乡村教师支持计划（2015—2020 年）》颁布以来，学者们对于乡村教师生存状况、专业发展状况的关注越来越多。运用人类学田野研究方法，从社会支持视角探讨个案学校乡村教师在专业自主发展过程中的表现与困境。研究发现：乡村教师专业发展的自主意识较高，但缺乏专业发展资源的自主支配力，且专业发展自主能力受到知识水平的限制。乡村教师专业自主发展的社会支持体系呈现出教师培训制度与考评制度的实践限制、校际合作的边缘处境、乡村教师的社会角色困境等特征。基于以上发现，主张探索提高乡村教师能动性的内生型专业发展路径，完善有利于乡村教师专业自主发展的社会支持体系，从而提高乡村教育的质量。

左小娟（2016）强调，教师评价在教师专业发展中正发挥着越来越重要的作用。《乡村教师支持计划（2015—2020年）》在师德水平、职业吸引力、职称评聘、教师能力素质和教师荣誉制度等方面对现有乡村教师评价制度提出了诸多挑战。当前的乡村教师评价制度中存在评价标准通用化、评价主体单一化、评价目标短视化、评价方式绝对化等现实问题，需要从适应乡村教育特点、多元评价主体参与、促进教师专业发展、加强过程性评价以及重视"软指标"等方面改进乡村教师评价制度。

杨卫安（2019）提出，自新中国成立70年来，我国乡村小学教师补充政策经历了三个阶段：公办与民办教师并举的补充阶段，以中师生毕业分配为主、代课教师为辅的补充阶段，公开招考与专项项目并存的补充阶段。当前，乡村小学教师补充存在编制总量从严控制与乡村小学教师数量不足、职业吸引力低与乡村小学教师质量不高、全国小学教师整体结构供大于求与乡村小学教师有效供给不足以及县级政府财力有限与乡村小学教师补充的经费偏低等矛盾。"三区三州"等深度贫困地区乡村小学教师的补充面临特殊困难。新时代可通过优化外部环境和加强内部支持提升乡村小学教师职业吸引力，着力在编制框架内解决乡村小学教师补充问题，把教师培养供给侧改革作为乡村小学教师补充的重要方向，完善多元化的补充渠道，为"三区三州"乡村小学教师补充提供特殊支持政策。

桂勇（2016）通过对湖北省 5 县 196 名乡村教师的调查发现，乡村教师对《乡村教师支持计划（2015—2020 年）》的了解度和理解度都比较低，但对其非常认同，认为该计划将在增强乡村教师职业吸引力、提高乡村教师整体素质、优化乡村学校师资结构、促进城乡教师地位平等、推动乡村教育科学发展等方面产生积极影响。乡村教师对《乡村教师支持计划（2015—2020 年）》实施比较有信心，但认为其内容表述不清，对改善乡村教师性别结构的作用有限。要求完善政策内容，规范内容表述；统筹教师分配，优化性别结构；加强政策公示，保证公众参与，以增强政策的科学性。

刘佳（2017）通过对 31 个省区市的"乡村教师支持计划"实施办法进行内容分析，研究发现总体上"支持计划"提出的各项举措在各地没有得到较好的细化和具体化；部分省份在"拓宽补充渠道""增强职业吸引力""提升能力素质"等方面，对其原有规定进行了突破与创新，有利于乡村教师队伍建设。但这些突破与创新并没有跳出"支持计划"的原有内容。为了更好地推进和落实"支持计划"，一方面需要各地不断细化和具体化已有实施方案，另一方面则需要不断对实施方案进行内容补充和完善。

## 第二节　乡村教师待遇需求与从教意愿关系研究

李昌庆（2018）为探究我国乡村教师研究总体状况，运用文献计量法、可视化分析等方法，对中国知网（CNKI）数据库中国内 1987～2017 年关于乡村教师的 2002 篇文献进行处理分析。结论如下：一是有关乡村教师的研究呈逐年上升趋势；二是研究者分布离散程度较高，研究团队体现不够明显；三是研究论文的期刊分布较离散，发表于高级别刊物的文章总量偏少；四是与乡村教师有关的热点研究领域主要集中在乡村教育、教师培训和教师专业发展等方面研究论文的被引用率不高；五是高级别的项目基金总量偏少，地方基金项目比例较大；六是呈现多学科研究状态，但社科类的研究是主要研究层次，师范类院校是主要的研究机构。这些资料表明，学者们对我国乡村教师绩效薪酬实际问题、相关影响因素等问题研究成果相对比较少。因此，本书围绕乡村教师薪酬水平、绩效薪酬、生活补贴、荣誉称号奖励等薪酬项目的态度综合进行文献回顾，以更深刻展示乡村教师绩效薪酬偏好现状和职业认同状况研究进展。

李静美（2018）注意到，补充乡村教师、吸引优秀人才到乡村学校任教是一个国际社会共同关注的问题。世界上一些国家采取的主要补充策略有：利用经济激励，增强招募优势；培养当地人才，保障定向就业；注重乡村体验，完善职前培养；关注职业发展，注重情感激励；吸纳其他人员，转入教师行业。借鉴这些国际经验，在我国乡村教师队伍补充过程中，还需优化经济激励，提高激励有效性；明晰对象和内容，实现培养专门化；选拔优秀学生，注重职后发展；调动多方力量，共担补充责任。李志辉（2018）认为，降低乡村教师离职意向强度是稳定乡村教师队伍和全面深化新时代教师队伍建设改革的必要条件，因此基于重庆市 2505 名乡村教师调查数据，利用独立样本 T 检验、单因素方差分析、多元线性回归分析等方法，实证研究重庆市乡村教师离职意向影响因素及其强度。研究发现，乡村教师离职意向整体较低但仍须高度重视，对乡村教师离职意向强度影响最大的因素是生活满意度，其次是职业认同感和学历，再次是专业发展、工作负担和收入。因此，稳定乡村教师队伍的关键是改善生活条件和经济待遇，提高思想政治素质，提升专业素质，以及减轻工作负担。

彭冬萍（2018）强调，实施乡村教师荣誉制度具有重要意义，而对乡村教师荣誉制度实施现状的调查研究表明，乡村教师荣誉制度实施前的引导准备工作不充分，其实施带给乡村教师的荣誉感不高，对荣誉乡村教师的管理激励措施还不到位。为完善乡村教师荣誉制度实施机制,应完善对实施机制的全过程管理设计,加强实施前的引导准备工作,注重提升乡村教师的荣誉感,并出台有效的"荣誉后"管理措施。

刘善槐(2018)主张,综合待遇对于乡村教师的职业选择、职业认同和职业发展具有关键性的影响。乡村教育的阶段特性和发展期待赋予了乡村教师的综合待遇应具有劳动定价、差序补偿和微观激励三重效用。调查显示,当前的综合待遇并未充分凸显这些效用:如不完善的综合待遇结构与乡村教师的教育贡献难以匹配,模糊化的生活补助标准未能充分体现不同偏远艰苦地区教师的待遇差异,无显著差异的绩效工资导致校内微观激励不足。为此,应健全乡村教师综合待遇的劳动定价机制,建立差异化的补偿机制并改进微观激励机制。

一项对全国 11 个县 2888 名乡村教师的工资待遇问卷调查的研究发现,乡村教师无论对目前工资收入还是与五年前工资收入对比,或是与其他学校、其他职业相比,普遍呈不满意态度;除此之外,乡村教师对各项补贴及绩效工资制度也意见颇深。因此,建立教师工资待遇、保障制度,既需要战略性的视野和正确的价值观,也需要做出整体性的政策设计,使之具有可行性和可操作性(马飞,2017)。

有学者通过对湖南省 14 个市 1284 名教育工作者进行问卷调查,分析《乡村教师支持计划(2015 – 2020)》实施情况,研究发现,现阶段教师对政策知晓度和理解度较低,但对其认同度很高。乡村教师对现阶段政策的成效比较满意。他们认为,在落实过程中,资金的短缺、政府部门之间的相互协调、政策实施的持续性、政策实施内容不够明确,是政策在落实过程中的主要障碍。据此提出五条建议:加大宣传力度,保证公众参与;针对实际情况,制定实施细则;保障经费投入,提高教师待遇;加强部门合作,提高实施效率;建立动态监管机制,保障实施成效(蒋蓉,2018)。

人们认为,关注乡村教师的生存现状,提高乡村教师的生活质量,对促进乡村教育改革具有举足轻重的作用。通过对湖南省 14 个地级市和自治州 872 名乡村教师的生存状态的调查表明，湖南乡村教师既存在积极的一面，如工作成就感较高，离职倾向较低，心理健康良好，社会关系和谐；同时也存在消极的一面，如工作压力较大，社会地位较低，工作倦怠感较高，体育锻炼时间和方式有限、精神生活贫乏等。政府部门应针对乡村教师特殊的生存状态及影响因素，落实乡村教师优惠政策，推进乡村教师工作重塑，促进乡村教师身份重构，完善乡村学校基础设施，重构乡村学校文化生态，从而提升乡村教师生存质量，稳定乡村教师队伍（黄杰，2018）。

张莹（2018）基于对安徽省"国培计划"项目教师的调查，发现《乡村教师支持计划（2015 – 2020）》政策执行取得了一定的成效，扩充了乡村教师的渠道来源，解决了乡村教师编制问题，增加了乡村教师专业发展机会。但仍存在乡村学校管理落后、政策激励效果不显著、城乡教师交流形式化、乡村教育质量有待提升等问题。基层执行主体对政策认识的不足，激励机制存在去激励因素、计划性交流机制缺陷，政策执行环境变化是政策执行偏差的原因。改进政策执行效果，需要提升学校主体的政策认识，改善乡村学校内部管理，消除去激励因素，完善激励机制，突出市场机制，构建互惠互利型城乡教师交流机制，大力培养全科型教师，发展特色乡村教育。

乡村教师生活补助政策是中央及各级政府近年来实施的旨在提高农村边远地区教师待遇、推进义务教育均衡发展的重要举措。通过对 A 省部分欠发达地区的教育局局长进行质性研究，学者在全面回顾该政策在 A 省的实施所面临的困境后有以下发现：乡村教师生活补助额度较低，对于吸引优秀师资到农村边远地区基层学校任教效果有限；在欠发达地区实施城乡差别是该政策实施中的主要矛盾点所在；省级财政对该政策的支持不足加大部分欠发达地区的县级财政负担；该政策的发放范围面临向高中阶段教师注动扩大的趋势；欠发达地区市辖区的农村边远地区在补助发放过程中成为易被忽视的对象。针对以上发现，提出以下政策建议：各级政府应进一步加大对乡村教师生活补助的支持力度，尽快建立涵盖发放补助等在内的对乡村教师的全面支持政策；加强省级统筹，明确省级财政在欠发达地区实施该政策时的主要财政支出责任；进一步调整该政策，更科学、更合理地涵盖和惠及更多欠发达地区的基层教师（钟景迅，2018）。

研究成果强调，乡村教师是推动我国城乡教育一体化的主要力量。改革开放40年来，我国乡村教师政策经历了巩固与调整时期、法制化时期、城乡统筹发展时期、深化改革时期四个阶段。乡村教师政策遵循了以管理体制调整为手段的政策形成的动力机制、以政策价值为导向的政策目标的价值取向、以教师专业化和财政倾斜投入为抓手的政策实施的过程保障和以公共管理话语为主导的政策话语的文化规则的变迁逻辑。乡村教师政策的未来走向应体现"统一协调"的动力形成机制、多元取向的价值观、强化监督与保障的过程保障以及民意参与的政策话语（吕银芳，2018）。

乡村教师如何"下得去""留得住"，是一个世界性的热点和难点。整体而言，美国乡村教师队伍相对稳定，但区位差异较大，教师短缺主要集中在特殊教育、双语、数学和科学等学科领域，且教师入职前五年是其流失的高峰期。美国近年来试图通过经济刺激、专业帮扶、本土培养、乡村学校环境改进等多项举措来整体性提升乡村教师的薪酬竞争力和职业吸引力，为美国乡村教育的发展提供了坚实的人力基础与专业支撑。相较之下，我国的乡村教师改革要取得突破性进展、迈出实质性步伐，从宏观政策来看，需要打"组合拳"；从工作重心来看，需要抓住新教师这个关键群体，紧扣教师专业发展这一重点领域；从改革的路径选择来看，以定向培养本土教师，作为补充乡村教师的长远之计（刘丽群，2019）。

职称改革是乡村教师队伍建设的重要保障之一。基于文本分析与抽样调查研究发现，在《乡村教师支持计划（2015—2020年）》引领下，地方政府通过创新职称分配机制、增加职称评聘机会，创新职称评价机制、关注乡村教师教学实绩贡献，创新职称约束机制、鼓励城镇教师到乡村任教，推进了乡村教师职称评聘制度改革。但在实践中相关部门间的博弈增加了职称改革落地的难度，名额配给制与学校规模的矛盾限制了高级职称比例，职称评定的条件和程序尚需优化，对村小、教学点教师及乡村青年教师群体关注度不足。建议完善相关部门间的配合约束机制，实施城乡教师高级职称分配调控计划，简化乡村教师职称评审程序，将政策倾斜点转向村小、教学点教师及乡村青年教师群体（王红，2019）。

有学者基于 G 省特岗教师调研数据，采用量化与质性相结合的方式进行实证研究。教师留任的二元逻辑回归模型表明，年龄和地缘变量是影响特岗教师留任的关键因素。实地调研的结果则表明，中央特岗计划在有效引导地方财政配套的同时，变相加剧了地方财政负担；乡村教师不仅教学负担重，而且承担了过多教学之外的工作；物质条件匮乏、基础设施不健全仍然是阻碍乡村教师留任的重要原因。为了稳定乡村教师队伍，中央财政应该继续加大转移支付力度，解决地方财政的后顾之忧；同时，地方教育部门应该构建更为全面的乡村教师专业发展支持体系，并且在避免招聘中出现本地化倾向的同时，增强乡村教师的文化认同（唐一鹏，2019）。

姜金秋（2019）立足《乡村教师生活补助政策》全面落实的背景，采用阶层回归模型，对西部贫困地区 15 所院校师范生的乡村从教意愿及影响因素进行了实证分析。研究发现：超过半数的师范生愿意去乡村从教，但只有少数愿意从教 3 年以上；政策知晓度对师范生乡村从教意愿有显著的积极影响；少数民族、男性、非独生子女更愿意去乡村长期从教；农村户籍、家庭年收入在 1 万元以下、父亲受教育程度是初中及以下、家人支持的师范生更愿意去乡村从教；月收入期望值底线、乡村厌恶度对乡村从教意愿有显著的负向影响。建议国家制定多样化激励政策鼓励师范生乡村从教；西部地方院校要加强乡村教师政策的宣传力度；西部乡村教师招聘时可优先考虑少数民族、农村籍、非独生子女、家人支持的应聘者。

任胜洪（2019）提出，新中国成立 70 年来，乡村教师政策演进经历了艰难探索期、初步发展期、稳定推进期、精准定位期、全面深化期五个阶段。我国乡村教师政策为乡村教师队伍建设提供了积极的制度保障，但还存在着乡村教师职业吸引力激发不足，乡村教师特色专业发展凸显不够，乡村教师社会服务功能缺失等问题。在新的历史时期，乡村教师政策要适应乡村教育发展的现实需要，从提升乡村教师职业吸引力、形成乡村教师特色专业发展合力、激发乡村教师服务乡村教育的内生力入手，破解城乡师资优质均衡发展难题。

# 第三节　乡村教师绩效薪酬偏好及影响因素研究

乡村教师是义务教育教师的重要组成部分。绩效薪酬是薪酬体系的重要组成部分。和一般性的个体绩效薪酬及其偏好比较，乡村教师绩效薪酬及偏好有其特殊性。

## 一、基本情况

义务教育教师绩效工资政策预期的实现情况是社会各界关注的焦点。基于全国 12 省 23 县义务教育教师的分层抽样数据，选择绩效工资力度、标准认可度和工作积极性三个指标，对义务教育教师绩效工资预期目标的实现情况进行调查分析。研究发现，义务教育教师绩效工资政策预期的实现情况在区域、城乡、学段、职称以及教龄等维度存在差异：（1）在绩效工资的群体均衡性预期方面，弱势地区（中西部地区和农村地区）和相对弱势级别（低职称和教龄较短）教师的收入和绩效工资额度显著低于其他教师，中部地区、城市教师和一级教师月绩效工资占月收入的比例最大；（2）在绩效工资的标准合理性预期方面，中部地区教师、乡镇教师、初中教师、高职称教师和教龄较长的教师对现行奖励性绩效工资分配标准的认可度较低；（3）在绩效工资的激励效果提高预期方面，绩效工资对东部地区教师、城市教师、初中教师和高职称教师工作积极性的调动作用不明显。根据以上发现，秦玉友（2019）从不同层面提出改革和完善义务教育教师绩效工资政策建议。

教师是教育的第一资源，如何有效完善教师收入分配激励机制、激发教师工作热情是我国全面深化新时代教师队伍建设改革的重要方面。研究表明，对老师进行增加值百分位的激励方式能够促使老师改变教学行为，将学生的学业表现分别提高 0.10～0.15 个标准差，尤其是对学困生学业表现的激励效果更明显（常芳，2018）。

基于 2014～2016 年全国中小学教师工资抽样调查收集的数据资料，蔡雪（2018）研究了我国义务教育教师工资水平问题，得出如下主要结论：多数调查样本县（市、区）义务教育教师平均工资水平低于社会平均工资水平；义务教育教师平均工资水平低于公务员平均工资水平；城乡义务教育教师工资差距尽管仍然存在，但这一现状正在改变；省际和省内义务教育教师工资水平均存在较大差距。基于主要研究结论，提出以下政策建议：提高义务教育教师工资标准，大力提高边远农村学校教师工资水平，建立义务教育教师工资标准定期调整机制。

## 二、乡村教师绩效薪酬偏好的影响因素

### （一）绩效薪酬政策自身的问题

我国义务教育教师绩效工资政策在执行中面临诸多掣肘因素。基于史

密斯政策执行过程模型，从政策本身、执行机构、目标群体和政策环境等方面分析教师绩效工资政策的执行过程，发现其面临着政策本身的模糊性与逐级发包制的政策执行梗阻、执行机构及执行人员的执行能力不足、目标群体的政策认同度与满意度低、正式制度与非正式制度因素的支持力度不够的四重困境。皇甫林晓（2020）认为在建设新时代教师队伍的进程中，需要从优化制度设计，完善政策内容；优化政策执行人员素养，改进政策执行方式；优化目标群体利益，增强政策认同感；优化舆论环境，弘扬尊师重教的社会氛围等方面破解困境，以全面提升绩效工资政策的执行力，推动政策目标更好地实现。

从政策过程分析视角比较中国和美国中小学教师绩效工资政策的实施背景、范围、资源、路径、成效等异同，李海燕（2019）发现，美国实施中小学教师绩效工资政策已 30 年，以促进教师发展、提高学生学业成绩为目标，以增量评估为基础的实施方案，因形式多样、实施经费途径多元、政府和教师团体的价值导向存异等导致推行学校不及半数。中国则从 2009 年开始实施中小学教师绩效工资政策，从上到下全员快速推进，以提高教师待遇、优绩优酬为目标，实施经费明确，教师对政策接受度更高，但对政策目标及方案的科学性、公平性有异议。两国的教师绩效工资政策综合效益均未达预期目的，需要进行深刻反思与改进。

### （二）绩效薪酬政策执行环节的影响

薛珊（2019）认为，如何体现教师绩效差异的同时，教师分配公平感是义务教育学校奖励性绩效工资分配中的重要问题。通过对 808 位浙江省义务教育学校教师的调查发现，根据教师对分配时不同绩效指标体现程度的感知，学校奖励性绩效工资分配中的绩效要素可分为工作量、工作质量、外显工作成果和工作资历，这些绩效要素都对教师分配公平感有显著正向影响。其中，工作量的影响最大，外显工作成果的影响最小。工作资历的体现程度对分配公平感的影响具有情境性；工作资历和工作量在对分配公平感的影响中具有负向交互效应；年龄和性别对工作资历—公平感的关系存在调节效应。

### （三）乡村教师个体因素的影响

职称是中小学教师队伍建设的重要制度性因素，也是乡村教师队伍建设的重要抓手，更是乡村教师队伍建设面临的重大挑战。当前义务教育阶段，教师职称在国家事业单位岗位设置管理办法及目标比例总体框架下，在名额的分配和评聘上呈现较为突出的城乡差异，即乡村教师高级职称数量占比较低，晋升困难，制约乡村教师职业发展和待遇提升，严重影响乡村教师的从教积极性和乡村教师职业吸引力，不利于乡村教育短板的补齐和城乡义务教育一体化发展。实施乡村振兴，促进教育基本现代化，要以深化教师职称制度改革为突破口，强化政策倾斜引导和推动乡村教师队伍建设，加大在县域内进行高级职称名额统筹分配力度（庞丽娟，2019）。

职称具有区分教师专业能力、提供持续的职业发展动力、决定工资待遇增长等功能，在乡村教师队伍建设中发挥重要的杠杆作用。当前乡村教师职称评聘的结构性矛盾突出，具体表现为城乡教师职称结构不均衡，乡村教师高级岗位比例过低；乡村学校校际职称机会结构不均等，乡村小规模学校处于弱势；乡村青年教师与音体美等教师职称晋升难度较大。为化解以上矛盾，可从三方面入手：以体现城乡、校际均衡为导向，创新岗位设置机制；基于"底线＋弹性"的原则，优化乡村教师职称评审机制；完善岗位聘用管理机制，兼顾乡村青年教师的职业发展（王晓生，2019）。

绩效薪酬实施过程中，乡村教师的绩效内涵和测评应该结合自身专业、职位要求进行细化。时广军（2019）围绕澳大利亚乡村教师价值体验，进行文献研究。澳大利亚强调乡村教师专培教育项目以国家教师标准、乡村课程体验、乡村实地体验、反馈分享为四个着力点，以乡村、乡村学校、乡村教室为三大领域，以体验为主线，促进乡村师资的培养。其主要特色包括：重视拓展乡村体验内涵，关注教师教育的乡村导向；重视理论学习在学生乡村体验中的先领作用；重视深入乡村场域，在实践中务实教师角色的体验；重视探索乡村教师体验的示范性，推动优秀资源继承共享；重视形成政府引领，大学、乡村学校及社区等合作的共同体。

我国中小学教师工资制自新中国成立以来经历数次演变。2007 年后，中小学教师工资中原职务工资、津贴工资由岗位工资和薪级工资代替。周国华（2016）认为我国应实行教师工资制单列，分类制定教师工资，由基本工资、课时工资、津贴等组成。同时采取额外补助和奖金方式，重点奖励有突出表现的优秀教师；对不同教龄的教师实行分类绩效评定标准，但教师工资的绩效部分应约占工资总额的 25％；一般绩效、职务绩效和特殊绩效在奖励性绩效工资中的分配比例分别为 60.02％、20.66％ 和 19.32％。对一般绩效、特殊绩效采用"动态分值金额分配法"，职务绩效采用"固定金额分配法"。同时有学者将教师的考核指标分为一级指标和二级指标，一级指标包括 70％ 基础性绩效工资和 30％ 奖励性绩效工资，并在绩效工资中设超课时津贴、教学成果奖等；二级指标包括课时、教案、作业批改、办公考勤、期末考评等。

# 第四节　乡村教师社会心理环境评价

## 一、乡村教育

吸引、留住乡村偏远地区教师不仅是一个重大问题，也反映着实际情况（Beutel，2011；Sharplin，2011）。在澳大利亚，很大程度上，该问题是由于城市化进程的加快所致。随着乡村偏远地区人口减少（Miles，2004），教学设施和服务也相应减少。但是接近 1/3 的学龄儿童仍然在昆士兰州乡村偏远社区接受教育，因此对教育的需求仍然很高；教育部门已将吸引和留住人才策略放在优先发展地位，不过在这些地区教师中，许多教师经验不足。

支持农村教育计划项目已经启动长达 10 多年，政策意图原本是为学生提供有经验的高素质教师，削弱乡村偏远地区的地理位置不利影响。但是正如怀特（2011）所指出的，去乡村偏远地区的教师，不仅需要准备好教学工作，还需要关注乡村地区生活环境（White，2011）。虽然乡村生活和教育形象宣传很浪漫、乐观，但是毕竟形象宣传不是事实。

当前来自乡村偏远地区的教育学者主要关注教师的校外生活。这表明学校、社区必须为留住教师承担重要责任。因此，需要对学校环境、社区环境进行综合研究。

相关的教师绩效薪酬措施，如偏远地区奖励计划（如昆士兰州政府教育部门）是不够的。从行为主义角度看，这种激励政策是一股积极力量，假定教师会受到激励。这些激励计划虽然可以提供教师一些短期利益，但是发展社区伙伴关系并通过专业教师的指导，以支持乡村教师获得长期效益，才是重中之重。

## 二、社会心理环境研究

社会心理环境关注人类行为起源或结果（Boy，1988）。夏普林（2009）认为，据相关经验显示，乡村学校、社区因素会影响教师招聘、留用，这并不只是澳大利亚乡村偏远学校教师才会遇到的情境。库里格（Kulig，2009）辨别了与加拿大乡村偏远地区护士招聘、留用相关的社区环境，发现工作环境确实会影响员工的保留率，但对社区的依恋感和归属感也对留住员工很重要。夏普林（2009）的澳大利亚乡村偏远地区教师工作—生活质量模型包括：地理位置、交通便利性、社区基础设施、通信网络、个人安全等。

穆斯（Moos，1986）证实，人们持久接受人类环境的三个维度是：关系（自然和社会环境内部人际关系紧张程度）、个人发展（个人成长和自我提升的方向）、系统保持和变革（环境有序、清晰期望、保持控制和应变反应的程度）。一般的学习环境研究基本围绕该环境概念化一般框架。因此，学习环境研究提供了一个概念框架，有利于调查新教师在乡村偏远地区整个社会所经历的各个方面。

也有学者强调，偏远地区乡村教师的绩效取决于教师与该社区、学校环境匹配程度。夏普利（Sharplin，2011）提出个人—环境匹配框架，来研究乡村新教师的应对战略。费希尔（Fisher，1983）率先在教室中开展了人与环境相适应的研究，发现当实际环境和偏好环境一致时，能够提升教学效果。虽然对教室环境进行了许多研究（Fraser，2012），但是针对学校层面环境的研究相对较少。

从历史角度看，学校环境是教育管理的产物。20 世纪六七十年代海皮（HaPin，1963）开展组织氛围描述问卷（organizational climate description questionnaire，OCDQ），主要关注校长的作用。20 世纪 80 年代穆斯（1986）设计了工作环境量表（Work Environment Scale），WES 用来评价教师在学校的参与度、同伴凝聚力、员工支持、自主性、任务导向、工作压力、透明度、控制、创新和环境舒适度。伦图尔（Rentoul，1983）设计了学校层面的环境调查问卷（the school-level environment questionnaire，SLEQ）用来评估学生支持、隶属关系、参与决策、创新、资源充足和工作压力，适用于乡村偏远地区的学校。多尔曼（Dorman，1996）开发了天主教学校环境调查问卷（the catholic school environment questionnaire，CSEQ）。该问卷是昆士兰州天主教中学一项大型研究的一部分。在 CSEQ

量表中，包括了其他量表没有评估的环境要素，比如目标一致性、学校管理团队支持。

近年来这方面的研究得出了一些有趣的结论。霍伊（Hoy，2012）介绍了一个相对较新的建构概念，即学术乐观主义，其具有认知、情感和行为因素，是从塞里格曼（Seligman，1991）的学习乐观主义概念衍生而来。学术乐观主义由三部分组成，即教职员的集体效能、学生与家长对教师的信任、学术重视。费尔内（Fernet，2012）研究了学校环境、动机和受学校环境影响的教师职业倦怠四个因素：课堂工作量、决策空间、校长行为和学生调皮捣乱行为，同时采用结构方程模型，以自励动机和自我效能感作为中介因素，针对这四个变量对教师倦怠的协同效应进行了研究。

李（Lee，2012）在韩国调查了1238名学生，从五个方面定义了学校环境：学校的学术标准和一般形象，合作性学校氛围，学生和老师凝聚力，道德氛围，学校政策、规则和项目的有效性。德鲁（Drew，2012）则将学校氛围定义为五个维度：学校关联性、老师的支持、纪律政策、心理健康和社会服务的存在感以及学校收入。

杰弗里（Jeffrey，2012）依据传统观点，从个体认知感觉角度定义社会心理环境，来评估教师对学校、社区环境的看法。研究的被试样本包括昆士兰州农村和偏远地区学校的当地社区教师、社区成员样本。共有252名教师和191名社区成员参与了RRTWLLES量表调查。受访者绝大多数为女性和小学教师，其中78.6%为女性，小学教师占50.0%，女教师占41.7%。该研究还从191名乡村偏远地区的社区成员中收集了数据，这些社区成员中，女性占85.9%，年龄在31岁~40岁之间的占45.5%。该研究采用直觉—理性的方法进行规模开发，运用探索性因素分析方法，检验量表的收敛性和区分效度、内部一致性、可靠性和量表间的相关性。这项研究既有方法论上的发现，也有实质性的发现。方法论方面，该研究通过开发和验证新的量表，开辟了新的领域。它试图评估昆士兰州偏远农村地区的教师。RRTWLLES 问卷是在直觉—理性工具的悠久传统中发展起来的学习环境研究的发展。重要的是，RRTWLLES 是对环境的一种感知度量。随着人们的行动，表明他们对环境的看法，而不是旁观者对环境的看法，在社会心理环境中运用知觉测量是非常重要的研究。

通过对教师和社区成员数据的比较，说明了该方法的实用性。评估乡村偏远地区的社区和学校环境，揭示了可信的发现。社区成员对此有更积极的看法，社区服务比教师做得好。相反，老师们感觉自己的能力明显提高了。在尊重社会环境方面，年轻人很重要。类似地，对农村和偏远地区的新教师也是如此。

考克伦·史密斯（2008）曾经在对美国教师教育的反思中指出，仅仅依靠教师无法完善学校教育。必须投入资源，加快师资队伍建设，为他们在乡村环境下工作做好准备，否则乡村学校学生学业成绩不会提高。这对乡村偏远地区学校尤其重要。

## 第五节　社会心理环境与乡村教师绩效薪酬偏好关系

中共十九大报告提出实施乡村振兴战略，高度重视农村义务教育。《乡村振兴战略规划（2018－2022 年）》进一步明确要求，培育自尊自信、理性平和、积极向上的农村社会心态。《乡村教师支持计划（2015—2020年）》《中共中央国务院关于全面深化新时代教师队伍建设改革的意见》提出要完善教师收入分配激励机制，有效体现教师工作量和工作绩效。2020 年《政府工作报告》强调落实乡村振兴举措，推动教育公平发展和质量提升。因此，乡村振兴进程中，优化乡村社会心理环境、完善乡村教师绩效工资制度有着重大现实意义和紧迫性。

理论上，在乡村振兴进程中，"乡村教师对社会心理环境如何感受"

"是否偏好绩效薪酬""乡村教师绩效薪酬偏好是否受社会心理环境和自身文化取向的影响"这些问题的核心涉及教师绩效薪酬分选效应理论。

实践上，各级教育、人力资源和社会保障相关部门正围绕绩效工资总量核定办法、奖励性绩效工资比例、职称在绩效工资分配中的权重、班主任岗位津贴、教师教龄津贴标准进行调整，充分发挥绩效薪酬吸引、保留优秀乡村教师的效果。这些政策完善活动亟须更丰富的绩效薪酬效果理论依据。

## 一、乡村振兴中的社会心理环境

乡村教师是指在乡村学校工作的教师，是我国乡村学校教育教学活动的主要承载者（容中逵，2014），兼具专业性与公共属性，是人类文明在乡村的诠释者、启蒙者、传承者与领导者（唐松林，2012）。乡村振兴离不开乡村教育振兴，乡村教育发展更离不开长期扎根乡村学校的乡村教师。吸引、留住乡村偏远地区教师仍然是一个重大问题，这反映着各国乡村教师队伍实际情况（Alloway，2004；Beutel，2011；Lock 2008；Sharplin，2011）。随着乡村偏远地区人口减少，教学设施和服务也相应减少。去乡村偏远地区的教师，不仅需要准备好教学工作，还需要关注乡村地区生活环境。绩效薪酬虽然可以提供教师一些短期利益，但是在乡村振兴战略实施过程中，发展乡村社区伙伴关系，支持乡村教师获得长期效益，才是重中之重。

所谓社会心理环境，是指社会生活主体在实现社会生活目标的活动中，其成员之间和外部生活环境相互作用而积淀下来的、对整个社会成员都具有影响力的一种心理环境。它是人们在社会生活中由于相互影响而形成的一定心理氛围，是社会生活主体与社会环境之间的主观与客观的统一（辛慧丽，2008）。从性质看，社会心理环境关注人类行为起源或结果

（Bcy，1988）。从结构看，社会心理环境是由社会心态、社会时尚、社会舆论与社会思潮所构成的有机系统（周宏，2009）。作为社会心理环境的重要组成部分，社会心态是一段时间内弥散在整个社会或社会群体类别中的一种宏观社会心境状态，是整个社会的情绪基调、社会共识和社会价值取向的总和（杨宜音，2006）。社会心态成为影响每个个体成员行为的模板，由社会认知、社会情绪、社会价值和社会行为倾向构成（王俊秀，2013）。

通过正念养育、正念教育、正念社区与正念生产提高个体与情境正念，在复杂系统中经过循环反应、内隐互动和价值累加来培育和转化社会心态（何元庆，2019）。基于 2018 年获得感调查数据，王俊秀（2019）分析了获得感的结构、现状和特点，通过社会心态调查和获得感调查的追踪样本分析了安全感、获得感和幸福感之间的关系。研究表明，当下中国青年社会心态的基本特征是，在积极向上的主导心态之下，同时伴随着一定的无助感和焦虑感，应积极开展正面引导、提供心理疏导和帮扶措施、创造公平的竞争秩序和支持系统、合理管控不良社会心态（胡洁，2017）。

## 二、分选效应视角下的绩效薪酬偏好研究

绩效薪酬偏好表明，不同个体特征的求职者可能被吸引到不同的绩效薪酬制度（Cable，1994；格哈特，2005；龙立荣，2010）。性质上，绩效薪酬偏好是绩效薪酬分选效应理论的应用心理学研究范式。所谓绩效薪酬分选效应（sorting effects）是指绩效薪酬通过吸引、选择和淘汰过程，对组织未来的员工队伍构成产生影响，进而对员工绩效产生间接影响（格哈特，2005；Lazear，2000；Cadsby，2007；Eriksson，2008）。绩效薪酬偏好表明，组织可能拥有生产率高出平均水平的员工队伍，并且组织的员工队伍与其工资战略具有更佳的匹配关系（格哈特，2005）。组织设计激励

契约时首先要从理解激励对象的偏好开始（张维迎，2003）。

## 三、乡村教师绩效薪酬偏好及文化、社会心理环境影响研究

人格（Cable，1994；龙立荣，2010）、价值观（Eriksson，2008；Judge，1992）、风险规避态度（Cadsby，2007）等因素都可能影响绩效薪酬偏好，但是文化价值观的影响更受关注。个人主义文化中，个人更喜欢以个人成就为基础的薪酬，而在集体主义文化中，人们则喜欢团队绩效薪酬（Goktan，2011；Westerman，2009；Rehu，2005）。日本、韩国员工赞同绩效薪酬制度理念，表明个人绩效薪酬偏好和集体主义文化之间存在融合机制（Hyun-Jung Leea，2011；Chang，2006）。泰安迪斯（Triandis，1995）的文化维度构成理论日益受到重视（黄任之，2006），尽管中国传统文化价值观整体上体现出集体主义特征，但是具体文化价值观维度研究结果还存在差异（赵武，2014；刘苹，2017），个人主义和集体主义文化的作用更为复杂（杜旌，2009；赵武，2014；龙立荣，2010）。

教师职业有其独特的专业特殊性，需要具备在研究基础上形成的知识结构、对学生学习情况进行诊断和辅导能力（袁东，2006）。与固定工资制度比较，教师拥护和偏好绩效薪酬制度理念（Lazear，2003；Podgursky，2007；Milanowski，2007；何凤秋，2011）。但是有学者关于绩效薪酬项目偏好构成仍然有较大差异（Ballou，1993；Milanowski，2007），尤其是有关教师的团队薪酬偏好研究结果分歧更大。

有支持观点认为，首先，教育未来将朝着团队化方向发展，教师将共同分享班级发展成就（Lazear，2003）。其次，实践中的教师团队绩效薪酬可能会产生"搭便车"现象，但是无论理论还是实践都很难把学生学业进步归因于某个教师，团队绩效薪酬可能具有较强的分选效应（Lavy，2002；Lazear，2003；Podgursky，2007；杨建芳，2009）。有反对观点认

为，"搭便车"问题不仅弱化团队绩效薪酬激励效应，而且高成就教师为了获得个人贡献认可和奖励会离开学校，团队绩效薪酬可能导致有害的分选效应（格哈特，2005；Murnane，1986）。

从教师绩效薪酬偏好研究分歧的原因看，既有绩效薪酬制度自身因素影响（孟卫青，2016），也可能受教师人格（安雪慧，2015；Podgursky，2004；蔡永红，2012）、学校地理位置和工作条件（安雪慧，2015；范先佐，2011；凡勇昆，2014）、绩效管理体制（Murnane，1986；孟卫青，2016）等因素的影响。其中，文化取向对教师绩效薪酬偏好的影响更受关注（Milanowski，2007；St-Onge，2000），人们愿意做教师可能很少看重经济回报，因为大多数准备做教师者已经知道教师是低收入职业。教师往往是处于寻求和谐、回避矛盾之中的（Sears，1997），于是在绩效薪酬制度固有地存在个人收入差异的情况下，绩效工资对教师也可能没有吸引力（Young，1995），甚至不能高估绩效薪酬对优秀教师的作用（刘昕，2010）。更深入地，中小学教师文化倾向依然是集体主义文化，文化价值观排序依次为水平集体主义、水平个人主义、垂直集体主义和垂直个人主义（吴明霞，2006），各文化价值观维度对教师绩效薪酬偏好的影响还不多见。

社会心理环境与乡村教师绩效薪酬偏好之间是态度之间的互动关系。良好的社会心理环境支持乡村教师对乡村学校健康发展的信心（Jeffrey，2012），从而对自身绩效、学校绩效有积极的预期，进而促发绩效薪酬偏好。

## 四、教师绩效薪酬偏好与长期从教决策关系研究

自我国实施乡村教师支持计划以来，虽然乡村教师队伍建设成效明显，但乡村教师长期从教动机仍然有提升空间（邬志辉和秦玉友，2019）。

尤其是尽管乡村教师薪酬有了较大提升，但乡村教师仍然是乡村教育乃至国家基础教育向更高水平迈进的短板，工资待遇总体水平较低，需要全面提升乡村教师综合待遇和专业水平（庞丽娟，2017；容中逵，2014；赖德信，2016）。乡村教师的物质需求是幸福感的基础（周华青，2015），绩效工资制度在实际运行中被严重虚化，缺乏公平和公正性（马飞，2017），挫伤了大量教师的工作积极性，伤害了教师间的关系和情感（储朝晖，2018）。这些不和谐都反映出乡村教师现实绩效薪酬制度与偏好之间存在严重失衡现象。

绩效薪酬能否促进乡村教师长期从教决策存在很大分歧。有支持观点认为，乡村教师长期从教决策会受到相对薪酬、职业地位、绩效薪酬等因素影响（Murane，1990；Figlio，1997），绩效薪酬不仅能够促进教师努力工作，提高教学水平（Lazear，2003；Podgursky，2007），还能够缩小教师工资的城乡差异和校际差异，引导教师合理流动（赖德信，2014；杨建芳，2009；庞丽娟，2006；范先佐，2011；邬志辉，2014；李跃雪，2016）。乡村学校用更完善的激励措施可以吸引和稳定优质师资（储朝晖，2016）。随着教龄的增长，乡村教师逐渐由新手型教师转变为专家型教师，其乡村认同感不断提高，而对长期在乡村学校任教的教师予以表彰，则更可以激发乡村教师投身乡村教育的动力和信心（闫巧，2017）。有反对观点认为，绩效薪酬对于教师从教决策不会产生预期效果，非货币性激励比货币激励作用比大（Murnane，1986；Ballou，2001）；教师能否在乡村长期从教决策，班级学生状况（Hanushek，2004）、学校工作条件（Bacolod，2007）、校长支持（Milanowski，2009）等社会心理环境因素都比绩效薪酬影响大。

综上所述，乡村振兴进程中，乡村教师绩效薪酬偏好已有一定的研究成果基础，社会心理环境、文化取向与绩效薪酬偏好关系得到多学科学者的高度关注。但不可忽视的是，社会心理环境、文化取向与乡村教师绩效薪酬偏好结构、乡村教师长期从教决策的影响机理还缺乏足够的证据，研究争议还很突出。乡村教师队伍质量提升还面临绩效薪酬制度配套改革的紧迫性和必要性。

# 本 章 小 结

本章主要围绕乡村教师薪酬待遇（主要包括薪酬水平、基本工资、绩效工资、生活补助、职称、工作与生活条件、培训机会等）、绩效薪酬偏好、乡村环境感、乡村从教意愿现状与问题进行了理论回顾。

对于乡村教师薪酬待遇（包括绩效薪酬收入水平与结构的）现状，有学者普遍认为，虽然党和政府已经大幅度改善了乡村教师的待遇，乡村教师职业吸引力已经有很大提升，但是与教师的期望相比，还存在相当的改进空间。

对于乡村教师绩效薪酬问题，从政策预期目标来看，学者们的研究普遍认为，尽管得到了教师的部分认同，取得了一定的成效，但是与政策的目标显然还有距离。乡村教师绩效薪酬偏好的研究表明：

乡村教师的绩效薪酬偏好是否存在，国内外学者争论仍然比较突出。

绩效薪酬偏好的结构仍然需要更明确的证据，否则争论会失去焦点，制度效果的测量与评价需要更精准的结果。

乡村教师绩效薪酬偏好的影响因素分析，还存在更多的研究空间，尤其是个体因素与环境因素的共同影响正日益成为学者关注的焦点，包括文化环境的影响机理更为研究热点。

我国乡村教师的社会文化环境感与绩效薪酬偏好、职业意愿关系研究领域迫切需要理论成果。

新时代乡村振兴战略中，乡村教育、乡村文化和教师队伍均衡发展是未来社会事业的重点之一，必须站在该战略角度来审视该问题。

国外学者的观点同样强调，乡村教师绩效薪酬、低收入难以吸引优秀教师到乡村学校从教，多个统计结果和政府的政策正在进行调整。

本章的理论回顾有以下启发：

（1）乡村教师绩效薪酬偏好有自身的独特结构，需要进一步验证其结构。

（2）有比较才能有鉴别，所以我国乡村教师绩效薪酬偏好研究，应该与师范生的薪酬偏好、在校大学生绩效薪酬偏好以及社会普通大众的职业及薪酬偏好相对比，才能更准确地辨析乡村教师的薪酬偏好特征。

（3）我国乡村教师绩效薪酬偏好的影响因素不仅要观测个人因素，比如人口统计变量、人格特征，也要研究乡村教师的社会环境心理感的影响，这样才能够更合理解释我国乡村教师绩效薪酬偏好结构，预测变化趋势。

（4）乡村教师绩效薪酬背景下教师从教意愿的研究是重要的研究任务。本书为了验证乡村教师绩效薪酬政策对职业吸引力的影响，将开展有关的研究，以便与国内外学者的研究成果进行比较。

（5）乡村教师绩效薪酬偏好是复杂的理论研究，研究要综合运用问卷调查、统计分析分析方法、结构方程模型方法、案例研究法等方法，借鉴相关学科的发展开展跨学科研究，才能更深刻、以更全面视角来检验相关推测，所以本书将开展相关的实证研究及规范研究，探索乡村教师绩效薪酬偏好及效果。

# 第二篇　理 论 框 架

# 第四章 绩效薪酬偏好的文化——社会心理环境影响分析

　　所谓社会心理环境，是指社会生活主体在实现社会生活目标的活动中，其成员之间和外部生活环境相互作用而积淀下来的、对整个社会成员都具有影响力的一种心理环境。它是人们在社会生活中由于相互影响而形成的一定心理氛围，是社会生活主体与社会环境之间的主观与客观的统一（辛慧丽，2008）。

　　格式塔心理学派代表人物德国心理学家勒温最早提出"心理环境"的概念，认为它是"人脑中对人的一切活动发生影响的环境事实，即对人的心理事件发生实际影响的环境"，是一个观念的环境，其形成过程是客观事物作用于大脑，经过大脑的加工改造和内化之后，促使主体产生各种心理活动，这些心理活动再经过主体内部的折射、扩展、积累、反馈，从而形成了以观念形式表现出来的心理环境。也就是说主体在将客观环境转化为观念环境的时候，经过了主体与客体生理与心理的相互作用和相互转换的过程。社会心理环境不仅是整个社会环境的组成部分，而且是社会环境系统结构的深层，它以其无形而巨大的影响力作用于社会生活主体，对于人们实践活动有着直接的、经常性的制约作用，社会心理环境的健康与否，都直接或间接地影响社会成员的道德品质、工作效率、行为方式等，对人们的生产和生活具有特殊的意义。

# 第一节　绩效薪酬偏好文化影响模型

## 一、概　说

制度是一个社会的博弈规则，或者更规范地说，它们是一些人为设计的、形塑人们互动关系的约束，从而构造了人们在政治、社会或经济领域里交换的激励。制度变迁决定了人类历史中的社会演化方式，因而是理解历史变迁的关键。

从制度经济学角度看，制度具有降低交易费用的功能、合理预期和外部性内在化的激励功能；能够提供便利、降低交易费用、提供信息、共担风险和提供公共品（服务）；抑制人的机会主义行为、提供有效信息、降低不确定性、降低交易成本、外部性内部化。但是制度要发挥作用，需要解决效率问题。在本书中，制度的效率体现为成本与收益的对比。制度成本包括制度变革过程中的界定、设计、组织等成本和制度运行过程中的组织、维持、实施等费用；制度收益则指制度通过降低交易成本、减少外部性和不确定性等给经济人提供的激励与约束的程度。

薪酬是工作的重要组成部分。由于薪酬制度、员工个体差异、文化取向差异的存在，没有哪种薪酬体系可以对所有人都达到最佳效果，并且绩效薪酬效果的讨论长期以来主要关注其激励效应，即绩效薪酬促进在职员工努力提高绩效的效果，而相对忽视了绩效薪酬分选效应效果。所谓绩效薪酬分选效应（sorting effects）是指绩效薪酬通过吸引、选择和淘汰的过程，对组织未来的员工队伍构成产生影响，进而对员工绩效产生间接影响（格哈特，2005；Lazear，2000；Eriksson，2008；Cadsby，2007）。绩效薪酬偏好是绩效薪酬分选效应理论的应用心理学研究范式，是人们对组织绩效薪酬制度理念、项目所表现出的情感和意向高度认同的心理取向，也表现出不同个体特征的求职者可能被吸引到不同的绩效薪酬制度（格哈特，2005；龙立荣，2010；Cable，1994）。研究表明，人格特征（Cable，1994）、价值观特征（Eriksson，2008；Judge，1992）、人口统计特征（龙立荣，2010）、风险规避态度（Cadsby，2007）等因素对员工绩效薪酬偏好具有影响。目前，员工绩效薪酬偏好的文化取向调节机制尤其引人注目。

通常，个人绩效薪酬项目体系包括个人绩效奖励、计件工资、知识与技能发展薪酬等，而团队绩效薪酬项目体系则主要包括团队奖励、收益分享、利润分享、股票计划（格哈特，2005）。接下来需要重点讨论以下几个问题：员工绩效薪酬偏好构成如何？员工的文化取向如何调节绩效薪酬偏好？现实中绩效薪酬偏好是否与绩效薪酬制度高度匹配？从哪些方面评价、监控员工绩效薪酬偏好与绩效薪酬制度之间的匹配性？

## 二、绩效薪酬偏好构成现状

### （一）绩效薪酬偏好现状

研究显示，根据我国员工偏好水平由高到低，分别是生存类薪酬、保健类薪酬、合作类薪酬和自我实现类薪酬（贺伟，2010）。此外，女性的团队绩效薪酬偏好更高，因此，企业在员工激励方面可以多用团队或集体性奖励来温暖、感化女性员工，而多以自主和肯定类的奖励来发展男性员工。

研究表明，在企业 24 项经济性薪酬项目的运用频次回忆排名中，个人年终奖、个人绩效工资的运用排名分别处于第 2、第 3 位，部门绩效薪酬运用排名第 17 位,公司绩效薪酬运用排名为倒数第 1 位。在工作性质方面,与普通的操作工人相比,研发技术人员与管理人员都属于知识型员工,其工作任务通常具有长期性与挑战性,并且经常以项目团队的形式进行,所以对专项奖、团队或部门奖励等团队绩效薪酬的偏好水平显著高于前者,年龄负向地影响团队绩效薪酬偏好,国企员工的团队绩效薪酬偏好水平显著高于非国企员工(龙立荣,2010)。

畅铁民(2013)研究显示,第一,员工是支持、拥护绩效薪酬制度理念的。第二,相对于固定薪酬制度,员工是偏好团队绩效薪酬制度的。第三,在个人绩效薪酬项目和团队绩效薪酬项目的相对偏好顺序中,人们更偏好个人绩效薪酬项目体系。第四,关于"团队绩效薪酬占总绩效薪酬比例"问题,调查者回答比例均值应该占 17.82%。其中,认为应该占 5% 的回答人数为 63 人,占 21.1%;认为应该占 10% 的回答人数为 98 人,占 32.9%;认为应该占 20% 的回答人数为 31 人,占 10.4%;应该占 30% 的回答人数为 28 人,占 9.4%;认为团队绩效薪酬比例应该超过 30% 的人数只占 13.4%,即认为不应该超过 30% 的比例的人数比例达到 86.6%。调查结果显示,低收入、低职称和青年员工偏好团队绩效薪酬(畅铁民,2013)。从该研究结果可观测出,被调查者对待团队绩效薪酬项目的偏好态度并不乐观。

美国国家统计局 1988 年全国性随机抽样调查显示,在激励性制度偏好的应答者中,只有 12% 的人偏好团队绩效薪酬制度。该结论与跨文化研究观点一致(霍夫斯泰德,1980),即美国是个人主义文化主导的社会,因此团队绩效薪酬偏好顺序不在前列,大部分人最喜欢直接的个人薪酬。其次是个人奖励,然后是团队绩效薪酬(Weitzman,1990;Cable,1994)。类似地,研究证实员工最喜欢基于客观指标衡量的个人绩效工资,其余依次为知识/技能薪酬、团队绩效薪酬,员工偏好绩效薪酬理念,但是价值观和成就感不影响绩效薪酬偏好(Milanowski,2007)。

**（二）绩效薪酬偏好特征**

（1）从部分国内外团队绩效薪酬偏好实证研究的结果来看，按照绩效薪酬偏好顺序的话，个人绩效薪酬项目偏好明显靠前，团队绩效薪酬偏好靠后。

（2）在组织薪酬制度中，团队绩效薪酬强度较低。

（3）绩效薪酬偏好的影响因素可能涉及个体特征、文化取向因素、团队工作性质、组织特征。

（4）目前的绩效薪酬偏好内涵、外延和构成缺乏权威、统一结果，尤其缺乏绩效薪酬偏好维度界定，绩效薪酬偏好究竟是指绩效薪酬理念偏好、项目偏好、强度偏好还是笼统的制度偏好仍然不明确。即便是讨论员工绩效薪酬项目偏好，也需要就大致类似或接近的绩效薪酬项目体系来观测员工的偏好，否则绩效薪酬偏好内涵和构成差异很大，就没有比较意义。

# 三、文化取向与绩效薪酬偏好关系

**（一）文化取向与构成**

**1. 霍夫斯泰德的集体主义文化取向**

历史上，按照霍夫斯泰德（Hofstede，1980）的研究结论，中国文化属于集体主义文化，即中国人集体主义取向强，而且对部门、小组的成绩非常重视（王永丽，2004；刘苹，2017）。

集体主义社会是基于群体成员身份和集体利益的（Cullen，2002），而不是如何来激励个人、如何评价个体的成就。集体主义社会中，人们从出生开始就被融入强大凝聚力的群体中（Hofstede，2005）。在集体主义的社会，人们喜欢从众，尽量保持与他人的相似，并且害怕吸引别人的注意力。相反，个人主义文化有规范、价值观、信仰等。人们对自己负责，不必在情感上依赖于组织或团队（Cable，1994；Cullen，2002）。

**2. 泰安迪斯（1995）的文化维度构成检验**

学者将个人主义和集体主义价值观划分为水平个人主义（视自身为与其他人拥有平等地位的独立个体，重视选择自由和平等）、垂直个人主义（将每个人都视为不同的独立个体，希望通过竞争获得成功和较高的地位）、水平集体主义（认为自身与他人拥有平等地位，具有依赖性和群居性；重视集体利益，但并不愿意为此牺牲个人利益，不轻易屈服于权威）以及垂直集体主义（具有依赖性和群居性，重视团队内部完整性，愿意为集体目标牺牲个人利益，服从集体内部权威）四种类型（泰安迪斯，1995）。国内对部分大学生的调研结果显示，93.33%表现出水平集体主义取向，93.52%表现出垂直集体主义取向，80.57%表现出水平个人主义取向，少数（44.13%）有垂直个人主义取向，因此泰安迪斯（1995）的个人主义与集体主义理论得到验证，个人主义和集体主义可以同时存在于一个个体中（刘苹，2017）。

国内研究也显示，在接受调查对象的文化取向中，最多的是水平集体主义，其余依次为水平个人主义、垂直集体主义和垂直个人主义，水平集体主义的个体强调合作，垂直个人主义者往往通过竞争来获得成就，强调成就取向及个体间的不平等性和资源的竞争（吴明霞，2006）。研究表明，高技术企业员工的文化价值取向趋势依次是水平个人主义、垂直集体主义、水平集体主义、垂直个人主义，中国传统的集体主义价值观正在受到西方个人主义价值观的影响，处于两种文化的碰撞和融合阶段（赵武，2014）。

这些研究成果表明，虽然按照泰安迪斯（1995）的文化维度理论开展的研究成果还有差异，但是泰安迪斯（1995）的文化维度构成理论日益受到学者们的重视，在国内取得了良好的信度、效度（黄任之，2006；王永丽，2003）。

综合霍夫斯泰德（1980）文化理论和泰安迪斯（1995）文化维度理论研究成果，可以看出，我国员工文化取向依然是集体主义文化。

### （二）文化取向与绩效薪酬偏好关系

#### 1. 文化取向与绩效薪酬偏好关系

研究证实，在个人主义文化中，个人更喜欢以个人成就为基础的薪酬，而在集体主义文化中，个人尽可能地追求与他人相似，并喜欢团队绩效薪酬。研究证实，与美国个人文化比较，土耳其集体主义文化中的员工显著地偏好团队绩效薪酬（Goktan，2011），印度员工绩效薪酬偏好（Westerman，2009）、德国员工绩效薪酬偏好（Rehu，2005）均与美国员工显著不同。具体见表4-1：文化取向与绩效薪酬偏好关系。

**表4-1　　　　　　　　　文化取向与绩效薪酬偏好关系**

| 学者 | 观测群体和研究任务 | 观点 |
|---|---|---|
| 韦斯特曼（2009） | 美国和印度的175名MBA学生绩效薪酬偏好 | 两国研究对象偏好有显著不同；个性和薪酬偏好之间存在关系，这些关系因文化而异 |
| 雷虎（2005） | 德国和美国员工的绩效奖励偏好 | 使用霍夫斯坦德跨文化调查问卷发现，两国员工对绩效薪酬有不同的偏好，为某一个国家设计的绩效薪酬可能不会在另一个国家产生激励效果 |
| 巴努·高克泰（2011） | 土耳其和美国员工绩效薪酬偏好 | 不确定性规避与固定薪酬偏好之间存在显著的正相关关系，集体主义价值观与团队绩效薪酬、资历薪酬偏好显著正相关 |

续表

| 学者 | 观测群体和研究任务 | 观点 |
| --- | --- | --- |
| 王永丽（2004） | 中国集体主义文化及影响 | 集体主义思想、儒家思想越来越弱，个体主义取向逐渐增强，但是中国人还是集体主义取向比较强。针对小组的反馈对集体主义取向越强的人效果越好，绩效成绩提高越多 |
| 李铉京（2011） | 日本员工绩效薪酬偏好及影响 | 在日本企业中，竞争力强的、对职业忠诚的年轻员工偏好绩效薪酬，并且，绩效薪酬偏好对员工的组织公民行为没有影响 |
| 赵武（2014） | 科技人员文化价值取向与薪酬满意度关系 | 垂直集体主义者和垂直个人主义者更偏好薪酬比较，不仅追求个人或集体利益最大化，还要使自己的薪酬水平比别人高，所以容易产生不满意感。文化价值取向对薪酬满意度有一定的预测作用 |
| 常（2006） | 韩国员工绩效薪酬效果及文化影响 | 在控制薪酬风险和工作价值观的影响下，韩国员工的金钱观并没有显著调节薪酬制度激励效应，但实践观的调节效应显著 |

（1）个人主义文化与个人绩效薪酬偏好关系研究。

在美国，个人绩效薪酬已是代表性的激励因素（Rynes，2004；Gerhart，2003）。个人绩效薪酬主要将个人的激励与员工绩效联系起来，期望理论支持这一逻辑（Vroom，1964），该理论预测，金钱奖励或量化目标会激励员工，因为他们更喜欢这样的结果。更具体地说，将个人绩效作为确定薪酬水平的主要标准，形成了获得奖励的高绩效的手段；它也成为激励员工的一个挑战性目标。在个人绩效薪酬中，每个人的期望水平更高，从而导致更高的自我评价和表现（Rynes，2004）。这些理论观点支持的前提是：个人绩效薪酬会为员工提供充分的激励，让他们在执行任务时可以充分地发挥能动性，因此个人绩效薪酬可能会对其绩效产生重大影响（Rynes，2004），于是，在个人主义文化的组织中，团队绩效薪酬体系会受到抵制（Kirkman，2000）。

（2）集体主义文化与团队绩效薪酬偏好。

在集体主义社会中，绩效薪酬体系能否有效，是人们高度关注的一个课题。研究显示，组织文化的集体主义程度决定组织成员对基于团队绩效而非个体绩效的薪酬体系的接受程度，更加强调沟通、凝聚力、员工参与、团队工作和信息共享的组织文化与团队薪酬的理念最一致，可以提高团队薪酬效果（DeMatteo，1998）。对团队薪酬持积极态度的个体认为所有成员应共享团队的成功，并共担团队的失败，而对团队薪酬持消极态度的个体偏好个人绩效薪酬（Shaw，2001）。因此，个体对团队工作价值的信念越强，其团队薪酬态度越积极；如果个体的工作绩效越好，其团队薪酬态度越消极（Haines，2006）。

这些研究关注以下观点：在集体主义社会中，人们不太关心个人的地位或个人收入的多少，而是更关心群体的和谐。这已经被确认为平等规则，它表明成员希望确保组织中的人际关系和谐，较少地在意个人回报的差别。

（3）集体主义文化与个人绩效薪酬偏好的融合。

实证研究显示，像韩国人这样的集体主义雇员，同样能够通过个人激励机制等外部激励进行有效管理（Usugami，2006）。这些看似矛盾的观点如何解释呢？是否有其他因素或调节变量能很好地解释这样的情况？

正如前文所述，文化取向表明了个人的偏好，它们是工作场所员工行为的主要决定因素。文化取向还会影响员工对管理实践的态度。也就是说，当公司的政策与他们的文化取向一致时，员工可能会形成更积极的态度。这种现象就是文化一致性过程。

文化一致性过程表明，具有相同价值观的个体在其认知过程的某些方面是相似的，因此，在他们的相互作用中，不确定性将减少（Schein，1985）。在最符合他们价值观的情况下，个人可能会表现得最好。研究结果表明，当员工文化取向与他们的上司或组织的奖励相一致时，他们会更加满意和忠诚（Meglino，1998）。

研究表明，一个组织的文化价值观影响了个人在工作选择上的决策，因为他们更有可能选择与自己的文化取向相似的工作单位（Judge，1992）。当公司实践活动与他们的文化价值观一致时，员工往往更取向于忠诚于这样的组织（Subramaniam，2003）。可见，当薪酬方案按照员工的文化价值观来设计时，就会对员工的态度产生更强、更积极的影响。

同样地，在日本企业团队中，个人往往看重的是作为成功团队的成员之一，大家具有共同目标，而非个人的金钱报酬有多少。因此如何建立个人绩效薪酬制度成为日本企业的挑战。在性质上，该制度是交易型的。人们认为，这样的绩效薪酬制度会损害个人的社会行为，即组织的公民行为。人们担心日本企业在高度集体主义、团队导向的工作流程特征的社会中，来实施高度关注个人的绩效考核系统会遇到严峻的挑战（Schaede，2008）。

尽管有这些挑战，2009 年对日本员工的调查结构显示，总体上，日本员工仍然赞同绩效薪酬制度所包含的理念和原则，显示个人主义的绩效薪酬偏好和集体主义文化之间存在着独特融合。就是说，日本企业的员工既维护、捍卫合作与和谐的集体主义文化精神，又乐于在个人主义绩效薪酬制度体系下工作（Hyun－Jung Lee，2011）。

同样，韩国企业在集体主义社会中实施个人绩效薪酬制度也遇到过这些挑战，但研究表明，个人绩效薪酬同样会增加集体主义员工的工作积极性，并受到韩国员工的拥护（Chang，2006）。

**2. 文化取向、绩效薪酬偏好与绩效三者关系**

集体主义文化对团队工作有积极的促进作用，但将集体主义、个人主义文化细分为四个维度之后，个人主义和集体主义文化的作用并不是那么简单。杜旌（2009）在研究中发现，水平个人主义与无领导小组讨论个人绩效成倒 L 关系，水平集体主义与无领导小组讨论个人绩效分别成倒 U 型和负相关关系。

赵海霞（2013）的研究围绕团队薪酬公平感在团队薪酬分配与团队公民行为关系中的中介作用，以及团队垂直集体主义对这一关系的调节效应，证实团队薪酬分配对团队公民行为具有积极的影响，且这一关系受到团队薪酬公平感的完全中介作用，团队垂直集体主义对团队薪酬分配与团队公民行为的关系具有正向调节效应。

垂直集体主义和垂直个人主义与薪酬水平、福利加薪、薪酬结构满意度存在显著负相关关系；水平个人主义与薪酬水平、福利加薪满意度存在显著正相关关系（赵武，2014）。这说明，垂直集体主义者和垂直个人主义者更偏好薪酬比较，不仅追求个人或集体利益最大化，还要使自己的薪酬水平比别人高，所以容易产生不满意感，文化价值取向对薪酬满意度有一定的预测作用。

## 四、文化取向与绩效薪酬偏好之间关系

### （一）员工绩效薪酬多维偏好构成

为了更全面、客观地评价员工绩效薪酬偏好构成，本书从员工绩效薪酬的理念偏好、强度偏好和项目偏好三个维度，构建员工绩效薪酬多维偏好模型，以便展现如下的变量关系：

（1）理念偏好体现员工对公司绩效薪酬哲学的认同和支持，发挥着促进员工组织承诺的基础作用。

（2）项目偏好体现员工对绩效薪酬各类项目偏好的差异，反映员工绩效薪酬项目需求愿望、价值判断取向和心理偏爱取向。

（3）强度偏好体现员工喜欢什么程度的绩效薪酬激励。在一定薪酬收

入条件下，员工绩效薪酬激励强度偏好越强，对工作绩效回报期望越高。

（4）绩效薪酬偏好一致性体现员工绩效薪酬偏好与现行绩效薪酬制度特征之间的衔接性、适应性，该一致性越强，组织和个人绩效越高。

（5）绩效薪酬制度特征与绩效薪酬偏好关系。

①绩效薪酬制度是员工绩效薪酬偏好的主要影响因素。员工绩效薪酬制度、甚至同一国家不同时代的员工绩效薪酬制度，都有较大差异，从而导致员工绩效薪酬偏好差异较大。

②目前员工绩效薪酬制度具有个人奖励性绩效薪酬比例高，团队绩效薪酬、知识技能薪酬项目和长期绩效薪酬缺失的特征。这些制度特征一方面导致我国员工绩效薪酬偏好结构特色鲜明，另一方面也可能造成绩效薪酬偏好失衡。

### （二）绩效薪酬偏好文化影响模型

运用泰安迪斯（1995）文化维度构成理论，本书提出绩效薪酬偏好文化影响模型，具体详见图 4－1 绩效薪酬偏好文化影响模型。

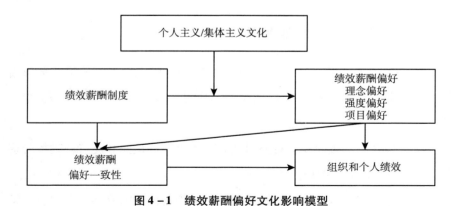

图 4－1　绩效薪酬偏好文化影响模型

### （三）绩效薪酬多维偏好与组织、个人绩效关系

（1）绩效薪酬理念偏好对员工、组织绩效的影响。绩效薪酬理念偏好越强，员工对于岗位绩效管理和组织价值观认同越强，越有利于提升组织和个人绩效。

（2）绩效薪酬项目偏好对员工、组织绩效的影响。员工个人绩效薪酬、团队绩效薪酬、长期绩效薪酬、知识与技能发展薪酬偏好都有利于个人、组织绩效，但影响强度存在显著差异。

（3）绩效薪酬激励强度偏好对员工、组织绩效的影响。员工绩效薪酬激励强度越高，员工收入波动性也将越大，因此在提高薪酬收入条件下，绩效薪酬强度偏好将积极促进员工组织绩效。

## 五、绩效薪酬偏好一致性评价与监控

### （一）期望理论的运用

在期望理论中，效价是指达到目标对于满足个人需要的价值，即员工对所获薪酬的偏好强度，期望是指员工对努力完成工作任务的信念强度。工具是指员工一旦完成工作任务就可以获得薪酬的信念。在这里，本书关注点是个体对目标的需求和认同感。

首先，每个人可能对效价提供的价值不完全相同；其次，个人需要之间可能存在共同点；最后，效价是个人目标与价值，体现着每个人的薪酬偏好程度，那么绩效薪酬一致性反映出个体绩效薪酬偏好与现行绩效薪酬制度特征的理想协同状态，具体体现在绩效薪酬强度偏好匹配、绩效薪酬项目偏好匹配、绩效薪酬理念偏好匹配三方面。

### (二) 员工绩效薪酬偏好与制度一致性的评估、监控指标

#### 1. 绩效薪酬偏好与绩效薪酬制度定位之间的一致性

绩效薪酬制度可能会影响员工绩效薪酬偏好，即什么样的绩效薪酬制度定位（项目理念、项目、强度）将形成什么样的绩效薪酬偏好，但是制度本身是人设计并实施的，和员工真正的绩效薪酬偏好之间存在匹配差异。绩效薪酬制度定位和员工绩效薪酬偏好一致性越强，员工绩效薪酬偏好将越支持绩效薪酬制度目标，绩效薪酬制度效果越好；相反，制度政策目标和员工绩效薪酬偏好之间如果存在"南辕北辙"现象，就会造成员工抵触、制度效果低下的后果。

#### 2. 绩效薪酬偏好与组织文化一致性

绩效薪酬偏好反映员工薪酬心理。在特定的绩效薪酬制度下，该心理和态度将是客观存在的。绩效薪酬偏好与组织科学、民主、信任、组织文化等治理机制之间一致性越强，表明绩效薪酬制度实施的基础越扎实，对绩效薪酬偏好的支撑保障作用越大，进而员工绩效薪酬偏好稳定性越强，持久性越高。

#### 3. 员工参与绩效薪酬偏好测评活动的程度

该指标反映员工参与绩效薪酬偏好测评活动的程度，即是否规范、广泛地动员每个员工积极参与到绩效薪酬制度中。该指标越高，很可能绩效薪酬偏好反映面越广泛，收集到员工的绩效薪酬态度也将越客观、真实和民主，进而间接地表明绩效薪酬偏好一致性越高。可以预见到，参与绩效薪酬偏好测评活动的程度越高，员工绩效薪酬偏好程度越高，那么绩效薪酬偏好匹配程度越强（见表4-2）。

表 4 - 2                          文化取向与绩效薪酬多维偏好关系

| 文化取向 | 文化取向特征 | 绩效薪酬项目偏好 | | | | 绩效薪酬理念偏好 | 绩效薪酬强度偏好 |
| --- | --- | --- | --- | --- | --- | --- | --- |
| | | 个人绩效薪酬 | 团队绩效薪酬 | 长期激励 | 知识与技能薪酬 | | |
| 垂直个人主义 | 通过竞争来获得成就，强调成就取向及个体间不平等性和资源竞争 | + | | + | + | + | + |
| 水平个人主义 | 认为自我与他人地位平等、资源平等共享，强调自我独特性和自我依赖 | + | | + | + | + | + |
| 垂直集体主义 | 强调责任感，认为在群体成员间不平等、有等级和地位身份的差异 | + | + | + | + | + | + |
| 水平集体主义 | 强调合作，认为群体内自我与他人关系平等 | | + | + | + | + | |

注：表中，＋表示变量之间存在较强的匹配性。

## 4. 绩效薪酬偏好等级的分布

绩效薪酬偏好等级的分布是绩效薪酬偏好一致性的重要指标，反映着全部或大多数员工绩效薪酬偏好结果分数是否过高、过低或趋中。如果存在任一情况，那么说明员工绩效薪酬偏好构成可能出现了误差，产生了员工绩效薪酬偏好失衡现象。可以预见到，绩效薪酬偏好等级的分布越符合绩效薪酬制度规划目标，员工绩效薪酬偏好将越均衡，绩效薪酬偏好一致性越强。

## 5. 员工绩效薪酬偏好的信息质量

该指标反映了绩效薪酬偏好测评问卷题目所收集的信息质量，比如，员工绩效薪酬偏好测评问卷的效度、信度高低，员工绩效薪酬偏好变量的影响机制等。可以预见到，员工绩效薪酬偏好的信息质量越高，员工绩效薪酬偏好程度越高，绩效薪酬偏好一致性越强。

**6. 员工绩效薪酬偏好的沟通效果**

通过定期对员工绩效薪酬偏好进行调查，能够了解各级管理人员如何进行员工绩效管理和绩效薪酬制度实施，各个方面反馈是否有效，公司及各类管理人员是否为员工提供了相关的资源，以便保障员工实现各类发展计划的预定目标，员工绩效管理与绩效薪酬实施结果与员工的工作相关性程度如何，员工绩效薪酬偏好内在的需求是否得到管理者的重视，并会改善相关制度。可以预见到，员工绩效薪酬偏好的沟通效果越好，员工绩效薪酬偏好程度越高，绩效薪酬偏好一致性越强。

**7. 绩效管理、绩效薪酬制度满意度与员工绩效薪酬偏好关联性**

通过问卷调查来收集员工对于绩效管理、绩效薪酬制度的看法，具体包括公平性、满意度、准确性等，从而对员工绩效薪酬偏好的关联性进行校正，不断夯实员工满意度支撑的绩效薪酬偏好态度。可以预见到，员工绩效管理和绩效薪酬制度满意度越高，员工绩效薪酬偏好程度越高，绩效薪酬偏好一致性越强。

**8. 绩效薪酬制度总体收益与员工绩效薪酬偏好关联性**

通过该指标的衡量，有助于判断员工绩效薪酬投入与产出相对价值，从而对员工绩效薪酬偏好一致性进行干预，发挥调控作用，实现绩效薪酬投入资源和员工绩效薪酬期望的高度一致性。可以预见到，员工绩效薪酬制度总体成本/员工绩效薪酬收益比越高，员工绩效薪酬偏好程度越高，绩效薪酬偏好一致性越强。

**9. 员工绩效薪酬偏好与组织绩效关联性**

员工绩效薪酬偏好核心是员工队伍构成与学校制度目标、绩效具有高度一致性。在特定的绩效薪酬制度环境和文化心理环境中，员工质量高，组织承诺程度高，都体现着员工绩效薪酬偏好的高度一致性。

员工绩效薪酬偏好中哪些是关键指标，哪些是次要指标，主要依据绩效薪酬战略、公司绩效、员工质量之间的相互关系（见表4-3）。

表4-3　　　　　员工绩效薪酬偏好一致性评价与监控指标

| 序号 | 评价与监控指标 | 定义与描述 | 备注 |
|---|---|---|---|
| 1 | 与绩效薪酬制度一致性 | 员工绩效薪酬偏好是否符合制度、政策初衷 | |
| 2 | 与组织文化一致性 | 公司治理与员工绩效薪酬偏好一致性 | |
| 3 | 绩效薪酬偏好普遍性 | 员工参与绩效薪酬偏好测评程度 | |
| 4 | 绩效薪酬偏好等级分布 | 全部或多数员工绩效薪酬偏好如果过高、过低或趋中，会产生失衡现象 | |
| 5 | 绩效薪酬偏好的信息质量 | 员工绩效薪酬偏好测评问卷的效度、信度高低，员工绩效薪酬偏好变量的影响机制 | |
| 5 | 绩效薪酬偏好的沟通效果 | 定期进行匿名调查，了解反馈是否有效 | |
| 7 | 绩效管理的支持程度 | 绩效管理和绩效薪酬制度满意度对员工绩效薪酬偏好的支持程度 | |
| 8 | 绩效关联性 | 员工绩效薪酬偏好与个人绩效、公司绩效关系 | |

# 六、初步认识

（1）总体上，综合霍夫斯泰德（1980）以及泰安迪斯（1995）文化维度理论的研究成果，我国员工是集体主义文化取向。

（2）运用泰安迪斯（1995）文化维度理论所测量的我国员工文化维度构成还存在差异。

（3）与个人绩效薪酬项目比较，我国企业绩效薪酬制度中的团队绩效薪酬项目比例相对过低，这样的制度设计不完善会造成团队绩效薪酬偏好弱化，存在绩效薪酬供需的空间错配，即"有需求的制度没供给，有供给的制度没需求"。

（4）我国居民文化取向是集体主义文化，尽管实施高度关注个人的绩效考核系统会遇到严峻的挑战，但是总体上员工赞同绩效薪酬制度理念，展现出个人主义薪酬偏好和集体主义文化的融合特征，即员工维护、捍卫集体主义文化精神，并乐于在个人绩效薪酬制度体系下工作。

（5）除了知识型员工偏好团队绩效薪酬外，大多数一线员工偏好个人绩效薪酬。

（6）绩效薪酬偏好与绩效薪酬制度一致性评价及监控，是完善绩效薪酬制度的重要手段。

## 第二节　乡村教师绩效薪酬偏好文化—— 社会心理环境影响模型

本书拟建立乡村教师绩效薪酬偏好文化模型，验证文化因素、人格因素对教师绩效薪酬偏好及从业意愿的影响，具体模型如图4－2所示。

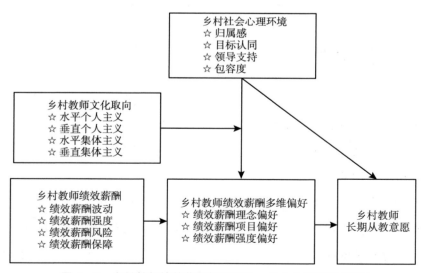

图4－2　乡村教师绩效薪酬偏好文化—社会心理环境模型

## 一、框架设计的理论基础

绩效薪酬具有激励效应和分选效应（拉齐尔，2000；格哈特，2005；Cable，1994），按照绩效薪酬分选效应和绩效薪酬偏好基本观点，个体绩效薪酬偏好的决定因素是绩效薪酬制度。

乡村教师绩效薪酬偏好研究将基于绩效薪酬分选效应理论，运用应用心理学研究范式，构建乡村教师绩效薪酬偏好文化—社会心理环境模型。这一研究框架出发点是检验文化取向、社会心理环境综合影响下，乡村教师绩效薪酬偏好结构及其对从教意愿的影响，进而提供乡村教师绩效薪酬制度优化对策、文化取向干预策略、社会心理环境优化对策，促进乡村教师队伍健康发展。

本章第一节中的绩效薪酬偏好文化模型是乡村教师绩效薪酬偏好文化—社会心理环境模型的基础，后者将校验绩效薪酬偏好文化模型的观点，这个是本书研究方法的特点。

乡村教师绩效薪酬偏好文化—社会心理环境模型不仅增加了社会心理环境因素的影响机制研究，更重要的是，文化取向与社会心理环境对绩效薪酬偏好综合影响机理研究方法，将更真实接近乡村教师实际态度，更准确预测乡村教师行为取向。

## 二、乡村教师绩效薪酬制度特征

### （一）乡村教师绩效薪酬制度特征

总体上，从绩效薪酬制度目标设计、结构设计到实施过程角度看，乡村教师绩效薪酬制度特征归结为以下 6 个方面：教师绩效管理的特殊性，教师绩效薪酬功能特殊性，制度内容特殊性，享受对象特殊性，形式特殊性和操作特殊性（畅铁民，2013，2014，2015）。

**1. 教师绩效管理的特殊性**

从国家、省区市、县制定的政策角度看，对教师考核内容包括教学工作量、教育教学过程、教育教学效果、教师专业发展以及教育教学工作贡献等方面。其中，教学工作量主要考核教师承担教育教学任务的情况，教育教学过程主要考核教师履行岗位职责的情况，教育教学效果主要考核教职工目标任务完成情况及成效，教师专业发展重点考核教师拓展专业知识、提高教育教学能力的情况，教育教学工作贡献主要考核教师在履行岗位职责过程中做出的突出贡献和工作成绩。考核方法按照个人自评、年级组初评、学校考核小组结合进行。教职工绩效考核分优秀、合格、不合格三个等次，按绩效考核得分从高分到低分确定。

特别值得注意的是，对教学效果的考核，主要以完成规定的教学目标、学生达到基本教育质量要求为依据，不得把升学率作为考核指标，要引导教师关爱每个学生，特别是学习上有困难或品行上有偏差的学生。

对履行岗位职责、完成学校规定的教育教学工作任务的教师，全额发放基础性绩效工资；对有突出表现或做出突出贡献教师，视不同情况发放奖励性绩效工资，合理确定奖励性绩效工资分配等次，向骨干教师和突出成绩教师倾斜，适当拉开分配差距。

**2. 教师绩效薪酬功能特殊性**

绩效薪酬反映着学校、政府教育政策的导向，对教师职业吸引力会产生提高作用，也体现着各个国家政府出台教师绩效薪酬的目标和作用意图。但是该功能的强弱可能会受到不同因素的影响，在获得教师或者准备从事教师的求职者的支持态度或偏好方面会有变化，从而对教师绩效薪酬的偏好研究具有长期意义。但是有的国家、地区的教师绩效薪酬制度功能则是促进教师培养高绩效的学生，或者提高学生的学术成就、保持学生的出勤率、升学率、学科或课程的及格率、标准化考试的通过率等，这些具体的绩效指标引导着教师的努力方向，具有一定的激励效应，也可能产生一定的分选效应。此外，教师绩效薪酬对增加教师收入水平、提高教师的社会地位功能仍然是重要的。在中国，教师的工资水平要不低于甚至高于公务员工资水平，这个目标一直是政府对全社会教师的承诺，那么实现该目标的重要途径之一是运用教师绩效薪酬手段。

**3. 制度内容特殊性**

首先义务教育学校是事业单位，即"国家为了社会公益的目的，由国家机关举办或其他组织利用国有资产举办的，从事教育活动的社会服务组织"。其次义务教育学校绩效薪酬制度设计和实施的基本前提体现出以下特殊性：绩效薪酬总量核定的特殊性。我国在 2009 年之前的教师岗位绩效工资构成激发各个学校自筹资金发放教师绩效性津贴。2009 年开始实施义务教育学校绩效工资，则需要清理规范义务学校津贴补贴，将规范后的津贴和原来国家规定的年终一次性奖金全部纳入绩效工资总量。

教师绩效管理的特殊性及需要解决的关键问题点。建立符合我国义务教育学校科学合理、易于操作的教师绩效管理制度，是实施义务教育学校绩效工资制度的特别要求和关键环节。教师绩效考核管理重点要关注：绩效考评主体的多元性，形成教师自评为主，学生评教、同行考核、领导评议、家长参评、专家参与相结合的 360 度绩效考评体系；绩效管理的目标要聚焦在教师绩效提高方面，注重教师质量提高、专业技能/知识发展、学生综合学术成就结果的多方位增值性评价；考核方法需要平衡好定性和定量方法体系，合理确定考核价值目标和指标属性，厘清评估环节，坚持支持教师申诉通道；形成中国特色的教师绩效管理文化体系，强化教师的职业吸引力，符合中国文化习俗。把目前我国中小学绩效管理中存在的绩效考核过重而忽视绩效提升、过重把考核结果与激励挂钩而忽视教师专业发展、教师绩效体系内涵与学校发展目标、学生发展目标脱节等战略性绩效管理失误在学校、政府部门等高层上解决好，同时把绩效考核指标片面、考核方法单一、管理沟通反馈不及时、考核主体单一等战术层次问题在学校基层范围内协调解决。

**4. 享受对象特殊性**

在 2008 年《国务院办公厅转发人力资源社会保障部　财政部　教育部关于义务教育学校实施绩效工资指导意见的通知》中，明确我国教师绩效工资的对象是按国家规定执行事业单位岗位绩效工资制度的义务教育学校正式工作人员。

作为义务教育学校绩效薪酬的对象，教师教育教学工作具有特殊性。教师们除了每天必须完成备课、上课、批改作业等很多烦琐的教学工作外，还要花时间和精力与学生在一起谈心、做家长工作。班主任除了要完成教学工作以外，还有很多班级的日常工作要处理，有很多班级活动要开展。而教育教学的效果往往并不是在一两天内就能立竿见影的，可以说，一个教师付出的努力有时今天看来是效果不明显的，也许在不久的将来会影响着学生，产生成效。具体来说，什么样的教师能够获得绩效薪酬反映着教师绩效薪酬制度对象的特殊性。教师绩效薪酬制度的对象是指有现实性机会获得这些绩效薪酬的教师，在设计教师参与资格时，应该高度明确具体的参与资格特殊要求，明确什么样的教师能够获得什么样的绩效薪酬。某类绩效薪酬是为全体教师还是仅仅为某个学科、某些类型教师设计，某类型绩效薪酬是否有教师服务年限限制，可以获得某类绩效薪酬的教师数量或百分比是否存在限制，及学校各类管理人员和一般教师的绩效薪酬总量差距如何控制在合理水平等。

**5. 绩效薪酬项目与形式特殊性**

我国教师绩效工资体系的项目具有特殊性。绩效工资分为基础性和奖励性两部分。

基础性绩效工资主要体现地区经济发展水平、物价水平、岗位职责等因素，占绩效工资总量的 70%，具体项目和标准由县级以上人民政府人事、财政、教育部门确定，一般按月发放。

奖励性绩效工资主要体现工作量和实际贡献等因素，在考核的基础上，由学校确定分配方式和办法。根据实际情况，在绩效工资中设立班主任津贴、岗位津贴、农村学校教师补贴、超课时津贴、教育教学成果奖励等项目。按照该政策规定，国内各个省、市、县依据本地实际，制定了各自的教师绩效薪酬体系。

**6. 操作特殊性**

教师绩效薪酬操作中，特殊性体现在：教师绩效薪酬只是学校实施全面薪酬战略体系的一个重要组成部分，虽然该部分薪酬对教师有重大激励效具，但是不能够取代其他薪酬部分，教育部门、学校只有综合优化、平衡各个部分的薪酬构成，才能够更好发挥各种绩效薪酬类型以及其他薪酬大类的效能；教师绩效薪酬应该也必须对圆满完成绩效、行为与学校目标一致的教师给予回报；建立公正、高度可信的教师绩效管理体系；学校的绩效薪酬制度、类型要在教师的各种绩效和奖励之间建立起密切的联系，强化该联系内涵的沟通，使得全体教师理解并开展响应的教育教学行为；保持教师绩效薪酬制度的动态性。

**（二）绩效薪酬制度维度结构**

通常，薪酬制度的维度反映着绩效薪酬支付理念、项目体系、收入波动性、收益风险性、薪酬预算保障等（刘昕，2011）。乡村教师绩效薪酬制度的维度中，绩效薪酬理念、价值观体现在绩效薪酬项目类型、项目占比、绩效薪酬激励强度之中（Rynes，2000）。

本书将乡村教师绩效薪酬制度维度界定为绩效薪酬波动、绩效薪酬强度、绩效薪酬风险、绩效薪酬保障四个方面。这些维度的扩展，表明在乡村振兴进程中，乡村教师绩效薪酬制度及其要素可以有什么样的调整方向和空间，从而在增减绩效薪酬项目类型、增减某些绩效薪酬比重、强化或弱化绩效薪酬的激励强度、增减绩效薪酬收入风险、增减绩效薪酬预算总量等方面，成为政策设计和调整工具，以实现绩效薪酬制度效果目标。

### （三）乡村教师绩效薪酬项目体系

各个国家的乡村教师绩效薪酬项目都不完全相同。即便是一个国家，在不同时期，乡村教师绩效薪酬项目也会有调整。长远看，乡村教师绩效薪酬项目体系既要保持相对的稳定性，也要体现出国家对乡村教师队伍建设的战略型资源投入和质量目标，分阶段实现绩效薪酬制度目标。

## 三、乡村教师绩效薪酬偏好的文化—社会心理环境影响模型

### （一）乡村教师绩效薪酬偏好结构特征

绩效薪酬偏好的争议在很大程度上，和学者开展的绩效薪酬偏好多维性密切相关。因为绩效薪酬偏好反映着人们的绩效薪酬态度，除了自身的多维特征外，学者在观测立场、测评对象、测评内容上也可能产生差异。

鉴于乡村教师绩效薪酬维度划分为绩效薪酬波动、风险、强度和预算保障，为了更全面反映教师绩效薪酬的态度，立足教师绩效薪酬制度，基于理论回顾、现实政策状况和演化趋势，本书将乡村教师绩效薪酬偏好维度设置为理念偏好、强度偏好和项目偏好。

#### 1. 绩效薪酬理念偏好

理念偏好体现乡村教师对绩效薪酬哲学的认同和支持，发挥着促进教师长期从教的基础作用。

#### 2. 绩效薪酬项目偏好

项目偏好体现乡村教师对绩效薪酬各类项目偏好的差异，反映乡村教

师绩效薪酬项目需求愿望、价值判断价值观和心理偏爱倾向。

### 3. 绩效薪酬强度偏好

强度偏好体现乡村教师喜欢什么程度的绩效薪酬激励。在一定薪酬收入条件下，教师绩效薪酬激励强度偏好越强，对工作绩效回报期望越高。

乡村教师绩效薪酬多维偏好结构测量将通过问卷调查进行。

### （二）乡村教师绩效薪酬偏好的影响因素

#### 1. 绩效薪酬制度的决定机制

依据绩效薪酬分选效应的基本理论观点（格哈特，2005），乡村教师绩效薪酬制度是决定教师绩效薪酬偏好的主要因素，即什么样的绩效薪酬制度将决定什么样的绩效薪酬偏好结构，因为教师绩效薪酬偏好反映了教师对制度理念、项目、激励强度的偏好/反对态度（畅铁民，2014，2015）。所以绩效薪酬偏好的文化—社会心理环境模型中，决定因素仍然是教师绩效薪酬制度，但是也可能受到非制度因素的影响。

#### 2. 文化取向、社会心理环境对乡村教师绩效薪酬偏好的影响

学者的研究成果表明，乡村教师绩效薪酬偏好可能既受文化取向影响，也可能受社会心理环境影响。校园社会心理环境是指通过学校系统外部社会文化因素的渗透和学校成员个体心理特性的整合，在学校工作中形成的客观存在于学校系统内部的一种潜在的影响学校成员思想、言行的精神力量和心理空间（黄伟，1993）。

我国义务教育教师绩效工资政策，存在绩效考核机制不科学、对教师激励效果不佳、县域内教师与公务员收入差距扩大、教师的政策满意度低等执行偏差。存在执行偏差的原因在于政策的模糊性与执行者有限理性的双重互动、工资存量结构化调整降低教师对工资收入的获得感与安全感、重视量化的末端考核和个体奖励不符合教师职业激励的特点以及政策执行监督问责机制不健全。为提高绩效工资政策的执行效果，要建立政策菜单

模式，通过多元主体共治提高政策规划水平；在做增量加法的原则下，对教师工资收入总量与结构进行重新测算与分配；建立科学有效的绩效评价和分配机制；完善绩效工资政策执行评估与监督的制度基础（姚翔，2018）。

乡村教师生活补助政策是连片贫困地区吸引与保留乡村教师的一项重要政策。通过对三个连片贫困地区的典型县进行实地考察和问卷调查，发现均已落实该政策，但部分教师并不知晓；教师实际感知的生活补助与期望的补助水平之间有较大差距；超过半数教师对生活补助水平表示不满意；教师对乡村教师生活补助政策的认同度仍有待提高。进一步构建乡村教师生活补助政策对教师留任意愿影响的有序 Probit 模型，估计结果表明，生活补助水平对教师留任意愿没有显著性影响；教师对生活补助的满意度、教师对补助政策的认同度对教师留任意愿有显著的正向影响（姜金秋，2019）。

朱秀红（2019）认为青年教师的个体特征、现实需求、职业期待与组织环境供给的匹配度对员工的流动意愿具有决定性影响。基于 18 省 35 县调查数据的实证分析表明，乡村青年教师流动意愿强。其中，工作负担、相对待遇、发展机会、工作氛围等因素作用显著。从匹配理论的视角来分析，政策定位与个体决策偏好不一致、职业期待与实际获得不匹配和组织环境与现实需求不对应是主要原因。为了建设一支总量稳定的乡村青年教师队伍，应全面分析乡村青年教师的个体决策偏好、现实需求和职业期待，构建系统化的政策体系。

席梅红（2019）强调，乡村教师是实现乡村振兴的主力军。从关系正义的视角看，目前社会资源在城乡教师之间的配置情况是有失公平正义的。研究在辩证地分析乡村教师、乡村教育和乡村发展之间关系的基础上，试图搭建一条清晰的基础性文化资源均等—发展机会相当—社会物质资源平等占有的教师社会资源正义分配框架，通过让乡村教师体会到被尊重的职业获得感，建立竞争性的乡村教师动态补充机制，鼓励乡村教师成为专业发展的决策者和参与人，还乡村教师文化自主权，实施城乡教师工资差异分配机制等有力举措，帮助乡村教师重建尊严、主体、权利、角色和职业地位。通过关系调节，使乡村教师占有社会资源达到一种相对正义的状态，吸引更多的仁人志士扎根乡村大地，激励乡村教师坚守乡村积极奉献，为建设美丽乡村、实现乡村振兴提供高素质、强有力的智力支撑。

### 3. 绩效薪酬偏好与乡村教师从教意愿关系

研究显示，科学合理的薪酬水平和薪酬制度设计对教师长期从教及保持工作积极性有显著作用。问卷调查的结果显示，中年教师的薪酬公平感相对偏低；教师的工资水平和绩效工资水平正向影响薪酬公平感；教师的工资水平正向影响薪酬外部公平感，但绩效工资水平对外部公平感未有显著影响；教师的工资水平和绩效工资水平正向影响薪酬内部公平感（蒋莉，2019）。

学者通过对四川省 X 县和 Y 县的调查，发现《乡村教师支持计划》取得了初步成效：创新了教师补充机制，为乡村学校补充了大量优秀师资；采取多种方式，乡村教师队伍年龄结构呈年轻化；音、体、美教师实行特殊化管理，初步保证了学校学科教师均衡配置；实行小学区制管理，促进了乡村教师"置换轮岗"；实行乡村教师荣誉制度，乡村教师的职业荣誉感有所增强；实行差异化教师津补贴制度，乡村教师工作积极性有所提高，有利于农村偏远地区学校留住优秀师资。同时，《计划》实施中还存在不少问题：乡村教师对其了解不足，乡村教师补充渠道仍然单一，乡村教师工作生活满意度不高，乡村教师流动不畅，乡村学校教师缺编和超编现象同时存在。为此，提出关注乡村教师多元需求、完善乡村教师荣誉制度等建议。此外，师资力量薄弱是各国乡村教育的一大短板，而为乡村教师提供差异化的津补贴是提高乡村师资力量的有效方法。日本、美国、法国等国前后采取了一系列办法促进乡村教师津补贴的落实，并取得了一些成果。对这些国家的乡村教师津补贴政策进行梳理分析，借鉴其先进的教育理念、完善的法律保障、科学的激励措施，可进一步完善我国乡村教师津补贴政策（付卫东，2018，2019）。

《乡村教师支持计划》实施以来，在改善乡村教师工资待遇、工作环境等方面有重要作用，但是以外部保障为主的支持措施，与乡村教师内在需求仍有脱节。通过对全国23个省乡村教师调研发现，乡村教师对于专业发展的需求高于工资待遇，过重工作负担导致他们没有时间和精力接受外部提供的培训及教研支持，同时部分乡村教师有明显的情绪枯竭问题，内在发展动力不足（赵新亮，2019）。

有学者提出，乡村青年教师的留任意愿基本决定着乡村教师队伍的相对稳定性。通过运用18省35县15048份乡村青年教师调查问卷，对乡村青年教师留任意愿的影响因素进行多元线性回归分析。结果表明：年龄、年工资、社会地位、学校内部工作环境、学校周边环境对乡村青年教师留任意愿有显著正向影响；工作量、学校距县城距离、工作压力、教学效能、职业倦怠对其有显著负向影响；配偶跨县工作、男性、毕业于省属普通本科及以上层次院校、参加过市级及以上级别培训的乡村青年教师留任意愿更低。为增强乡村青年教师留任意愿，稳定乡村教师队伍，需提升乡村教师工资收入水平及合理性，改善乡村青年教师生活条件与便利性，创设积极且温馨的学校内部工作环境，并关注高能力青年教师职业预期的实现（付昌奎，2019）。

**4. 文化取向、社会心理环境对乡村教师从教意愿影响**

（1）乡村教师的文化取向及乡村社会心理环境评价。

从身份特征和责任对象来看，乡村教师具有教师与村民双重身份，他们立足农村、服务农村，知识与文化的双重优势使得他们成为乡村文化建设之重要力量。从公共性角度看，乡村教师积极参与乡村教育并具有反思乡村社会、主动发现、提出并解释乡村社会问题之自觉，理应成为乡村公共生活之重要力量。在担负着乡村教育重任的同时，乡村教师自觉担负起乡村社会文化之引领者、传播者、传承者的角色，但是曹二磊（2019）认为，文化建设是新农村建设的重要组成部分，乡村教师作为乡村的知识分子，理应在教书育人的同时，践行知识分子的文化使命，推进乡村文化的发展和建设。当下，乡村教师之于乡村文化的功能不断弱化，暴露出本体性价值的失落、缺乏公共性情怀、文化创生根基迷失等问题。提议完善各级管理保障机制、培养教师浓厚的乡土情感、加强乡村本土文化与乡村教育的融合等方式履行新时期乡村教师的文化责任与使命。

李冬倩（2018）通过文献分析法及问卷调查法，论述了发展性绩效评价取向与乡村教师专业认同感的相关关系。研究结果表明：乡村教师的专业认同感属于正向状态但尚有提升空间；价值取向、发展取向与乡村教师的专业认同感均显著正相关，其中发展取向相关系数高于价值取向；绩效评价取向与专业认同感的各因子均呈显著正相关，发展取向与"专业期望、效能、意志"相关系数高于价值取向，但"专业价值"这一因子与价值取向的相关系数高于发展取向；发展取向对乡村教师专业发展有显著预测作用。

顾玉军（2019）提出，在新时代背景下，乡村文化有了新的时代内涵，其类型多样，包括生计文化、精神文化、行为文化、融合文化。乡村学校作为乡村社会中的文化高地，应肩负乡村文化传承的重任。乡村教师在坚守乡村学校的过程中，不仅是教育者，还是乡村社会中的文化人、局内人、城市人和文化传播人。在乡村振兴中，乡村教师要有传承乡村文化的责任担当，要积极探索乡村学校教书育人的有效模式，使乡村文化走向兴盛。从乡村文化基本意义来看，"乡土中国"是费孝通先生对中国社会性质的精辟概括，他曾认为中国社会是乡土性的，而乡村社会正是乡土性长期发展的结果。乡村文化是乡村社会文明的象征，它与乡村社会的生产生活方式、道德行为规范以及自然生态环境融为一体，成为乡村社会中的精神财富。

学者结合陶行知乡村教育思想中关于教育教学的理论和实践经验，立足当今教师队伍的问题现状，分析问题的原因，并提出了相应的解决措施，包括创新师范教育人才培养模式、提高乡村教师工资待遇、完善乡村教师聘任制度、探索适应乡村特色的教师培训（李艳楠，2019）。

伴随乡村振兴战略的实施，新时代的乡村及乡村教育面貌发生了积极的变化，乡村教师的经济收入、职业环境也逐渐改善，但新问题也随之而来。在一项针对乡村教师文化现状的田野调查中，教师群体的文化发展陷入了公共性失落、社会角色认知困惑、校园文化生活贫乏和文化缺失的困境。这对未来的乡村振兴战略无疑提出了严峻的挑战，如何积极发挥乡村教师的关键作用，需要在新时代重新建构乡村教师文化体系。从切实贯彻城乡统筹的发展政策入手，着力构建乡村教师的文化自觉，积极拓宽乡村教师的社会支持网络，努力重塑乡村教师的专业性素养和公共性身份（刘华锦，2019）。

学者强调，文化是一种较为复杂的社会现象，它涉及人的意识、行为、观念等。教师文化是群体文化中的一种，主要包括了教师的价值信念、社会交往、行为作风等。从社会学的意义上理解，乡村是指行政区划乡镇所辖的地域实体，它的外延是以乡（镇）政府所在地为中心，包括其所管辖的所有村庄的地域范围。以此解释乡村教师文化，可以将其视为乡镇管辖范围内学校教师群体的价值观念、行为习惯和社会交往等。这种囿于地域的教师群体，具有鲜明的地域文化特色。不同地区的乡村教师文化，尽管相似，不尽相同。但普遍而言，全国各地的乡村教师文化仍然表现出精神性、融合性、独特性和可塑性等共性特征。

职业角色的适应障碍是乡村教师群体中颇为突出的问题。通过对6省6县乡村学校的田野研究发现，乡村教师职业角色的适应障碍主要表现在文化、心理、专业三个方面，并带有群体性与普遍性特征，这已成为影响乡村教师职业信念、制约乡村教师角色扮演、限定乡村教师能力发挥的主要瓶颈。破解乡村教师职业角色适应障碍，需要在正确认识乡村教师的生活样态与生存状态的基础上，构建乡村教师多元补充机制、加强乡村教师县域流动管理、制定乡村教师精准补偿举措、提升乡村社区公共服务机能（陈飞，2019）。

研究结果发现，工作投入在乡村教师职业期望与积极心理健康之间起完全中介作用；社会支持在"职业期望→工作投入→积极心理健康"的整个路径上均具有显著的调节作用，即高社会支持水平上，职业期望能有效提升乡村教师的工作投入，进而促进积极心理健康水平的提升，而低社会支持则会阻碍乡村教师职业期望通过工作投入促进积极心理健康水平的提升（赖怡，2019）。

（2）文化取向、社会心理环境与乡村教师长期从教意愿。

文化取向、社会心理环境对乡村教师长期从教意愿可能产生复杂的影响，既有直接影响，也可能通过绩效薪酬偏好产生间接影响。当前学者对该问题的研究兴趣日益高涨。

石亚兵（2017）提出，乡村社会的整体变迁必然导致教师流动的动力发生根本性变化。因此，对乡村教师流动动力的研究须超越已有理论研究范式，从一种整体性的视角来认识。这种视角是基于涂尔干"集体意识"理论而提出的文化视角，即以乡村社会"集体意识"变迁为分析框架，认识不同时期构成乡村教师流动的文化动力。具而言之，乡村社会的"集体意识"经历了礼、个人主义和迷茫漂泊感三个阶段。与此相应的，这三种"集体意识"分别导致乡村教师流动出现坚守、单向流动与无序流动三种对应形态。乡村个体（包括乡村教师）在个人主义影响下必然理性地选择有利于自己发展或获利的交往对象，具体来说，乡村教师一方面会想办法接近相关部门领导或乡村精英，这样才能获取发展所需资源；另一方面比较乐意与经济精英接触，特别是在外获得大量物质财富的创业者或暴发户。诸如此类的互动必定会对乡村教师产生影响，特别是与经济精英的互动，让乡村教师愈发不满足于从事教育事业所获得的微薄收益。城市的诱惑、收益的不满对乡村教师的教育教学产生了诸多负面影响。最后，普遍的流动性导致乡村教师单向流失成为必然。

申卫革（2016）认为，文化自觉指生活在一定文化中的人对其文化有"自知之明"，只有认识和理解自己的文化，才有条件在多元文化的世界里确立自己的位置。乡村教师的文化自觉表现为对乡村文化脉络的清晰认知，对表征文化之习俗伦理的认同，对滋养了自我之文化的依恋，以及对乡村文化传承和发展的信心。城镇化过程中乡村教师文化自觉缺失，表现为乡村伦理认知的缺失以及乡村伦理教育实践的匮乏。专业化运动加剧了乡村教师的城市化倾向和对乡村生活本质的遗忘。建构乡村教师的文化自觉才能在城市文化和乡村文化的博弈中走出一条乡村现代性之路，达到费孝通提出的不同文化"各美其美，美美与共"的境地，从而使得乡村教师拯救乡村文化成为可能。构建乡村教师的文化自觉需要国家制度的价值引领。

戚海燕（2018）提出，文化认同是特定个体或群体在文化交流过程中寻求不同文化之间的共同点或相似点，以促进彼此之间亲和与凝聚的过程，其核心乃文化自觉。随着"凡进必考"及农村地区教师缺口的不断增大，源自城市的乡村教师数量也越来越多。其文化认同关涉到有效教育教学活动的顺利开展，然而在现实中，文化认同失根、文化认同游移与文化认同虚表等问题，是源自城市的乡村教师文化认同的不自觉表现。走向文化自觉的教师文化认同，应以自省批判为核心建构城市教师的文化认知力，并以弹性课程设计为纽带提高师生的文化交流机会和以文化回应为支架提高教师的文化自觉意识与能力。

龙立荣（2013）认为，中国是一个权力距离较大的国家，职位层次越高说明在组织中拥有的资源和决策权越多，对于需要较高能力才能获取更高水平的工时性福利，其享受水平往往比低层次员工高得多，因此，对其偏好度也较高。此外，中国传统文化讲究男人以事业为重，女人以家庭为重，女性的经济地位还低于男性，导致中国女性员工更加偏好物质性福利。而美国文化追求自由、独立，女性的经济地位和男性相差无几，因此，男女员工对经济性福利偏好并无明显差异。鉴于此，中国企业在制定相关福利计划时，不应照搬国外已有成果，应针对中国的实际情况，制定相应的福利方案。

美国乡村研究专家雷蒙·威廉斯（Raymond Williams，2013）通过梳理几百年来英国城市与乡村的发展史发现，城市和乡村只是不同的两种生活方式，并不存在对立和矛盾，它们的对立和矛盾是人为导致的，体现了一种意识形态上的偏好。相对于城市而言，乡村既不等同于落后和愚昧，也不是充满欢乐的故园；同理，城市虽然在新的生产方式确立后兴盛起来，但并不必然代表了进步，城市也面临很多问题。

学者对最具代表性的 13 个国家级连片贫困区的约 500 名乡村学校教师的调查显示：当前乡村教师职业情怀处于中偏上水平，但在职业热爱感、职业责任感、职业使命感、职业自信感、职业创新感 5 个维度上存在内部差异。不同年龄、教龄、职称和工资待遇的乡村教师职业责任感和职业使命感无显著差异，是职业情怀中较为稳定的两个因素；而职业热爱感、职业自信感、职业创新感等受年龄、教龄、学历、职称、工资待遇等影响较大。立足乡村教师的生存境遇，为使有职业情怀的乡村教师更具幸福感，需要从夯实乡村教师的经济基础、破解乡村教师的职称晋升障碍、改善乡村学校与家庭关系、增加乡村学校人员编制和激发乡村教师内在动力等多方面入手（唐智松，2019）。

姚岩（2019）认为，独特的成长、教育与就业环境造就了新生代乡村教师的城市化特征，形成了他们的城市人身份认同，使得他们在居住空间、主观情感和行为方式上不断趋于城市，远离乡村。这种离农离乡的现状加重了新生代乡村教师的经济负担和情感压力，影响了教师队伍的稳定性，淡化了他们的教学使命感，加剧了乡村文化的荒漠化。未来有必要通过改变乡村教育的离农化取向、加强教师乡土文化自觉、关注本地教师培养等方式，消除乡村教师城市化的负面影响，稳定和提升农村教师队伍。

蔺海（2019）基于对我国中部地区 H 省某贫困地区的考察，发现新生代乡村教师角色认同包括先赋性、结构性和建构性角色认同。在新乡土情感、文化和价值融合中，新生代乡村教师面临着缺失清晰教学理解和自觉导致的教学者角色游离，缺少能动实践反思和联动的反思者角色疏离以及缺乏内生研究意识和素养的研究者角色隔离等教师角色认同危机。消解教师角色认同危机，理应唤醒教师专业自我认同，厚植教师角色认同基因；建构教师团队自省机制，形塑教师专业交往社群；催生教师教研生命素养，孕育教师教研精神气象。

陈邈（2019）发现，在发展乡村教育过程中，乡村教师往往面临着多种角色冲突，并严重影响自身专业发展和乡村教师队伍建设的进程。要破解这个困境，除了要提高乡村教师经济社会地位、保障其基本生活、建立针对性培训机制助推其专业发展外，乡村教师自身也要扎根乡土、融入乡村，同时要明确角色定位，增强角色适应能力。

田晓琴（2019）提出，改革开放 40 年来，我国乡村教师政策的演进脉络分为重建与恢复、进一步发展、稳步提升和深化发展四个不同的阶段，展现出参与主体多元化、生活待遇不断提升、整体质量不断提高的特点。但在落实各项乡村教师政策的过程中，还存在乡村教师生活保障的责任主体薄弱、乡村教师的职业认同感较低、乡村教师专业化建设有待完善等方面的问题，需要中央政府及各省政府作为责任主体为乡村教师提供切实的保障，并进一步加强对乡村教师职业认同感的培养，全面加强乡村教师队伍建设。

李升（2018）提出，伴随中国乡村社会的结构转型，基于乡村社会结构的生产生活方式及价值观念等发生了很大变化，这对乡村社会的教育发展提出了严峻挑战，极大影响了乡村教师群体的发展。通过对F乡的乡村教师群体的个案研究，基于社会结构的分析视角，探讨了乡村教师发展的结构性困境。研究表明，结构性困境主要表现为社会结构中的资源机会配置与社会关系整合等维度，具体包括乡村教师的教育知识与教育权利转变、乡村教师自身认同与社会认同错位等。结构性困境造成乡村教师在乡村社会结构中的漂泊性与边缘化。解决结构性困境难题，需要调整乡村教师群体本身，更需要对乡村社会结构进行优化，持续开展乡村社会建设，这对完善乡村教育体系意义重大。

赵新亮（2018）强调，专业学习是乡村教师成长的重要路径，完善对乡村教师的支持措施，需要对影响乡村教师专业学习的要素进行深入研究。选取山东省Q市的864名乡村教师为调查对象，以工作环境为自变量，以专业学习为因变量，建立结构方程模型研究工作环境对乡村教师专业学习的影响机制，采用Bootstrap方法检验考察心理资本在该影响过程中的中介效应。结果显示，乡村教师在专业学习、心理资本方面有显著原文作者的观点，无误差异，变革型领导、程序公平和同事关系等工作环境因素对乡村教师专业学习影响显著，心理资本在两者间发挥完全中介效应。建议改善制约乡村教师创新与学习的不利环境，激发乡村教师自主学习动力，提升乡村教师心理资本，对不同代际乡村教师实施差异化支持政策。

张峰（2018）以353名乡村中小学教师为样本，采用结构方程模型等统计方法，分析了组织政治知觉对乡村教师离职意向的影响，以及组织公平和组织认同的中介作用。结果表明：（1）组织政治知觉与乡村教师离职意向之间存在显著正相关，组织政治知觉与组织公平之间存在显著负相关；组织公平与组织认同之间存在显著正相关；组织认同与乡村教师离职意向之间存在显著负相关。（2）组织公平和组织认同在组织政治知觉对乡村教师离职意向的影响中起双重中介作用。

柳谦（2018）认为，随着现代文明的推进以及教师专业化的发展，对于现下的很多乡村教师而言，其生活越来越向着学者李书磊所描述的"洋派的教师"靠拢，他们多生活在县城，乡村学校只是他们工作的场所，这种朝夕不一的生活空间使很多乡村教师对于自我角色的归属和认同产生困惑。一度作为乡村社会知识精英的教师群体在与乡村社会的疏离过程中不仅使自己陷入文化困境，更使乡村社会的精神文明建设失去了必要的智力支撑。乡村教师作为乡土中国的文化向导，却一直在为"离农"做准备，这是我们不得不面对和亟须思考的现实性问题。

孙颖（2018）提出，乡村教师承载着空间和群体的双重属性。为了促进乡村教师队伍的整体发展，以学校空间作为研究切入点具有可行性。乡村教师发展面临着社会地位低、知识储备适配性差、自我认同度低等现实困境，究其根源，主要表现为乡村学校空间与智力资本、教学互动、自我认同等方面的联系。基于理性判断与现实可能的双重原则，为了提供建设性的社会空间，可对乡村学校空间特质进行理性分类，并在此基础上进行价值和制度重构。

凌云志（2019）通过对4省9位乡村教师的半结构化访谈，发现乡村教师处于悬浮的"第三者"身份和"双重污名化危险"等较为严重的身份挣扎状况。工作压力、角色模糊、社会认可和专业发展是导致乡村教师身份融合困境的主要因素。要使乡村教师摆脱身份挣扎及其融合的困境，教育行政管理部门可采取以下对策：完善乡村学校编制标准，降低乡村教师工作负荷；落实乡村学校教师待遇，保障乡村教师生活融入；完善师资本土培养机制；加强专业共同体建设，护航乡村教师专业发展。

席梅红（2019）结合乡村教师的价值贡献进一步展开反思，鼓励乡村教师继续奉献仅有对乡村教师队伍的思想熏陶和教育是不够的，更为重要的是真正关心乡村教师，在继续大力实施《乡村教师支持计划》、提高乡村教师待遇的基础上，重点要建设好美丽宜居乡村，为乡村教师创设安居的生态环境、构筑乐业的理想生活图景，并持续关注乡村教师幸福温暖的精神需求，让乡村教师真心愿意为实现乡村振兴而坚守。

# 本 章 小 结

本章是本书的理论框架分析与研究设计，由两部分构成。第一部分是构建绩效薪酬偏好文化影响模型，以便开展个体绩效薪酬偏好的文化取向影响机制实证研究；第二部分是构建乡村教师绩效薪酬偏好文化—社会心理环境影响模型，是基于文化影响模型基础之上，加入乡村教师社会心理环境因素以便进行整合研究。

之所以建构两个模型，有以下原因：

第一，建构、验证文化取向模型，将为乡村教师文化—社会心理环境影响模型验证提供基础；

第二，明确文化取向、社会心理环境等因素的各自作用机制；

第三，建立两个模型，有助于与国内外学者的相关研究成果分别进行比较；

第四，本质上，构建两个模型是对绩效薪酬偏好影响因素的持续深入研究，将更全面检验乡村教师绩效薪酬偏好的影响因素。

# 第三篇　实证研究

# 第五章　绩效薪酬偏好实证研究

本章开展的居民薪酬偏好、大学生薪酬偏好实证研究，一方面是为了了解社会各阶层收入状况、工作报酬偏好和薪酬结构，另一方面，为后续开展乡村教师薪酬收入水平、绩效薪酬偏好构成比较分析提供基础。

## 第一节　居民薪酬偏好调查分析

本书依据中国人民大学中国调查与数据中心 2015 年中国综合社会调查 CGSS 数据库，分析居民对工作回报需求、收入预期、绩效薪酬态度、薪酬满意度、工作特征、工作满意度等方面的统计结果。

### 一、概况分析

CGSS（2015）的调查数据表明，在总计 10968 个调查对象中，男性占比 46.8%，女性占 53.2%。年龄均值为 56 岁，其中，20 岁及以下占 8.6%，20～30 岁占 11.9%，30～45 岁占 5.7%，45～55 岁占 24.5%，56 岁及以上占 49.3%。从学历分布看，初中及以下占比 76.1%，高中占比 11.9%，专科占比 4.9%，本科占比 6.1%，研究生占比 1.0%。

从个人年总收入分布看，均值为 30995.67 元，其中，个人年总收入 10000 元及以下占比为 45.9%，10001~20000 元占比 14.3%，20001~50000 元占比 29.1%，50001~100000 元占比 8.2%，100000 元以上 2.5%。从个人年职业收入分布看，均值为 21672.19 元，其中，个人年职业收入 10000 元及以下占比 58.6%，10001~20000 元占比 10.8%，20001~50000 元占比 21.7%，50001~100000 元占比 7.0%，100000 元以上 1.9%。

## 二、居民工作回报与收入期望

### 1. 人们希望从工作中得到的好处或回报

（1）在工作回报中，最希望获得。

最期望的回报是工作高收入，占比达到 48.0%，其余依次是工作有长期保障，占比 27.1%；社会声望和尊重，占比达 4.7%。满足个人兴趣占比是 3.7%，成就感占比仅仅是 2.8%。

（2）考虑到居民的能力和工作情况，目前的收入合理程度分布情况非常合理占 1.5%，合理占 57.4%，不合理占 26.2%，非常不合理占 2.7%，不清楚占 12.1%。可见，居民对收入合理感觉是 58.9%，合理程度较高。

（3）居民预期收入均值是 211070.45 元。其中，预期 5 万以下 53%，5 万元占比 11.3%，预期 10 万元收入及以上占 12.8%，预期 20 万元及以上占比 3.3%，预期 30 万元及以上占比 0.9%。

### 2. 从以下几个方面来看，您觉得单位给您的待遇是否合理（括号中代表均值，均值越小越合理，下同）

工作技能、努力程度、工作资历、工作业绩、工作责任的合理程度从高到低依次为：工作业绩（1.54）、工作资历（1.68）、工作责任（1.69）、工作技能（1.80）、努力程度（1.84）。

**3. 关于您单位薪酬和升职等人事方面决策过程的如下说法，您觉得是否与实际情况相符**

认为最符合实际的是"我们单位做人事决策会受到单位外部的力和人际关系的影响"（0.56），其余依次是"我们单位的人事决策会受到像校友、老乡、亲戚等各种社会关系的影响"（0.69）、"我们单位在进行考评时没有收集充分的信息"（0.70）、"我们单位的人事决策会受到决策者们偏见或者个人感情的影响"（0.74）、"我们单位不会听取与这项决策有关的大多数职工的意见"（0.97）。

**4. 关于您单位的如下说法，您觉得是否与实际情况相符**

更符合实际的是"在我们单位里，大多数职工只要愿意就可以一直工作下去而不会被裁掉"（1.15），其次是"在我们单位里，工龄长的人比能力强和业绩好的人待遇要好"（1.18）。

**5. 对于一份工作，您认为以下因素是否重要**

从重要到不重要的顺序工作因素排序是：工作稳定（1.60）；收入高（1.70）；对社会有益（1.87）；好的升职机会（1.94）；可以互相帮助（2.06）；工作有趣（2.08）；可以独立工作（2.11）；能够与他人打交道（2.15）；可以自由决定工作时间（2.21）。

**6. 对于工作，相对重要的是**（括号是均值，均值越小越重要）

相对重要性从高到低依次是：即使我不需要钱，我也希望能有一份有报酬的工作（2.09）；工作只是一种挣钱的方式而已（2.42）。

**7. 对于你目前的工作，是否同意以下说法**

按照从高到低的同意程度，依次是：我的工作对社会有益（1.87）；工作中，我可以与他人打交道（1.99）；我的工作稳定（2.14）；我可以在工作中帮助他人（2.17）；我可以独立工作（2.19）；我的升职机会大（2.28）；我的工作有趣（2.79）；我的工作稳定（3.29）。

**8. 对自己的工作满意度**

完全满意（3.0%），很满意（13.9%），比较满意（46.1%），无所谓满意与否（22.7%），比较不满意（10.9%），很不满意（1.8%），完全不满意（0.9%）。

可见，总体上，居民对工作的满意度达到63%。

### 三、绩效薪酬偏好与个体特征关系

依据 CGSS（2015）数据库，本书开展了居民薪酬偏好与个人认知能力的回归分析。

薪酬偏好观测题项为 c101、c102、c103、c104、c105（量表信度为0.969），其中 c104 是绩效薪酬偏好测量值。a49、a50、a51、a52 是个人认知能力观测题项（信度为0.806）。回归分析表明，绩效薪酬偏好与认知能力回归系数为0.151（p=0.000）。

## 第二节　大学生薪酬偏好的文化取向影响实证研究

### 一、引言

作为人力资源强国的重要组成部分，在校大学生具有比较高的人力资本。他们的薪酬偏好研究成果，可能和全国大样本数据有比较大的区别。此外，大学生薪酬偏好的研究对于大学生创业就业、稳定社会、提升我国劳动力队伍素质和人力资源队伍效能，都具有基础信息系统作用和政策价值。本书将陆续开展薪酬偏好比较研究，从而进行多项薪酬偏好模型实证研究，验证绩效薪酬偏好的文化模型。

本节对大学生薪酬偏好验证，主要是进行三个彼此相关的研究任务。第一是大学生薪酬偏好结构的检验；第二个任务是验证核心自我评价、文化取向的调节效应；第三个研究任务是比较大学生薪酬偏好与居民的报酬分配规则偏好的差异。这些研究任务，涉及教育学、人力资源管理、劳动经济学、跨文化管理等学科。在相关变量之间会涉及复杂的关系，因此研究方法将主要运用定性分析和定量方法，尤其是结构方程模型方法将用来校验各个变量的精确影响机制。

本节的实证研究原理，是基于第四章的绩效薪酬多维偏好文化调节模型和第二章的理论回顾，即大学生薪酬偏好不仅和薪酬制度自身密切相关，还会受到环境和大学生自身特征影响。那么大学生的薪酬偏好结构是怎么样的？影响因素如何发挥作用的？这些都影响到大学生薪酬偏好的前因与后果变量。哪些因素发挥重要的关键作用，可否具有预测性，因此需要多种方法进行校验分析结果。从本书的研究总目标来看，完成大学生薪酬偏好及文化模型研究结果，将为后续教师薪酬偏好研究提供更深入的研究基础。

## 二、研究假设

正如本书第二章所言，朱莉（Julie Dickinson，2006）的研究结果显示，在薪酬标准偏好中，三个最受欢迎的标准分别是"责任""知识—技能—能力""绩效"，并且学者李铉京（Hyun – Jung Lee，2011）进一步证实，年轻的、竞争力强的、对职业忠诚的员工偏好绩效薪酬。特别是个人能力强（表现为个人竞争力）、组织承诺和职业承诺强者，都显著影响绩效薪酬偏好。弗罗拉（2005）的实证研究结果表明，总体上，人们偏好绩效薪酬，而不喜欢非绩效薪酬（如资历薪酬）。

尽管奥利弗（2011）证实薪酬分配的平均规则比公平规则具有更高的激励作用，产生更高的薪酬满意度，但是大学生作为高人力资本拥有者，通常比一般员工的绩效高，所以从期望理论看，会更偏好绩效薪酬项目而非固定薪酬。因此提出：

假设1：相对于固定薪酬项目，大学生相对偏好绩效薪酬项目。

大学生具有比较强的认知能力。不同形式的绩效薪酬拥有不同的分选效应，会导致个体的不同程度的偏好。罗宾（Robin，2013）认为基本工资、绩效薪酬是重要的激励项目，这样的结果与斯科特（Scott，2012）的调查研究一致。大部分美国人最喜欢直接的个人薪酬，其次是个人奖励，然后是团队绩效薪酬（Weitzman，1990；Cable，1994）。因此提出：

假设2：依照从高到低程度，大学生的绩效薪酬需求偏好依次是个人绩效薪酬偏好、员工持股偏好、知识/技能薪酬偏好、团队绩效薪酬偏好。

贝尔（Beer，1998）认为，在个人主义社会，因为个人业绩而使人们收入差别很大。而个人乐于接受报酬结果的巨大差异，于是就产生了个人主义文化与个人绩效报酬的相容性。相反，与集体主义文化密切适配的则更重视团队和谐。集体主义者认为，个人绩效薪酬制度对于人际关系、士气是有害的，因此没有吸引力（Baker，1988）。但是，集体主义者是偏好团队绩效薪酬制度的（Cable，1994）。

个人主义、低权力距离者（内控型）认为，自己能够驾驭报酬状况，因此喜欢基于自身行为的报酬制度（Miceli，1991；Cable，1994）。相反的，集体主义、高权力距离者（外控型）认识到，薪酬受自身难以控制的外部因素影响，就不喜欢接受绩效考核结果以及风险（Mendonca，1994），外控型个体就更喜欢那些非绩效薪酬制度（如资历型薪酬）。

贝尔（Beer，1998）证实，男性文化、忍耐不确定性者，更能够融入绩效薪酬制度。因为男性需要拼搏以获得成就，这样的工作态度和绩效薪酬制度特征是一致的（Nenman，1996）。因为金钱是获得财富和美誉的途径（Hofstede，1980a），于是密切联结个人绩效和所得的薪酬制度就得到认同（Beer，1998）。不确定忍耐性强的个体乐意冒险，能够接受未来的不确定性，这样的话，个人也接受绩效薪酬制度。巴奴（Banu，2011）的研究结果显示文化差异会影响个人的薪酬偏好，个人主义与个人绩效薪酬偏好之间存在显著的正向关系。这意味着，个人主义文化中的雇员，比如美国的文化，更喜欢个人绩效薪酬，而不是团队绩效薪酬。在土耳其集体主义文化中的个体，则偏好团队绩效薪酬。因此提出：

假设3：大学生绩效薪酬偏好受到文化取向的显著影响。

研究证实，能力强、效率高、自我效能高的个体偏好绩效薪酬，而不喜欢固定薪酬（Cable，1994）。高度成就价值观的个人偏好公平规则，即个人报酬应该取决于其绩效（Jesse，2011）。因此提出：

假设4：大学生绩效薪酬偏好受到核心自我评价的显著影响。

同样程度的核心自我评价未必形成相同的绩效薪酬偏好，原因可能是个体所秉承的文化取向会发挥影响作用。这是因为每个个体的文化取向差异很大。按照从强到弱的顺序，我国个体的文化取向依次是水平集体主义、水平个人主义、垂直集体主义和垂直个人主义，水平集体主义的个体强调合作，垂直个人主义者往往通过竞争来获得成就，强调成就倾向及个体间的不平等性和资源的竞争（吴明霞，2006）。高技术企业员工的文化价值倾向趋势依次是水平个人主义、垂直集体主义、水平集体主义，垂直个人主义，中国传统的集体主义价值观正在受到西方个人主义价值观的影响，处于两种文化的碰撞和融合阶段（赵武，2014）。尽管文化取向结构依据结论还有差异，但是可以看出，我国员工文化倾向依然是集体主义文化。这些取向会对核心自我评价对绩效薪酬偏好的影响发挥调节效应。因此提出：

假设5：文化取向在核心自我评价对大学生绩效薪酬偏好的影响中发挥中介效应。

## 三、数据来源与变量测量

### （一）数据来源

基于高校在校生的问卷调查数据，本书开展了相关假设的检验活动，以便验证文化、人格特征对绩效薪酬偏好的影响机制。本研究选择了浙江北部的一所本科综合型大学进行问卷调查。问卷调查对象是面对 800 个在校的 1～4 年级非师范类专业学生，专业分布为工商管理、会计学、生命科学、汉语言文学、化学等专业。通过问卷星在线发放和收集，问卷收集数量为 612 份，删除明显不合理问卷后，有效问卷为 596 个样本数据。调查对象中，男性占比 23.8%，女性占比 76.2%。年龄分布为 19～20 岁（包括）46%，21～23 岁（包括）51%，23 岁以上 3%。专业分布为：商学院学生占比 48%，生命科学学院学生占比 28%，人文学院学生占比 15%，其他学院学生占比 13%。

为了探索核心自我评价对薪酬偏好影响机制中的文化取向调节效应，结合前文的研究结果，分析核心自我评价对五个薪酬需求偏好影响路径及水平集体主义的调节效应。调查问卷具体情况可参考本书附录。

整个数据库主题以大学生薪酬需求偏好测量结果进行检验测量。

### （二）变量测量

#### 1. 薪酬偏好

信度为 0.724，效度结果为：$X^2/df = 1.34$，$RMSEA = 0.071$，$CFI = 0.975$，$TLI = 0.951$，$SRMR = 0.028$。可见，量表信度、效度都良好，达到可接受标准，符合实证研究要求。

**2. 薪酬项目需求偏好设置与测量**

薪酬项目设置是本研究的重要事项。借鉴国内外学者开展的薪酬偏好测量研究成果，并便于比较社会大众、在校非师范类大学生、师范类大学生的薪酬需求偏好结构。本研究中，作者自己设计了薪酬需求偏好量表。非师范类大学生的薪酬偏好项目共设置 5 项，其中绩效薪酬项目类 4 个，分别是作为固定薪酬的基本薪酬项目 1 个。具体代码如下：Y1 表示个人绩效薪酬需求偏好，Y2 表示员工持股计划需求，Y3 表示知识/技能薪酬需求，Y4 表示团队绩效薪酬需求，Y5 表示基本薪酬。

薪酬量表信度与效度验证：信度为 0.724，效度拟合指标为：$X^2/df = 1.345$，$RMSEA = 0.071$，$CFI = 0.975$，$TLI = 0.951$，$SRMR = 0.028$。因此按照学者的建议和评价标准，薪酬偏好量表符合实证研究要求。

依据描述性统计结果，各项薪酬需求偏好均值如括号中数据所示，即个人绩效薪酬需求偏好（3.85），员工持股计划需求（3.66），知识/技能薪酬需求（3.69），团队绩效薪酬需求（3.48），基本薪酬需求（3.60）。

因此，非师范类大学生的薪酬需求偏好从高到低依次为：个人绩效薪酬需求（3.85），知识/技能薪酬需求（3.69），员工持股计划需求（3.66），基本薪酬（3.60），团队绩效薪酬需求（3.48）。

从描述统计结果看，对于绩效薪酬强度偏好，大学生的基本工资比例期望为 60.77%，绩效工资比例期望为 39.23%。

**3. 核心自我评价测量**

按照 Judge（2003）的核心自我评价量表，本书中大学生核心、自我评价量表中有 12 个题项，经过因子分析，得到两个因子，分别命名为积极评价 PE、消极评价 NE。各因子的信度、效度如下。

积极评价量表信度为 0.787，消极评价量表信度为 0.773。

积极评价效度拟合指标为：$X^2/df = 2.16$，$RMSEA = 0.075$，$CFI = 0.964$，$TLI = 0.940$，$SRMR = 0.032$。

消极评价效度拟合指标为：$X^2/df = 2.36$，RMSEA = 0.079，CFI = 0.957，TLI = 0.928，SRMR = 0.036。

可见，两个量表的信度、效度都良好，符合实证研究要求。

### 4. 文化取向测量

本书按照泰安迪斯文化模型进行文化取向检验。具体量表采纳吴明霞集体主义/个人主义量表。该量表中，有 13 个题项。运用因子分析方法，得到 4 个文化取向及相关题项，分别命名为水平集体主义（包括题项 X1、X2、X3、X4），用 HC 表示；垂直集体主义（包括题项 X5、X6、X7），用 VC 表示；垂直个人主义（包括题项 X8、X9、X11），用 VI 表示；水平个人主义（包括题项 X12、X13、X14），用 HI 表示。

从文化取向的均值看，水平集体主义（HC）、垂直集体主义（VC）、垂直个人主义（VI）、水平个人主义（HI）的均值分别为 3.736（0.651）、2.813（0.825）、3.239（0.727）、3.588（0.731），括号中数字为标准差。所以，大学生的文化价值取向存在多元化特点。在文化价值取向的四个维度上，整体趋势从强到弱依次是水平集体主义、水平个人主义、垂直个人主义、垂直集体主义。这说明中国传统集体主义价值观正在受到西方个人主义价值观的影响，处于两种文化的融合阶段。

其中，水平集体主义（HC）分量表信度为 0.749，效度为：$X^2/df = 1.02$，RMSEA = 0.092，CFI = 0.983，TLI = 0.950，SRMR = 0.027。可见，量表信度、效度都良好，符合要求。垂直集体主义（VC）分量表信度为 0.680、垂直个人主义（VI）分量表信度为 0.604、水平个人主义（HI）分量表信度为 0.659，信度都基本符合要求。3 个文化分量表效度检验的拟合指标均为饱和模型。因此本研究将重点关注水平集体主义文化取向（HC）的影响机制。

## 四、分析结果

### （一）核心自我评价、文化取向、薪酬偏好的相关分析

核心自我评价、文化取向、薪酬偏好的相关分析结果如表 5 - 1 所示。

表 5 - 1　　　　　　核心自我评价、文化取向与薪酬偏好关系

| 变量 | M | SD | PE | NE | HC | VC | VI | HI | POP |
|------|------|------|------|------|------|------|------|------|------|
| PE | | | 1 | | | | | | |
| NE | | | 0.000 | 1 | | | | | |
| HC | 3.736 | 0.651 | 0.369** | 0.004 | 1 | | | | |
| VC | 2.813 | 0.825 | 0.139** | 0.318** | 0.000 | 1 | | | |
| VI | 3.240 | 0.727 | 0.413** | 0.193** | 0.000 | 0.000 | 1 | | |
| HI | 3.588 | 0.731 | 0.159** | 0.146** | 0.000 | 0.000 | 0.000 | 1 | |
| POP | | | 0.309** | 0.045 | 0.293** | -0.010 | 0.138** | 0.046 | 1 |

注：** 表示在 0.01 水平（双侧）上显著相关。

上述相关性可以看出，核心自我评价的积极评价（PE）与文化取向、绩效薪酬偏好正相关，水平集体主义（HC）与绩效薪酬偏好显著正相关，从而可以进行回归分析。

### （二）核心自我评价对薪酬偏好的影响机制

为了检验核心自我评价的积极评价 PE 与消极评价 NE 对大学生绩效薪酬偏好的影响，分别开展以下回归分析。得到相关回归系数如表 5 - 2 所示。

表 5 - 2 核心自我评价对薪酬偏好的影响

| 变量 | 个人绩效薪酬偏好 | 员工持股计划偏好 | 知识/技能薪酬偏好 | 团队薪酬偏好 | 基本薪酬偏好 | 绩效薪酬强度偏好 |
|---|---|---|---|---|---|---|
| 积极评价因子（PE） | 0. 248 *** | 0. 221 *** | 0. 280 *** | 0. 192 *** | 0. 163 *** | 0. 004 |
| 消极评价因子（NE） | - 0. 02 | 0. 067 * | 0. 040 | 0. 047 | 0. 070 * | - 0. 079 * |
| 调整 $R^2$ | 0. 059 | 0. 050 | 0. 077 | 0. 036 | 0. 028 | 0. 003 |

回归方程结果表明，积极评价（PE）对绩效薪酬偏好有显著的影响，而消极评价（NE）则对绩效薪酬偏好无显著影响，验证了假设4。

积极评价显著影响着基本薪酬偏好，消极评价比较显著地影响基本薪酬偏好。

要注意的是，核心自我评价对于绩效薪酬强度偏好没有显著的影响。

### （三）文化取向对薪酬偏好的影响

为了检验文化取向对薪酬偏好的影响机理，分别开展相应的回归分析，回归方程结果如表5-3所示。

表 5 - 3 文化取向对薪酬偏好的影响

| 变量 | 个人绩效薪酬 | 员工持股计划 | 知识/技能薪酬 | 团队薪酬 | 基本薪酬 |
|---|---|---|---|---|---|
| 水平集体主义（HC） | 0. 245 *** | 0. 179 *** | 0. 193 *** | 0. 276 *** | 0. 017 |
| 垂直集体主义（VC） | - 0. 069 * | - 0. 039 | 0. 021 | 0. 058 | 0. 133 *** |
| 垂直个人主义（VI） | 0. 084 ** | 0. 055 | 0. 180 *** | 0. 102 ** | 0. 129 *** |
| 水平个人主义（HI） | 0. 089 ** | 0. 090 ** | 0. 027 | - 0. 068 * | 0. 057 |
| 调整 $R^2$ | 0. 074 | 0. 038 | 0. 065 | 0. 088 | 0. 031 |

从上述回归方程分析结果来看，水平集体主义对所有绩效薪酬偏好均存在显著影响，对固定薪酬偏好则没有显著影响；其他文化取向对部分绩效薪酬项目偏好没有显著影响，对固定薪酬则有部分显著影响。

很有可能地，文化取向在核心自我评价对薪酬偏好的影响机制中发挥调节效应。因此有必要验证文化取向的中介效应。

结合文化取向因子分析结果，水平集体主义文化取向的效度检验拟合度符合要求，其他文化取向的效度拟合均为理想化的饱和模型。因此本书重点关注水平集体主义文化 HC 的中介效应。

### （四）核心自我评价、文化取向与大学生薪酬偏好结构方程模型

#### 1. 模型测量

本书构建的核心自我评价—文化取向—薪酬偏好模型（以下简称 PE – HC – POP 模型）中，PE 表示积极评价，HC 表示水平集体主义，POP 表示薪酬偏好。模型中，核心自我评价选择积极评价，因为消极评价的回归效果不显著；文化取向选择水平集体主义，因为其他三种文化取向对薪酬项目需求回归效果不显著，薪酬偏好和前文设置相同（具体模型如图 5 – 1 所示）。

该结构方程模型的拟合指标如下：$X^2/df = 226.54/48 = 4.72$，RMSEA $= 0.052$，CFI $= 0.939$，TLI $= 0.927$，SRMR $= 0.043$，各个路径系数显著，模型拟合良好。因此 PE – HC – POP 模型证实了假设 5，即文化取向在核心自我评价对绩效薪酬偏好影响中发挥中介效应。

#### 2. 直接效应与间接效应分析

在总效应中，PE – HC 总效应、PE – POP 总效应、HC – POP 总效应分别是 0.41（0.054）（$t = 7.57$，$p = 0.000$）、0.42（0.060）（$t = 7.04$，$p = 0.000$）、0.25（0.076）（$t = 3.25$，$p = 0.001$）。

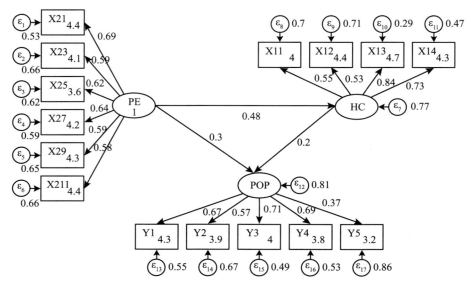

图 5 – 1  积极核心自我评价—文化取向—薪酬偏好模型

直接效应中，PE – HC、PE – POP、HC – POP 的直接效应分别是 0.41（0.054）（$t = 7.57$，$p = 0.000$）、0.32（0.067）（$t = 4.83$，$p = 0.000$）、0.25（0.076）（$t = 3.25$，$p = 0.001$）。

间接效应中 PE – HC、HC – POP 的间接效应均是 0。PE – POP 的间接效应是 0.1（0.032）（$t = 3.15$，$p = 0.002$）。

在积极评价对薪酬偏好的影响中，水平集体主义的中介效应贡献是100%。

## 五、结果讨论

通过上述描述性分析、回归分析和结构方程模型，本节所提出的假设全部得到验证。

本章的实证研究结果表明，我国组织中的个体对薪酬准则、薪酬项目和绩效薪酬强度偏好显著受到自身特征、文化取向的影响。

从性质看，薪酬偏好是个体对薪酬制度的支持或抵触态度。因此薪酬态度从根本上来说取决于薪酬制度体系。但是正如本节研究结果展示的，除了薪酬制度自身以外，薪酬偏好态度受到个体的文化取向、人格特征的显著影响。这些结果的性质反映出薪酬效果内涵。

大学生的薪酬需求偏好结构结果表明，当代大学生对个人绩效薪酬项目的追求明显高于团队项目。这一构成具有重要的价值观意义。薪酬偏好会展现出个人的价值取向和物质利益导向。

同时，从薪酬偏好结果看，对于大多数绩效薪酬项目的需求偏好高于固定薪酬，更加明确地解释了，大学生更看重自己的收入标准立足于公平规则，即多劳多得，个人的收入应该与自己的绩效、能力挂钩。同时不期望和团队绩效挂钩。尽管固定薪酬具有多个优势，但是大学生对固定薪酬需求的偏好处于弱势，显著表明，固定薪酬满意与大学生的价值观高度协同而处于下风。

从影响大学生薪酬偏好的人格特征、文化取向看，有以下特点：

大学生核心自我评价中，积极评价发挥着显著作用，具有显著的绩效薪酬偏好预测性。水平集体主义同样发挥强烈的中介效应。大学生文化取向的水平集体主义取向与国内学者的研究结果一致（杜旌，2014），反映出目前大学生对自我的积极评价和报酬期望。

本书开展在校生薪酬偏好的文化影响研究结果，证实了假设。这些研究成果对于在校生职业规划和相关教育机构培训方案设计，都具有参考价值。

本章的研究结果对于雇主来说，意义在于：第一，雇主了解大学生的薪酬需求，才能针对性提供薪酬制度，提高薪酬制度匹配度，提高员工薪酬满意度。第二，有利于雇主降低用工成本。本结论详细展示了新生代的薪酬结构偏好和强度偏好，雇主在薪酬预算中，就会避免盲目的薪酬计划，降低薪酬成本的失误，避免薪酬战略的失效，提高薪酬效应。第三，为后续师范生薪酬偏好研究提供了对照。第四，有利于与国内外同行研究者的成果进行比照。第五，为薪酬管理和创新管理提供了新工具，为开展薪酬管理实验研究提供了新视角。

# 本 章 小 结

本章开展了两项薪酬偏好实证研究，分别是基于 CGSS（2015）数据库的居民薪酬偏好分析、大学生薪酬偏好的文化取向影响实证研究，以便为后续的乡村教师绩效薪酬偏好比较研究提供基础。

两项实证分析均表明，总体上，我国居民、大学生认同和偏好绩效薪酬制度。

发现大学生文化价值取向存在多元化特点。在文化价值取向的四个维度上，整体的趋势从强到弱依次是水平集体主义、水平个人主义、垂直个人主义、垂直集体主义。

大学生薪酬需求偏好从高到低依次为：个人绩效薪酬需求、知识/技能薪酬需求、员工持股计划需求、基本薪酬、团队绩效薪酬需求。

描述统计结果看，对于绩效薪酬强度偏好，大学生的基本工资比例期望为 60.77%，绩效工资比例期望为 39.23%。

本章实证研究结果表明，个人能力、文化取向、核心自我评价均显著影响绩效薪酬偏好，相关的研究假设得到验证。

# 第六章　乡村教师绩效薪酬
# 偏好实证研究

## 第一节　概　　说

我国乡村教师绩效薪酬偏好结构如何，对于各类绩效薪酬项目偏好维度、绩效薪酬强度偏好的量化研究证据仍然不足，需要不断验证。

第五章的实证研究是对个体的绩效薪酬偏好的验证，揭示了人格、文化取向的影响机理。对乡村教师绩效薪酬偏好的文化取向机制实证研究提供了理论基础。

开展我国乡村教师绩效薪酬偏好的文化模型验证，与第五章的实证研究关系体现如下：

（1）进一步验证绩效薪酬偏好文化模型的理论框架，检验文化取向的中介效果。

（2）与第五章的个体特征影响研究不同的是，乡村教师绩效薪酬偏好更强调乡村社会心理环境感觉与绩效薪酬偏好关系的实证研究。

（3）乡村学校社会环境与乡村教师绩效薪酬偏好的影响机制研究，有利于辨析乡村社会心理环境、文化取向对教师绩效薪酬偏好的综合影响机制研究。

（4）开展个体绩效薪酬偏好的社会心理环境影响机制研究，无疑拓宽了绩效薪酬偏好的研究领域，提供了新的研究工具与路径，尤其对于复杂社会心理环境条件下的绩效薪酬偏好结构有更精准的解释力。

本章的实证研究，同样与本书第二章的理论回顾有密切的关系。从社会心理环境、文化取向的影响，到乡村教师职业特征、职业吸引力及绩效薪酬偏好需求，都对乡村教师绩效薪酬偏好提供了丰富的理论铺垫。

# 第二节　乡村教师绩效薪酬偏好实证研究

## 一、引言

乡村振兴进程中，乡村教师处于乡村社会，对社会心理环境的感受可能会有独特性，自身的文化取向也会随社会发展而具有鲜明的特征。因此明晰乡村教师对绩效薪酬的偏好态度，验证社会心理环境评价及文化取向的影响，成为乡村振兴、乡村文化振兴的关键。

## 二、我国乡村教师绩效薪酬现状

东北师范大学中国农村教育发展研究院发布的《中国农村教育发展报告2019》显示，2017年，乡村教师生活补助首次实现了集中连片特困地区县的全覆盖，各地人均月补助标准为322元。"乡村教师支持计划（2015—2020年）"实施后，对支持计划持满意态度的乡村教师占比达84.85%，83.46%的乡村教师愿意继续留在乡村学校任教。当前虽然乡村教师职业吸引力有所提升（邬志辉，2018），但是乡村教师仍然是乡村教育乃至国家基础教育向更高水平迈进的短板，工资待遇总体水平较低、流失严重、数量短缺，严重制约了乡村教育事业发展（庞丽娟，2017）。义务教育教师绩效工资政策预期的实现情况在区域、城乡、学段、职称以及教龄等维度存在差异，绩效工资对东部地区教师、城市教师、初中教师和高职称教师工作积极性的调动作用不明显（秦玉友，2019）。刘善槐（2018）强调，乡村教育的阶段特性和发展期待赋予了乡村教师的综合待遇应具有劳动定价、差序补偿和微观激励三重效用。调查显示，无显著差异的绩效工资导致校内微观激励不足。乡村教师无论对目前工资收入还是与五年前工资收入对比，或是与其他学校、其他职业相比，普遍持不满意态度（马飞，2017）。姚翔（2018）认为，我国义务教育教师绩效工资政策，存在绩效考核机制不科学、对教师激励效果不佳、县域内教师与公务员收入差距扩大、教师的政策满意度低等执行偏差。存在执行偏差的原因在于政策的模糊性与执行者有限理性的双重互动、工资存量结构化调整降低教师对工资收入的获得感与安全感、重视量化的末端考核和个体奖励不符合教师职业激励的特点以及政策执行监督问责机制不健全。

## 三、理论回顾与假设

### （一）乡村教师绩效薪酬偏好

绩效薪酬分选效应是拉齐尔（Lazear，2000）在某公司（Safelite Glass Corporation）薪酬制度变革的现场研究中发现的。他通过建立绩效薪酬分选效应模型，测量员工的生产率对选择薪酬制度的影响、绩效薪酬制度对企业生产率的影响，发现：对于低能力员工，在绩效薪酬制度下倾向于离开公司，高能力员工愿意选择绩效薪酬制度。

拉齐尔（Lazear, 2000）的研究证实了以下观点：（1）计件工资制度下人均产量水平提高了44%。（2）产量增加分为两部分：大约一半是因为员工受到激励而提高了产量，另一半则是因聘用了高劳动生产率的员工，或者是减少了高劳动生产率员工的离职行为而提高。就是说22%的产量增长（或者说一半的比例）是因为提高了员工的生产率，即存在激励效应，而另外22%产量增长则源于分选效应，即员工队伍构成发生了变化，高生产率员工每月的离职率由3.5%下降为2.9%（大约下降了16%），而"正常产量"员工的每月离职率由4.6%上升为5.3%。（3）企业和员工共同分享了产量增加带来的收益：在计件工资制度下人均工资增加大约10%。（4）工资制度改为计件工资制后，员工之间的产量差异增加。

在人事经济学领域，拉齐尔（Lazear, 2000）提出并验证了期望效用理论视角下绩效薪酬分选效应假设。按照拉齐尔（Lazear, 2000）模型，后续学者逐渐进行了风险偏好（Cadsby, 2007）、互惠偏好（Eriksson, 2008; Dohmen, 2006）等变量影响下的绩效薪酬分选效应检验，均验证了分选效应。

薪酬偏好构成是反映个体对薪酬制度、薪酬项目之间的喜好排序情况，表明个体更喜欢什么样薪酬制度、薪酬项目，不喜欢什么样的薪酬制度与项目（Cable, 1994）。个体相对说来都有自己的工资偏好，工资制度特征而非工资水平对于求职更重要。研究结论显示高工资水平、弹性福利、基于个人的工资、固定工资、基于工作的工资构成了全面薪酬偏好体系。工资体制既影响工作吸引力，也影响着组织对求职者的吸引力。

绩效薪酬偏好是绩效薪酬分选效应的应用心理学研究范式，反映教师对绩效薪酬喜好愿望与需求（Cable, 1994; 格哈特, 2005）。从教师的绩效薪酬结构看，教师获得的基础性绩效薪酬取决于教师岗位职责完成情况，和教师的工作行为密切相关；各种奖励性绩效薪酬取决于教师的工作业绩，与教师取得的工作结果直接相关；知识与技能发展薪酬取决于教师的专业知识水平与专业技能状况，反映教师的工作潜能；团队绩效薪酬则依据教师所在团队业绩及公司绩效。米兰诺斯基（Milanowski，2007）证实教师绩效薪酬偏好顺序是个人绩效薪酬、知识与技能薪酬、团队绩效薪酬。巴卢（Ballou，1993）研究发现，按照偏好程度从高到低顺序，教师偏好的绩效薪酬分别是基础性绩效薪酬（职位、学校位置决定）、团队绩效薪酬、奖励性绩效薪酬、知识/技能薪酬（比如任教数学和科学课程奖励）。罗宾（Robin，2013）提出，企业在吸引、激励和保留高技能、高劳动生产率的员工时，必须注意人们的偏好，以便调整、完善薪酬体系，识别各类具体薪酬类型，证实个体喜欢的报酬项目从高到低依次是基本工资、绩效薪酬、福利、职业生涯管理、工作环境、工作—生活平衡等项目。

人们偏好绩效薪酬，而不喜欢非绩效薪酬，如资历薪酬（弗罗拉，2005）。朝（Chao，1995）发现，我国员工追求经济导向，在物质报酬和社会心理报酬两个方面都偏好个人差异化分配制度，而美国员工追求人文导向，在物质报酬方面偏好绩效薪酬制度，在社会心理报酬方面偏好平均报酬规则。因此提出：

假设1a：乡村教师总体支持绩效薪酬制度理念。

假设1b：乡村教师会从强到弱依次偏好个人奖励性绩效薪酬、基础性绩效薪酬、知识技能薪酬、团队绩效薪酬。

### （二）乡村教师绩效薪酬偏好的影响因素

#### 1. 文化取向对乡村教师绩效薪酬偏好的影响

戚海燕（2018）提出，文化认同是特定个体或群体在文化交流过程中寻求不同文化之间的共同点或相似点，以促进彼此之间亲和与凝聚的过程，其核心乃文化自觉。在现实中，文化认同失根、文化认同游移与文化认同虚表等问题，是源自城市的乡村教师文化认同的不自觉表现。

目前乡村独特的成长、教育与就业环境造就了新生代乡村教师的城市化特征，形成了他们的城市人身份认同，使得他们在居住空间、主观情感和行为方式上不断趋于城市，远离乡村（姚岩，2019）。蔺海（2019）发现新生代乡村教师角色认同包括先赋性、结构性和建构性角色认同。在新乡土情感、文化和价值融合中，新生代乡村教师面临着缺失清晰教学理解和自觉导致的教学者角色游离，缺少能动实践反思和联动的反思者角色疏离，缺乏内生研究意识和素养的研究者角色隔离等教师角色认同危机。伴随中国乡村社会的结构转型，基于乡村社会结构的生产生活方式及价值观念等发生了很大变化，这对乡村社会的教育发展提出了严峻挑战，极大影响了乡村教师群体的发展。结构性困境主要表现为社会结构中的资源机会配置与社会关系整合等维度，具体包括乡村教师的教育知识与教育权利转变，乡村教师自身认同与社会认同错位等。结构性困境造成乡村教师在乡村社会结构中的漂泊性与边缘化（李升，2018）。

赵新亮（2018）强调，乡村教师在专业学习、心理资本方面有显著代级差异，变革型领导、程序公平和同事关系等工作环境因素对乡村教师专业学习影响显著，心理资本在两者间发挥完全中介效应。张峰（2018）发现，组织公平与组织认同之间存在显著正相关，组织认同与乡村教师离职意向之间存在显著负相关，组织公平和组织认同在组织政治知觉对乡村教师离职意向的影响中起双重中介作用。柳谦（2018）认为，随着现代文明的推进以及教师专业化的发展，对于现下的很多乡村教师而言，他们多生活在县城，乡村学校只是他们工作的场所，这种朝夕不一的生活空间使很多乡村教师对于自我角色的归属和认同产生困惑。孙颖（2018）提出，乡村教师发展面临着社会地位低、知识储备适配性差、自我认同度低等现实困境，究其根源，主要表现为乡村学校空间与智力资本、教学互动、自我认同等方面的联系。

从身份特征和责任对象来看，乡村教师具有教师与村民双重身份，他们立足农村、服务农村，知识与文化的双重优势使得他们成为乡村文化建设之重要力量。但是曹二磊（2019）认为，文化建设是新农村建设的重要组成部分，乡村教师作为乡村的知识分子，乡村教师之于乡村文化的功能不断弱化，暴露出本体性价值的失落、缺乏公共性情怀、文化创生根基迷失等问题。

顾玉军（2019）提出，在新时代背景下，乡村文化有了新的时代内涵，其类型多样，包括生计文化、精神文化、行为文化、融合文化。乡村学校作为乡村社会中的文化高地，应肩负乡村文化传承的重任。乡村文化是乡村社会文明的象征，它与乡村社会的生产生活方式、道德行为规范以及自然生态环境融为一体，成为乡村社会中的精神财富。

伴随乡村振兴战略的实施，乡村教师的经济收入、职业环境也逐渐改善，但教师群体的文化发展陷入了公共性失落、社会角色认知困惑、校园文化生活贫乏和文化缺失的困境（刘华锦，2019）。因此提出：

假设 2a：乡村教师文化取向具有水平集体主义、水平个人主义、垂直集体主义、垂直个人主义文化特征。

关注自我成功和竞争利益的个人主义者，将偏好个人货币报酬，偏好经济型、竞争性绩效；集体主义者看重合作与相互依赖关系，偏好团队报酬和人格绩效。与集体主义者比较，个人主义者会感觉到个人激励与经济绩效、竞争绩效的关联感更强；与个人主义者比较，集体主义者对团队激励和人格绩效维度关联感更强（弗罗拉，2015）。

我国员工处于男性化、高权力距离、低不确定性规避的文化背景下，所感觉的货币报酬与经济绩效、竞争绩效、人性绩效更相关；而芬兰员工处于女性化的、低权力距离、高不确定性规避文化中，感觉非货币报酬与竞争绩效、人格绩效关联性更高。这些发现与前人研究成果一致（French，2000；Lee，2000；Schuler，1998）。

分配公平研究者以及识别了影响薪酬分配决策的多个因素，包括个人特征、文化规范（Bond，1982）、资源（Tornblom，1983）、分配目标（Leventhal，1976；Mikula，1980）。

詹姆斯（James，2009）的研究结果表明，在美国、印度两国研究对象群体之间，薪酬偏好存在显著差异。印度人群中，性格内向是安全型/承诺型薪酬偏好的重要预测变量，外向和神经质是绩效薪酬偏好的预测变量。对于美国人来说，人格变量不能预测薪酬偏好。

巴努（Banu，2011）立足土耳其和美国的162名受访者的数据，研究了文化与薪酬偏好关系，发现不确定性规避与固定薪酬偏好之间存在显著的正相关关系，集体主义价值观与团队绩效薪酬、资历薪酬偏好显著正相关。

杰西（Jesse，2015）提出了薪酬偏好中社会和个人价值观的影响观点，包含了九项个人价值观和社会价值观，揭示了绩效薪酬的分配规则偏好，强调社会价值观和个人价值观具有互动性。比如，对于薪酬分配，在个人主义文化中，个人更偏好公平规则，不喜欢社会价值观影响的平均规则与需求规则；在集体主义文化中，个人更喜欢平均规则、需求规则，而不喜欢社会价值观影响的公平规则；社会价值观对薪酬规则偏好的影响部分地受到个人价值观的调节。

决定公平薪酬的因素可能有很多。在集体主义文化中，相互依赖、群体内部和谐往往促进平均规则的薪酬决策（斯通，2007）。在个人主义文化中，绩效薪酬制度往往依据公平规则进行分配（Barber，2002；Gully，2003）。

蒋莉（2019）认为，中年教师的薪酬公平感相对偏低；教师的工资水平和绩效工资水平正向影响薪酬公平感；教师的工资水平正向影响薪酬外部公平感，但绩效工资水平对外部公平感未有显著影响；教师的工资水平和绩效工资水平正向影响薪酬内部公平感。薛珊（2019）认为，教师分配公平感是义务教育学校奖励性绩效工资分配中的重要问题，工作资历和工作量在对分配公平感的影响中具有负向交互效应；年龄和性别对工作资历—公平感的关系存在调节效应。因此提出：

假设2b：文化取向会影响乡村教师绩效薪酬偏好。

**2. 社会心理环境对乡村教师绩效薪酬偏好的影响**

学者提出我国中小学教师使用的学校心理社会环境评定可以划分为亲密度、互动性及公平性3个维度，从教师的角度评价学校心理社会环境，更加客观、全面地反映出学校心理社会环境状况（袁博成，2014）。教师心理成长工作坊将成为教师培训的新途径，这种模式针对性强、参与性高、教师之间的交流和互动随时进行，更有可能为教师的成长提供机会（陈淇，2019）。

杰弗里（Jeffrey，2012）的乡村教学生活学习环境模型中，社区参与、个人安全、个人归属等可以合并为社区归属感，社区服务、社区包容、教师人际关系可以合并为人际关系，业务支持、学习机会、学校资源三项可以归纳为机会获得感。此外还有两个因素，分别是学校领导支持、学校目标认同。最后可以将杰弗里（Jeffrey，2012）模型简化为归属感、人际关系、学校领导支持、学校目标认同、机会获得感5个因素。

社会心理环境以无形而巨大的影响力作用于社会生活主体，对于人们实践活动有着直接的、经常性的制约作用，其健康与否，直接或间接地影响社会成员的道德品质、工作效率、行为方式等，对人们的生产和生活具有特殊的意义（辛慧丽，2008）。乡村社会心理环境中，归属感反映乡村教师对乡村环境的情怀，有浓郁的集体和乡村荣誉情感，归属感越强，越会追求高绩效。因此提出：

假设3a：乡村社会心理环境的归属感影响教师的绩效薪酬偏好。

乡村学校的领导支持对个体来说，容易建构良好的人际关系，获得晋升、发展机会和资源，培育起自身的高度成就感，从社会心理的亲密性、互动性角度看，乡村教师容易激发起较强的绩效薪酬偏好。因此提出：

假设3b：乡村学校的领导支持会影响教师的绩效薪酬偏好。

目标管理理论强调，组织目标具有强烈的激励力量，引导个体实现个体和组织的目标。乡村教师对于学校目标的高度认同，将高度关注自身的绩效和学校的团队绩效，教师的工作目标和职责将得到进一步的强化。从期望理论角度看，目标清晰，就更容易引导教师聚焦，提高自身的业务能力，业绩期望、回报预期和价值认可都将得到强化。因此提出：

假设3c：对乡村学校发展目标认同会影响教师的绩效薪酬偏好。

宋岳新（2003）发现，中小学教师的社会心理环境总体状况较好，不同学校类型的教师在工作态度、同事关系、职业发展、工作绩效、领导关系、师生关系和创新等维度上存在显著性差异，教师因职务、职称、年龄、性别的不同，在工作态度等维度上也各自存在着不同的显著性差异。

拥有不同文化取向的教师，因为追求的价值取向差异，将对绩效薪酬项目偏好有不同的态度。但是在乡村社会心理环境的影响中，教师绩效薪酬偏好也会有差异。所以，乡村教师文化取向、社会心理环境会对其绩效薪酬偏好产生不同的影响路径。因为文化取向具有个性特征，可能发挥更核心作用；社会心理环境属于比较宏观的环境要素，可能通过文化取向间接地发挥影响作用。因此提出：

假设4：文化取向会在乡村社会心理环境对教师绩效薪酬偏好的影响中发挥中介效应。

## 四、数据来源与研究方法

调查对象选择浙江某师范类大学的相关师范类专业在校生和部分浙江省乡村教师。调查问卷是作者自行设计，详细参考附录。

在调查对象中，男性占比17.3%，女性占比82.7%。20岁及以下占比75.6%，21岁及以上占比24.4%，年龄均值为20.54岁。本科学历为

94.2%，专科及以下学历为 5.8%。本次问卷调查是现场发送电子版问卷，运月问卷星，现场进行调查。回收调查对象填写的问卷 335 份，删除明显不合适的问卷 24 份，有效问卷 313 份。

## 五、变量测量

### （一）各个量表的信度及效度检验

#### 1. 绩效薪酬偏好检验

（1）绩效薪酬项目偏好。

各个薪酬项目的需求偏好按照从高到低的顺序，依次为奖励性绩效薪酬 Y2（3.78）、知识与技能薪酬 Y3（3.60）、基础性绩效薪酬 Y1（3.53）、团队绩效薪酬 Y4（3.47）、基本工资 Y5（3.38）。括号中的数据为偏好均值。

按照薪酬项目顺序优先偏好的比例，从高到低依次为基础性绩效薪酬（54.6%）、奖励性绩效薪酬（53.0%）、基本工资（50.5%）、知识与技能薪酬（43.5%）、团队绩效薪酬（31.6%）。

与基本工资吸引力比较，各绩效薪酬项目吸引力比较偏好，从高到低依次为奖励性绩效薪酬（3.52）、基础性绩效薪酬（3.42）、知识与技能薪酬（3.32）、团队绩效薪酬（2.97）。

综合来看，奖励性绩效薪酬无论从需求偏好角度、比较偏好角度都高于基础性绩效薪酬，尤其是国家教育部门已经明确要进一步提高奖励性绩效薪酬比例，因此本书认为，教师绩效薪酬偏好构成从高到低依次为：奖励性绩效薪酬、基础性绩效薪酬、知识与技能薪酬、团队绩效薪酬。由此假设 1a 得到验证。该研究结果与米兰诺斯基（Milanowski，2007）、巴卢（Ballou，1993）、畅铁民（2015，2018）的研究结果一致。

（2）绩效薪酬观念偏好。

虽然在顺序偏好方面知识技能薪酬、团队薪酬都不如基本工资，但是综合需求偏好、顺序偏好和比较偏好，总体上，教师的绩效薪酬项目偏好显著地高于固定工资偏好。因此，假设1b得到验证。

为了进一步确立教师们的绩效薪酬观念偏好，依照米兰诺斯基（2007）的方法，本书进行绩效薪酬观念偏好测量。具体方法是：对4个绩效薪酬项目的需求偏好、比较偏好共8个观测值进行标准化，然后进行因子分析，并提取主因子作为绩效薪酬观念偏好，后续将进行回归分析检验。

（3）绩效薪酬强度偏好。

描述性统计结果显示，教师基本工资期望比例为63.96%，绩效工资期望比例为36.04%；基础型绩效薪酬期望比例为64.12%，奖励性绩效薪酬期望比例为35.88%。这些结果反映出教师对绩效薪酬激励强度的偏好状况。

**2. 文化取向测量**

字母HC代表集体主义，VC代表垂直集体主义，VI代表垂直个人主义，HI代表水平个人主义。从文化取向的均值看，HC、VC、VI、HI的均值分别为3.870（0.661）、3.044（0.752）、3.152（0.736）、3.408（0.722），括号里的数字是标准差。所以，被试的文化价值取向存在多元化特点。在文化价值取向的四个维度上，整体的趋势，从强到弱依次是水平集体主义、水平个人主义、垂直个人主义、垂直集体主义。这一文化取向说明，中国传统集体主义价值观正在受到西方个人主义价值观的影响，处于两种文化的融合阶段。该文化取向结构与前文大学生问卷调查结果高度一致，同样，这一文化取向结构与国内学者的观点一致（杜旌，2014）。因此验证了假设2a。

必须说明的是，调查对象文化取向中，垂直集体主义（VC）分量表、垂直个人主义（VI）、水平个人主义（HI）分量表的信度分别为 0.705、0.654、0.686，因此信度都基本符合要求。但是这 3 个文化分量表效度检验的拟合指标为：$X^2/df = 0$，RMSEA = 0.00，CFI = 1.000，TLI = 1.000，SRMR = 0.000。可见这三个文化取向量表的效度检验结果均为饱和模型。而水平集体主义（HC）信度为 0.817，效度检验的拟合指标为 $X^2/df = 0.452$，RMSEA = 0.074，CFI = 0.993，TLI = 0.979，SRMR = 0.021。可见水平集体主义文化取向量表的信度、效度都满足可接受标准。因此，根据第三章理论回顾，本书主要关注水平集体主义（HC）的影响机制（如表 6-1 所示）。

**表 6-1　　　　　　　　　　各个量表的信度、效度检验**

| 变量 | $X^2/df$ | RMSEA | CFI | TLI | SRMR | α |
|------|------|------|------|------|------|------|
| PFP | 0.291 | 0.049 | 0.996 | 0.989 | 0.014 | 0.804 |
| HC | 0.452 | 0.074 | 0.993 | 0.979 | 0.021 | 0.817 |
| GS | 0.558 | 0.087 | 0.989 | 0.968 | 0.023 | 0.688 |
| MB | 0.662 | 0.097 | 0.994 | 0.981 | 0.011 | 0.918 |
| LD | 0.786 | 0.109 | 0.992 | 0.977 | 0.012 | 0.927 |

**3. 社会心理环境及教师绩效薪酬偏好量表检验**

社会心理环境各个要素中，用 GS 代表归属感，MB 代表目标认同，LD 代表领导支持。PFP 代表教师绩效薪酬偏好（用四个绩效薪酬需求偏好均值来测量）。从表中可以看出，各个量表的信度、效度均满足满足实证研究的可接受标准。

**（二）乡村教师绩效薪酬偏好变量相关性分析**

乡村教师绩效薪酬偏好（PFP）、水平集体主义（HC）、归属感

（GS）、目标认同（MB）、领导支持（LD）之间相关性很显著，各个变量均值、标准误、信度如表 6 - 2 所示。

表 6 - 2 　　　　　　　乡村教师绩效薪酬偏好相关性分析结果

| 乡村教师绩效薪酬偏好变量相关性 | | | | | | |
|---|---|---|---|---|---|---|
| 变量 | M | SD | PFP | HC | GS | MB | LD |
| PFP | 3.597 | 0.722 | 0.804 | | | | |
| HC | 3.870 | 0.661 | 0.399 ** | 0.817 | | | |
| GS | 3.661 | 0.631 | 0.386 ** | 0.556 ** | 0.688 | | |
| MB | 3.814 | 0.669 | 0.382 ** | 0.505 ** | 0.551 ** | 0.918 | |
| LD | 3.844 | 0.704 | 0.394 ** | 0.501 ** | 0.609 ** | 0.807 ** | 0.927 |

注：** 表示在 0.01 水平（双侧）上显著相关。对角线上数据代表信度 α 数值。

## 六、统计分析结果

### （一）描述性统计分析

#### 1. 教师乡村生活补助期望

描述性统计结果表明，教师对乡村生活补助标准期望均值为 1752 元，该标准远远高出全国 2017 年乡村教师生活补助标准平均水平的 322 元。这反映出教师对乡村生活需求的追求和愿望。

#### 2. 乡村教师工作满意度及薪酬满意度

按照李克特量表赋值，1 代表非常不满意，2 代表不满意，3 代表不清楚，4 代表满意，5 代表非常满意。

（1）工作满意度：非常不满意、不满意分别占 4.2%、13.6%，满意、非常满意占 36.4%、14.4%，不清楚占 31.4%。工作满意度均值为 3.432（1.033），总体处于满意状态。

（2）薪酬满意度：非常不满意、不满意分别占 18.6%、35.6%，两项合计 54.2%；满意、非常满意占 24.6%、2.5%，两项合计占 27.1%；不清楚占 18.6%。薪酬满意度均值为 2.568（1.128）。总体上，乡村教师的薪酬满意度不高。

福利满意度中，非常不满意、不满意分别占 22.9%、35.6%，满意、非常满意占 22.9%、3.4%，不清楚占 15.3%。均值为 2.483（1.175），总体处于不满意状态。

工作—生活均衡满意度中，非常不满意、不满意分别占 22.9%、27.1%，满意、非常满意占 22.9%、1.7%，不清楚占 25.4%。均值 2.534（1.130），总体处于较为满意状态。

工作机会满意度中，非常不满意、不满意分别占 13.6%、26.3%，满意、非常满意占 22.9%、1.7%，不清楚占 35.6%。工作机会满意度均值为 2.729（1.018），总体处于较为满意状态。

从全面薪酬战略的各个要素看，各构成部分均值从高到低依次排序为：工作机会满意度、工作—生活均衡满意度、福利满意度。

可见，调查对象中，在职乡村教师的工作满意度、薪酬满意度总体处于满意状态，但是薪酬内部各部分满意度有差异。

### 3. 教师乡村从教意向

按照李克特量表赋值，1 代表非常不同意，2 代表不同意，3 代表不清楚，4 代表同意，5 代表非常同意。

依据从教意愿的均值来看，应答者愿意去乡村从教、乐意长期在乡村从教、愿意作为在乡村努力从教的均值分别为 2.95、3.46、4.15，反映出乡村教师的职业具有了一定的吸引力。按照从教意愿的分布统计结果来看，具体情况并不乐观。

（1）乡村从教意愿。

非常不同意者为 3.8%，不同意者为 8.0%，两项合计为 11.8%；同意者为38.3%，非常同意者为11.5%，两项合计为49.8%；不确定者比例为38.04%。

（2）在乡村长期从教意愿。

非常不同意者为7.0%，不同意者为21.7%，两项合计为28.7%；非常同意者为7.0%，同意者为16.3%，两项合计为23.3%；不确定者为47.9%。

（3）在乡村努力从教。

非常不同意者为1.3%，不同意者为1.0%，两项合计为2.3%；非常同意者为47.9%，同意者为35.5%，两项合计为83.4%；不确定者为14.3%。

可见，调查对象中，近半应答者乐意在乡村从教，长期从教意愿总体不乐观，但是在乡村从教将会努力认真工作。

## （二）回归分析结果

### 1. 文化取向与绩效薪酬偏好回归分析

（1）文化取向与绩效薪酬偏好观念与回归分析。

回归分析结果表明，绩效薪酬观念偏好显著受到水平集体主义（HC）的影响，如表6-3所示。

表6-3 文化取向与绩效薪酬偏好回归分析结果

| 变量 | PPFP | Y1 | Y2 | Y3 | Y4 |
|------|------|----|----|----|----|
| HC | 0.381 *** | 0.265 *** | 0.345 *** | 0.344 *** | 0.320 *** |
|  | $R^2 = 0.142$ | $R^2 = 0.067$ | $R^2 = 0.117$ | $R^2 = 0.115$ | $R^2 = 0.100$ |

注：统计显著性：0.10 水平 *，0.05 水平 **，0.01 水平 ***。PPFP 代表绩效薪酬观念偏好，Y1 代表基础性绩效薪酬偏好，Y2 代表奖励性绩效薪酬偏好，Y3 代表知识与技能薪酬偏好，Y4 代表团队绩效薪酬偏好。

（2）文化取向与绩效薪酬项目需求偏好的回归分析。

回归分析结果表明，绩效薪酬偏好观念、基础性绩效薪酬偏好、奖励性绩效薪酬偏好、知识技能薪酬偏好、团队绩效薪酬偏好均受到水平集体主义的显著影响，验证了假设 2b。

综合（1）、（2）结果，表明乡村教师文化取向显著影响其绩效薪酬偏好，再次支持了假设 2b。

**2. 乡村社会环境心理与绩效薪酬偏好回归分析**（如表 6-4 所示）

表 6-4　　　　　社会心理环境与绩效薪酬偏好的回归分析结果

| 变量 | PPFP | Y1 | Y2 | Y3 | Y4 |
|---|---|---|---|---|---|
| LD | 0.121 | 0.213** | 0.138 | 0.134 | -0.036 |
| GS | 0.211*** | 0.082 | 0.175*** | 0.183*** | 0.258*** |
| MB | 0.145 | 0.093 | 0.133 | 0.117 | 0.129 |
| | $R^2=0.165$ | $R^2=0.114$ | $R^2=0.144$ | $R^2=0.135$ | $R^2=0.094$ |

统计显著性：0.10 水平＊，0.05 水平＊＊，0.01 水平＊＊＊。

（1）乡村归属感与绩效薪酬项目需求偏好回归分析。归属感显著影响绩效薪酬观念偏好、奖励性绩效薪酬偏好、知识技能薪酬偏好、团队绩效薪酬偏好。该回归分析结果验证了假设 3a。

（2）领导支持与绩效薪酬项目需求偏好回归分析。领导支持对基础性绩效薪酬偏好有显著影响。该回归分析结果验证了假设 3b。

（3）目标认同感与绩效薪酬项目需求偏好回归分析。目标认同感对绩效薪酬观念、绩效薪酬项目需求偏好均无显著影响。

目标认同可能会通过社会心理环境其他两个因素间接影响绩效薪酬需求偏好，这个还需要通过结构方程模型再验证。

综合（1）、（2）回归分析结果，表明社会心理环境显著影响乡村教师绩效薪酬偏好，部分支持了假设3a、假设3b。

### （三）结构方程模型验证

社会心理环境对乡村教师绩效薪酬偏好的影响，是否受到文化取向的中介效应影响，目标认同是否通过文化取向中介而间接影响绩效薪酬偏好，社会心理环境各因素之间如何相互影响，为了分析这些问题，就需要运用结构方程模型来进一步检验。

**1. 结构方程模型设计与构建**

依据上述变量的描述性统计分析，在运用结构方程模型验证本章的假设时，社会环境心理变量主要包括社会环境心理的归属感（GS）、目标认同感（MB）、领导支持（LD）。文化取向只包括水平集体主义（HC）变量。

运用结构方程模型就是要验证，水平集体主义（HC）在社会环境心理的归属感（GS）、目标认同感（MB）、领导支持（LD）等变量对乡村教师绩效薪酬偏好（PFP）的影响机制中，发挥着什么样的中介效应，此外验证目标认同是否在文化取向中介下影响绩效薪酬偏好。

**2. 结构方程模型结果**

结构方程模型的拟合指数为：$X^2/df = 4.43$，RMSEA = 0.050，CFI = 0.968，TLI = 0.963，SRMR = 0.045。可见该模型拟合效果良好，各条路径系数均达到统计的显著性要求（模型具体如图6-1所示）。总效应、直接效应、间接效应和各路径系数如下：

（1）总效应。

路径 MB – PFP、HC – PFP、GS – PFP、LD – PFP、LD – MB、MB – HC、GS – HC、LD – HC、LD – GS 的总效应分别是：0.078（0.023）（t = 3.41，p = 0.001）、0.338（0.101）（t = 3.36，p = 0.001）、0.127（0.022）（t = 5.67，p = 0.000）、0.434（0.066）（t = 6.59，p = 0.000）、0.701（0.047） （t = 15.01，p = 0.000）、0.232（0.068）（t = 3.41，p = 0.000）、0.376（0.066）（t = 5.67，p = 0.000）、0.417（0.053）（t = 7.93，p = 0.000）、0.678（0.057）（t = 11.81，p = 0.000）。

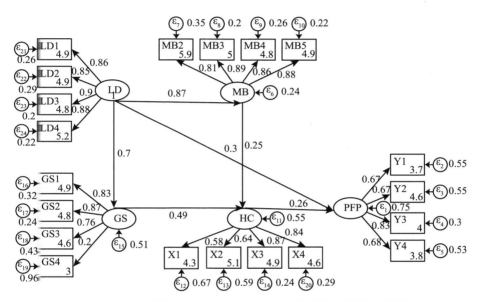

图 6 - 1　社会环境心理—文化取向—乡村教师绩效薪酬偏好模型

（2）直接效应。

路径 HC - PFP、LD - PFP、LD - MB、MB - HC、GS - HC、LD - GS 的直接效应分别是：0.338（0.101）（t = 3.36，p = 0.001）、0.293（0.076）（t = 3.85，p = 0.000）、0.701（0.047）（t = 15.01，p = 0.000）、0.232（0.068）（t = 3.41，p = 0.001）、0.376（0.066）（t = 5.67，p = 0.000）、0.678（0.057）（t = 11.81 p = 0.000）。

（3）间接效应。

路径 MB - PFP、GS - PFP、LD - PFP、LD - HC 的间接效应分别是：0.078（0.023）（t = 3.41，p = 0.001）、0.127（0.022）（t = 5.67，p =

0.000）、0.141（0.045）（t = 3.14，p = 0.002）、0.417（0.053）（t = 7.93，p = 0.000）。

（4）中介变量的贡献。

LD – PFP 路径各个中介变量贡献分析。其中 LD – MB – HC – PFP 的贡献是：0.87 * 0.25 * 0.26/（0.87 * 0.25 * 0.26 + 0.7 * 0.49 * 0.26）= 38.9%，LD – GS – HC – PFP 的贡献是：0.7 * 0.49 * 0.26/（0.87 * 0.25 * 0.26 + 0.7 * 0.49 * 0.26）= 61.1%。

MB – PFP、GS – PFP 则全部经过 MB – HC – PFP、GS – HC – PFP 的中介。

**3. 结构方程模型结果讨论**

结构方程模型中，各条路径系数均在统计显著性。

假设 2b、假设 3a、假设 3b 再次得到验证，假设 3c、假设 4 得到验证。

该模型统计结果与相关性、回归分析结果对应，并且更清晰地展示出社会环境心理评价、文化取向与乡村教师绩效薪酬偏好之间的关系，表明了文化取向在社会环境心理作用中的中介效应和贡献地位。

# 七、结果讨论

本章研究结果验证了全部假设。这些研究结果显示出，随着乡村社会环境心理对教师绩效薪酬态度的影响，个体的文化取向在其中发挥的中介作用同样重要。

对于乡村教师绩效薪酬偏好的实证研究，是为了显示文化取向中介的乡村社会环境心理的影响机理。对于乡村社会心理环境评价维度，从结果看，来自乡村社区归属感、学校领导支持、学校目标认同，发挥了显著的影响作用。其中，学校领导支持、学校目标认同为校园环境心理评价，社会归属感是乡村社区环境心理评价，这些变量都是社会环境心理层次的积极影响因素。其他因素不变条件下，归属感越强、学校领导支持越大、对学校发展目标越认同，乡村教师绩效薪酬偏好程度就越高。

泰安迪斯（Triandis，1995）认为个体主义—集体主义不是一个维度的概念，也不是两个维度概念，而是一个综合体，即水平—垂直个体主义和水平—垂直集体主义。其中，水平集体主义指该文化中的个体追求内群体利益的最大化，但并不关心自己的群体是否高过其他群体。本研究中，教师的水平集体主义文化调节效应显著，表明与团队成员紧密团结，团队幸福对他们来说很重要，强调共同目标和社会性，不轻易顺从权威。

因此，在社会环境心理不变条件下，水平集体主义调节效应越强，教师绩效薪酬偏好将越高。

本结论与主流学者的观点一致（Triandis，1995；Cable，1994；Lazear，2000），同时有自己的独特之处。

第一，明确了教师对乡村社会环境心理与文化取向的协同机理，将强化绩效薪酬效果，而不是仅单独地显示各变量的作用，揭示了个体特征与社会环境心理特征对绩效薪酬偏好的综合影响机理。

第二，在社会环境心理层面，不仅有乡村社区心理评价，还有乡村学校环境心理的评价，因此从两个层面反映出教师对社会环境心理的感觉及相互关系。

第三，本章研究尝试从多个方法开展研究，对研究结果相互校验。对于乡村教师绩效薪酬偏好的理论争议，提供了新的实证研究成果。

第四，本章实证研究结果表明，文化取向只是绩效薪酬偏好的影响变量之一。就是说，并非集体主义文化取向的个体就一定偏好团队绩效薪酬，还要结合非文化取向变量的影响进行界定。比如社会心理环境感觉会和文化取向变量共同影响个人的绩效薪酬偏好构成。

第五，我国乡村教师绩效薪酬偏好影响变量中，社会心理环境会通过教师的文化取向影响绩效薪酬偏好。这个结果对于优化社会心理环境要素、与乡村教师文化取向协同，具有重要的实践意义。如果只单一地考虑两者之间关系，忽视了乡村教师激励的客观环境和主观感觉之间的复杂性，对教师绩效薪酬偏好构成就会产生各种不同的认识。

乡村教师绩效薪酬偏好的文化—社会心理环境影响模型验证了全部假设，从理论上看，证实了文化取向、社会心理环境感觉对个体绩效薪酬偏好的影响机制，显示出文化取向、社会心理环境的影响机理，丰富了组织文化、组织环境对绩效薪酬偏好影响的理论文献。今后在分析绩效薪酬偏好结构时，必须综合文化、社会心理环境的复合影响。

该统计结果对乡村教师队伍管理、乡村学校管理同样都有积极的意义。乡村学校要和所在社区构建协调的社会心理系统，在乡村教师队伍发展过程中，在领导支持、学校发展目标认同、乡村归属感等社会心理环境要素方面，与教师的文化取向协同一致，才能充分发挥绩效薪酬制度的效果，而不能够仅仅完善绩效薪酬制度本身。

# 第三节　乡村教师、居民、大学生绩效薪酬偏好比较

本章立足我国乡村振兴进程，从文化取向、社会心理环境对乡村教师绩效薪酬偏好影响的视角，开展了实证研究。与第五章居民薪酬偏好、大学生绩效薪酬偏好实证研究结果开展比较分析，将有利于更全面认识乡村教师的绩效薪酬态度。

## 一、乡村教师与居民薪酬偏好比较

### （一）相同点

本书第五章居民薪酬偏好反映了人们对高薪的期望、对绩效薪酬的偏

好，并证实绩效薪酬偏好受到个人认知能力的影响。这一结果表明，人们期望公平的、基于绩效的报酬分配原则。学者认为，在个人主义文化中，绩效薪酬制度往往依据公平规则进行分配（Gully，2003）。但是我国是典型的集体主义社会，居民为什么也喜欢依据公平规则的绩效薪酬制度？看来仅仅基于文化取向来分析绩效薪酬偏好就会出现矛盾的结果，而必须分析我国居民的社会心理环境感受。

在中国特色的社会主义市场经济条件下，个人认为自己有能力，能够有高绩效，那么在公平交易的条件下，就应该基于自己的业绩而获得相应的绩效薪酬，因此文化取向、社会心理环境共同产生作用，居民将会对绩效薪酬认同、拥护。

与居民绩效薪酬偏好结构比较，在乡村振兴进程中，我国乡村教师同样认同、拥护绩效薪酬，期望高收入，并受到教师的文化取向、社会心理环境的积极影响。

## （二）区别

### 1. 与居民比较，我国乡村教师工作满意度、薪酬满意度不高

居民在劳动报酬期望中，认为工作稳定更重要，对社会有益居于首位。总体上，居民对于工作的满意度达到63%，考虑到个人的能力和工作情况，居民认为自己目前收入合理程度表明，非常合理、合理两项合计占比达58.9%，总体上认为合理程度比较高。

我国乡村教师工作满意度达到50.8%，处于相对较低的状态。乡村教师对薪酬的满意度结果表明，满意、非常满意分别占24.6%、2.5%，两项合计占27.1%。总体上，乡村教师的薪酬满意度不高。

### 2. 工作取向比较

依据本章的实证调查结果，在职乡村教师在乡村从教愿望总体处于同意状态，在乡村从教会很努力认真工作。但是长期从教意愿总体不乐观。

依据第五章调查统计结果，居民从强到弱的工作价值取向依次是：对社会有益、可以与他人打交道、工作稳定、帮助他人、独立工作、升职机会、有趣。可见，人们期望工作相对稳定。

## 二、乡村教师与大学生的绩效薪酬偏好比较

### （一）相同点

#### 1. 绩效薪酬偏好构成相似性

乡村教师绩效薪酬偏好构成中，偏好绩效薪酬理念，在项目偏好中，教师绩效薪酬偏好构成从高到低依次为奖励性绩效薪酬、基础性绩效薪酬、知识与技能薪酬、团队绩效薪酬。在强度偏好中，教师基本工资期望比例为 63.96%，绩效工资期望比例为 36.04%；基础型绩效薪酬期望比例为 64.12%，奖励性绩效薪酬期望比例为 35.88%。

大学生绩效薪酬偏好构成中，偏好绩效薪酬理念，在项目偏好中，大学生的薪酬需求偏好从高到低依次为个人绩效薪酬需求、知识/技能薪酬需求、员工持股计划需求、团队绩效薪酬需求。

从描述统计结果看，对于绩效薪酬强度偏好，大学生的基本工资比例期望为 60.77%，绩效工资比例期望为 39.23%。

比较两个调查对象群体的绩效薪酬偏好构成，可以看出，两类对象均偏好绩效薪酬理念；项目偏好构成从高到低，依次为个人绩效薪酬偏好、知识/技能薪酬偏好、团队绩效薪酬偏好；在绩效薪酬强度偏好中，乡村教师和大学生的绩效薪酬比例期望分别为 35.88%、39.23%，可见结果相近。

#### 2. 文化取向结构的一致性

从文化取向结构来看，乡村教师的文化取向按照从强到弱的顺序依次

为水平集体主义、水平个人主义、垂直个人主义、垂直集体主义。

大学生的文化取向按照从强到弱的顺序，依次为水平集体主义、水平个人主义、垂直个人主义、垂直集体主义。这说明中国传统集体主义价值观正在受到西方个人主义价值观的影响，处于两种文化的融合阶段。

两个调查群体的文化取向结构相同，并且与国内学者的文化取向调查结果基本一致（杜旌，2014）。

### 3. 文化取向对绩效薪酬偏好的影响

实证研究结果表明，水平集体主义文化均对乡村教师、大学生绩效薪酬偏好发挥中介效应。

## （二）区别

### 1. 绩效薪酬项目需求有差异

乡村教师的绩效薪酬项目需求中，侧重于奖励性绩效薪酬、基础性绩效薪酬项目，而大学生的项目需求侧重于个人绩效薪酬、知识/技能薪酬。

虽然绩效薪酬强度都低于40%，但是大学生的绩效薪酬强度偏好仍然比乡村教师绩效薪酬强度偏好高出3.35个百分点。

### 2. 绩效薪酬偏好的影响因素

乡村教师绩效薪酬偏好的影响因素中，社会心理环境感受一方面直接影响绩效薪酬偏好，另一方面通过文化取向间接影响绩效薪酬偏好。

大学生绩效薪酬偏好的影响因素中，核心自我评价的积极评价因素一方面直接影响绩效薪酬偏好，另一方面通过文化取向间接影响绩效薪酬偏好。

## 三、启　发

从上述乡村教师绩效薪酬偏好与居民、大学生绩效薪酬偏好的比较分析中，有以下几点启发：

**1. 乡村振兴战略对于乡村教师绩效薪酬偏好将有重大影响**

实证研究结果显示，乡村教师绩效薪酬偏好会受到乡村学校社会环境的重大因素影响，因此，在乡村振兴战略实施过程中，学校领导和乡村社区领导的强有力支持、坚强的乡村学校战略发展举措、全社会资源对乡村学校和教师队伍发展的持续稳定投入等史无前例的发展机遇，将极大地推动乡村教师的绩效提升目标和工作积极性，在绩效薪酬制度不断完善情况下，可以预见乡村教师绩效薪酬偏好将不断得以提升，对乡村教师队伍素质结构将不断改善。

**2. 乡村教师职业吸引力将进一步提升**

乡村振兴进程中，教师的薪酬水平将稳步提升，绩效薪酬制度将逐步完善，与教师个人实绩衔接的绩效薪酬比例将进一步提升，奖励性绩效薪酬比例将逐渐提升，基础性绩效薪酬比例逐步下降。此外乡村教师生活补助标准会逐渐提升，生活条件和工作条件进一步改善。因此乡村教师职业吸引力将有明显的提升。

**3. 文化取向将进一步发挥影响作用**

2020 年尽管受到新冠疫情的暂时不利影响，但是我国疫情防控成效显著、经济率先走向复苏。在未来社会经济发展中，文化取向将进一步发挥影响作用。

本章实证研究显示，水平集体主义文化是乡村教师最浓厚的文化取向，并具有显著的中介效应。随着乡村教师队伍素质的逐渐改善，预期个人主义文化将更大程度影响乡村教师绩效薪酬偏好。同理，对于大学生绩效薪酬偏好也将发挥更大的调节作用。

因此，如何引导绩效薪酬偏好预期，理性完善绩效薪酬制度，在维护个人文化取向与社会文化协调、个人利益与团队利益的协调等方面，社会各类组织决策者（包括乡村学校领导层）要不断了解人们的报酬需求和分配原则偏好，精准施策，实现组织的预期目标。

# 本 章 小 结

（1）乡村教师的文化取向从强到弱的排序，依次是水平集体主义、水平个人主义、垂直个人主义、垂直集体主义。该文化取向结构与本书的大学生问卷调查结果高度一致，也与国内学者的观点一致（杜旌，2014）。根据理论回顾和效度检验结果，本书主要关注水平集体主义的影响机制。

（2）乡村教师绩效薪酬偏好结构从高到低，依次为奖励性绩效薪酬、基础性绩效薪酬、知识与技能薪酬、团队绩效薪酬。

（3）描述性统计结果。

教师对乡村生活补助标准期望均值为 1752 元，该标准远远高出全国2017 年乡村教师生活补助标准平均水平的 322 元。反映出教师对乡村生活需求的追求和愿望。

乡村教师工作满意度总体处于满意状态。薪酬总体处于较为满意状态，非货币报酬的满意度从高到低依次排序为：工作机会满意度、工作—生活均衡满意度、福利满意度。反映出乡村教师职业具有了一定的吸引力。但是按照从教意愿的分布统计结果来看，具体情况并不乐观。具体地，乡村从教意愿中，同意和非常同意者比例为 49.8%；乡村长期从教意愿中，同意和非常同意者比例为 23.3%；在乡村努力从教者，同意和非常同意者比例为 83.4%。可见，调查对象中，近半乐意在乡村从教，长期从教意愿总体不乐观，但是在乡村从教将会努力认真工作。

绩效薪酬强度偏好结果表明，教师基本工资期望比例为 63.96%，绩效工资期望比例为 36.04%；基础型绩效薪酬期望比例为 64.12%，奖励性绩效薪酬期望比例为 35.88%。

需要说明的是，乡村教师绩效薪酬强度偏好或许还受到风险规避倾向的影响，因为不在本研究范围，所以本研究不进行深入讨论。

（4）回归分析结果。

文化取向显著影响乡村教师绩效薪酬观念偏好，显著影响绩效薪酬项目需求偏好。

社会心理环境显著影响乡村教师绩效薪酬观念偏好，显著影响绩效薪酬项目需求偏好。

（5）结构方程模型验证结果。

①社会心理环境的领导支持、水平集体主义文化取向直接影响绩效薪酬需求偏好。

②社会心理环境的领导支持通过归属感、乡村学校发展认同、水平集体主义文化间接影响绩效薪酬需求偏好。

③社会心理环境的归属感、学校发展认同，均通过水平集体主义文化的中介而间接影响绩效薪酬需求偏好。

（6）我国乡村具有传统集体文化，乡村教师具有显著的水平集体主义文化取向，但是乡村教师绩效薪酬偏好构成中，团队绩效薪酬偏好处于相对靠后位置。这个和文化取向—绩效薪酬偏好关系并不矛盾。因为教师乡村教师绩效薪酬偏好构成不仅受到社会心理环境、文化取向的影响，还可能会受到教师绩效薪酬制度特征、薪酬收入水平、教师绩效管理体系效能、学生学业等因素影响。

# 第七章　乡村教师绩效薪酬
## 偏好比较研究

中国、美国、韩国乡村教师处于不同的文化背景之中，有着各自不同的乡村教师队伍建设目标，也存在着各自的困难。绩效薪酬制度在推进乡村教师队伍建设中发挥的效果也存在差异，原因复杂多样，尤其是文化原因和社会心理环境有着鲜明的影响。本章从文化和社会心理环境影响角度，结合比较分析方法，开展中国、美国、韩国乡村教师绩效薪酬效果的研究。

## 第一节　中国乡村教师绩效薪酬偏好评析

针对中国乡村教师下不去、待不住、教不好等问题，一方面，结合"马云乡村教师计划"的激励效应，从乡村教师个案的获奖感受，分析绩效薪酬偏好的文化、社会心理环境影响。另一方面结合新生代乡村教师离农化倾向调查，从文化自觉视野讨论长期从教的困境、成因与影响。

## 一、马云乡村教师计划的激励效应

马云公益基金会为树立乡村教师阳光活力的榜样典范，弘扬乡村教师无私奉献的高尚师德，2015 年 9 月 16 日基金会正式发起"马云乡村教师计划暨 2015 首届马云乡村教师奖"，每年一届寻找 100 位优秀的一线乡村教师，给予持续三年总计 10 万/人的现金资助与专业培养和发展，同时鼓励和支持教师进行乡村教育创新实践。基金会期望通过公开、公正、透明的评选过程与媒体的广泛传播，寻找到优秀的乡村教师，激励和支持他们；通过评选，发现和传播来自一线的教育创新成果，持续推动乡村教育创新和发展。同时，加深社会对乡村教师的理解，激发社会对乡村教育的更大关注，带动更多的社会人士，投身乡村教育、发展乡村教育。

自项目开展以来，"马云乡村教师计划"共产生 300 名获奖教师、480 名提名教师、795 名入围教师，直接服务与影响所在学校教师 7000 余人，直接受益学生数量 16554 人，影响所在学校学生 104118 人，间接影响乡村学生人数高达 30 万人以上。其中，获奖教师有 49.3% 来自全国贫困县（张瑾，2019）。2019 届"马云乡村教师计划"获奖者董银柱老师，在《河北教育：德育版》2019 年第 2 期撰文《当我走上领奖台的时候》，表达了自己的如下感受：

2019 年 1 月 13 日，这是一个让我终生难忘的日子。这一天，我们来自全国各地的 100 名乡村教师，登上了真正属于我们的舞台，尽情展示了属于我们的风采。从衣食住行到风俗习惯，我们真切感受到了来自马云基金会和社会各界爱心人士对我们这些乡村教师无微不至的尊重与关怀。当接过马云亲手颁发的奖杯时，喜悦之余更感到了沉甸甸的责任。

不由得又想起了"重回课堂"时马云讲的话：今天，中国最重要的资源是每年近 2000 万的新生儿，这占了全世界很大的比例，他们的大脑等待开发，而开发大脑、启迪智慧的，首先就是我们教师。他们给予我的，绝不仅仅是镁光灯、鲜花、掌声、几万元的现金、一次免费的旅行，更有让我浴火重生而后继续前行的勇毅和坚强（董银柱，2019）。

董银柱老师的态度代表了广大乡村教师渴望社会认同、重视职业成就、自我拼搏的积极心态。乡村教师认同乡村社会、追求物质报酬和精神激励、体现多重需求的内在发展动力，值得高度重视。

## 二、新生代乡村教师离农化调查背景

董银柱老师是"马云乡村教师计划"的获奖者，乡村教师中能够获此殊荣的毕竟还是少数。那么普通乡村教师从教决策以及绩效薪酬期望如何呢？新生代乡村教师离农化现象值得深思。

所谓离农化，是指新生代乡村教师作为较为彻底地实现了离土、离乡、离农的第一代，所表现出的较为明显的城市化特征，即他们不仅在物理空间上向城市靠近，同时在主观情感上认同城市人的身份，行为选择上偏爱城市化的生活方式。

2016 年，北京师范大学中国民族教育与多元文化研究中心对全国 22 个省份的 5966 名特岗教师进行了网络抽样调查。调查发现，特岗教师多为 80 后，女性比例较高（70% 以上），学历较高（70% 以上为本科学历），主要来源于农村多子女家庭，家庭经济处于中等偏下水平，父母受教育水平不高，通过自主招考进入乡村教师队伍（姚岩，2019）。

### （一）新生代乡村教师离农离乡的选择与特征

#### 1. 居住选择以进城定居为目标

与老一辈乡村教师"以村为家""以校为家"的居住方式不同，新生代乡村教师在居住空间上与乡村社会是疏远的、隔离的。教师入职之初便有意"进城安家",在城市落户定居。调查发现,47.6%的特岗教师认为"除了学校,我不太熟悉村庄"。

**2. 育儿方式追求科学化、精致化**

育儿方式的城市化,是指新生代乡村教师追求城市父母的育儿标准和品位,强调科学育儿和精致化育儿。

**3. 子女教育选择城市就读**

他们不认同乡村教育质量,拒绝孩子在乡村学校受教。一项对 1730 名新生代乡村教师的调查显示,720 名有子女的教师中,59.03% 的教师子女在外地就读,存在亲子分离的情况。

**4. 日常购物与人际网络**

新生代乡村教师追求城市人的生活品质,乡村现有条件显然难以满足他们的消费需求,因此他们更多时候是通过互联网购物或周末进城满足消费需求。在人际交往方面,新生代乡村教师与村民之间互动不多,更多的是通过网络了解城市生活资讯,维系个人的社会交往。调查结果显示,仅有 26.3% 的特岗教师经常被邀请参与村里的红白喜事,一半以上的教师认为同事、家人、朋友为自己提供过帮助,认为村民、村干部提供过帮助的教师比例仅有 8.7% 和 2.1%。


**专栏 7-1:中国乡村教师文化环境**

费孝通先生认为,所谓文化,是一个团体为了位育处境所制下的一套生活方式,团体中个人行为的一致性是出于他们接受相同的价值观念。我国乡村教师经历了从乡村嵌入到脱嵌的历史过程。嵌入乡村的教师的社会生活具有乡土性、地域性、群际性特征,而伴随着撤点并校等政策的出台和实施,乡村教师纷纷与乡村脱嵌,生活在区别于城乡居民的异质文化空间。因此,要下大力气引导乡村子弟回归乡土、加强乡村文化的涵化功能、实现社会生活中的文化弥合（车丽娜，2020）。

### （二）新生代乡村教师离农离乡的原因

#### 1. 农村教育目标的"城市人"培养导向

对城乡差距有深刻体验的大学生优先选择在城市求职，只有在找不到合适的工作岗位时，一些人才会退而求其次选择农村体制内的工作。但对他们而言，农村更大程度上是一种短期过渡的平台，定居城市依然是其终极目标。

#### 2. 农村教学内容对乡村文化的疏离

一方面，由于农村教育的培养目标是使学生成为城市人，相关教学内容主要着眼于城市生活需要。另一方面，基础教育内容与乡村生活环境和经验相距甚远，带来受教育者对乡村社会的疏离、不适应。调查结果显示，仅有 51% 的特岗教师认为自己在乡村学校任教如鱼得水。一旦存在适应方面的难题，教师地域融入面临危机，工作积极性受挫，很容易逃离乡村。

#### 3. "以县为主"的农村教育管理转向

2000 年以后，"以县为主"的教育管理体制改革使得县级政府逐步承担起农村教育投资的责任，弱化了乡村学校与乡村社会之间的互动，降低了乡村学校对乡村社会的依赖。新生代乡村教师渐渐不再是本土、本乡的教师了，他们更多借助互联网向家人、朋友寻求帮助，与村民之间交往、互动的机会大大减少。调查结果显示，仅有 21.7% 的特岗教师认为就自己的工作和生活而言，与学生家长之间的关系是最让自己感到满意的。

#### 4. 城市消费文化的冲击

新生代乡村教师多是在 20 世纪 90 年代进入城市接受高等教育，在城乡二元结构的现实背景下，乡村社会无论是基础设施还是公共服务建设均落后于城市，这也在一定程度上加剧了新生代乡村教师的向城性。

### （三）新生代乡村教师城市化带来的可能性危机

#### 1. 加重新生代乡村教师的经济负担与情感压力

新生代乡村教师多出身于农村家庭，家庭经济条件一般甚至较差，教师工资水平也并非很高，高标准和高消费的住房、育儿、子女教育加重了他们的经济负担。调查研究显示，65.1%的特岗教师认为自身压力主要来自较低的工资收入，82.2%的特岗教师最希望提高自身工资水平。

#### 2. 影响乡村教师队伍的稳定性

城市家庭的牵绊与乡村社会归属感的降低增强了新生代乡村教师的流动意愿，最终影响了乡村教师的稳定性。相关研究发现，仅 2010～2013 年间，我国便流失乡村教师142.5万，其主体是受过良好教育的新生代乡村教师，而且，越是在边远山区，乡村教师的流失意愿越高。相关调查显示，仅有32.1%的特岗教师赞同"在这里再待十年我也愿意"，绝大部分特岗教师希望向外流，其中一部分希望流动到城市学校任教，也有一些试图放弃教师职业，流动到教育系统之外。

#### 3. 淡化乡村教师的教育使命感

对于城市化取向下的新生代乡村教师而言，乡村社会只是他们工作的一个场所，教学更多的是养家糊口的工作，学生只是他们服务的对象而已，乡村教育的责任感和使命感因之被极大地弱化了。

#### 4. 加剧乡村社会的文化荒漠化

新生代乡村教师在物理空间和内在情感上逐步疏离乡村社会，一心进城，这使得他们无意成为乡贤，不愿过度介入乡村公共生活、与村民亲密交往。这些因素共同加剧了乡村教育的离农化，使得农村学校日益成为脱离乡土实践的场所，成为乡村社会的外来者，最终加剧了乡村社会的文化荒漠化。

围绕中国新生代乡村教师离农化倾向，就如何促进新生代乡村教师发展问题，学者认为必须要改变农村教育的离农化取向，加强乡村教师的乡土文化自觉，培养乡土情感更深的本土化教师（姚岩，2019）。

新时代乡村教师离农化的原因分析强调了教师职业教育目标选择不当、消费文化倾向城市化、乡村教师管理行政化、乡村教育对乡村文化的隔离等文化因素，是文化和社会心理环境综合影响的结果。

值得重视的是，从该评析可以看出，乡村教师的经济负担与情感压力，直接导致高薪期望。因此，提高基本工资、绩效薪酬是新生代乡村教师的合理期望，表明乡村教师强烈的高薪偏好和绩效薪酬偏好。这一薪酬偏好特征更受到乡村教师的文化取向、社会心理环境的正向影响。

与本书实证研究结果对应，新生代乡村教师的绩效薪酬偏好体现了乡村振兴进程中社会环境、个体特征的复合影响。

## 三、乡村教师队伍发展中的需求激励分析

本节的评析分别从文化、社会心理环境和物质激励效果反映了我国乡村教师的需求状况。

可以看出，乡村教师的多元化需求还没有充分得到实现，这造成了乡村教师职业吸引力不高等问题。但是这些因素中，哪些因素影响更大，对什么样的乡村教师影响差异如何，需要从乡村教师的共性核心需求出发，开展绩效薪酬制度体系、支撑保障体系、社会环境支持体系等方面的整合分析，制定适合乡村教师队伍发展的综合性待遇策略。

# 第二节　美国乡村教师绩效薪酬偏好评析

在美国全国范围内，学校正面临着教师日益短缺的问题，尤其是高质量教师缺乏严重。大量的报告证明乡村教师短缺，特别是在某些学科领域和特定的地区。研究人员预测，这种短缺将在未来 10 年急剧升级。《不让一个孩子掉队法案》（No Child Left Behind Act）更是增加了挑战。农村地区尤其难以吸引和留住合格的新教师。

## 一、美国乡村教师短缺现状

哈蒙（Harmon，1997，2001）对美国乡村教师短缺现状做了如下调研：总体上，教师短缺困境实际上由三个相互重叠的因素构成。第一，增加新教师的挑战。第二，保留老教师的问题。第三，对教师素质的关注和要求明显提升，需要招聘更高素质的教师。

吸引合格教师就需要公平的薪酬，而传统上，乡村教师的收入低于其他地区的同行。如果乡村地区希望吸引和培养高素质的教师，为乡村学生提供平等的教育机会，就必须能够提供有竞争力的工资。

从现实看，美国乡村教育非常重要，全美45%以上的公立学校位于乡村区域和小城镇，全国近40%的公立学校教师在乡村学校。

在美国各州，乡村教师招聘、保留问题各不相同。一些州的乡村教师有剩余，另一些州的乡村教师则短缺。根据美国国家教育协会资料，每年培训了足够数量的教师，问题在于分配不合理。

新教师需求可能因学区而异，主要取决于当地人口增长、移民率、教师退休、自然减员和教师工资。

**1. 乡村教师内涵与特征**

对纽约 31 名乡村督导的访谈表明，教师候选人的重要特征主要有：拥有资格证（最好有多项资格证）、综合素质高、经验丰富、对乡村环境能够充分适应。乡村小规模学校教师的理想特征包括：拥有教师资格，能够在多个学科或多个年级层次进行授课；能够做好准备，指导多项课外活动；能够在一间教室里传授多样技能；能够克服学生的文化差异，增加他/她对社会的深刻理解能力；能够适应乡村社会机会、生活方式、独特购物区域环境。

乡村管理者发现很难雇用到高质量教师，并留在乡村学校工作。人们期望理想的乡村教师应该可以讲授多个学科课程，或给多个年级讲授课程，能在同一间教室里培养各种能力的学生，能够监督课外活动，能适应乡村社会。

此外，并非所有的乡村社区都一样。每个学校的董事会、管理者和学校会提出独特乡村背景对理想教师的要求。学者总结道：识别一个规模、区隔程度相似的乡村社区的要素包括：经济资源的可用性、当地社区的文化优先事项、目的共识、政治效能（Nachtigal，1982）。具体见表 7-1。

表 7-1                        乡村与城市特征对照

| 乡村 | 城市 |
|---|---|
| 人际密切联系 | 人际松散联系 |
| 多面手 | 专业人员 |
| 同质 | 异质 |
| 非官僚的 | 官僚 |
| 口头沟通 | 书面沟通 |
| 谁在说 | 说了什么 |
| 按照季节计量时间 | 按照钟表计量时间 |

| 乡村 | 城市 |
|------|------|
| 传统价值观 | 自由价值观 |
| 企业家 | 公司劳动力 |
| 应对环境 | 控制环境的理性计划 |
| 自己动手 | 找专门人员解决问题 |
| 比较穷 | 比较富 |
| 人口密度小 | 人口密度大 |

正是各地乡村之间存在的巨大差异，让试图寻求一刀切教育改革和教师培训政策制定者和教师教育机构感到失望。

**2. 招聘乡村教师的挑战**

学者为美国学校管理者协会制作了一本小册子，帮助小规模乡村学区的管理者寻找最优教师。他们坚持如下三个基本原则：招聘活动持续一年；招聘活动需要得到学校和社区的大力帮助；学区必须对质量有明显的承诺（Miller，1985）。该学者也揭示了一些乡村教师短缺的原因：社会、文化隔离；薪水差别很大；人员流动性受限；缺乏个人隐私保护；刻板的薪酬制度；私营企业高薪的吸引力；严苛的教师资格认证和考试；各州之间缺乏教学互惠认证；招聘成本高（收集信息的时间/成本）；教师流动率高（部分地区高达30%~50%）。

虽然社会强调要招聘和留住优秀乡村教师，但是由于教育工作者的收入不足以支付他们的生活费，小规模学校的情况变得更加复杂。新进教师如果没有做好准备在乡村生活、教学的话，就很容易泄气。此外，乡村普遍存在的负面、刻板印象，往往会阻挡优秀教师去乡村从教。学者建议乡村小规模学校招募教师时，学校行政人员应该选择那些有乡村背景的师范生，他们倾向于生活在乡村地区（Collins，1999）。纽约乡村31个学区研究结果显示，主管认定为优秀的 63 名教师中，超过一半的教师认为，乡村适合养家糊口，喜欢小规模学校的友好环境。

虽然小规模学校和城镇可能是理想的居住场所，但也存在招聘教师的困难与挑战，主要原因是：乡村缺乏良好的社交生活；远离大学；与市中心隔离；缺乏社区服务；高成本的住房供应；配偶就业机会有限；搬家很麻烦；学生入学人数不足；工作压力大；缺钱；缺乏晋升机会；缺少支持团队（Luft，1993）。有的观点认为，乡村学校招聘教师不力是因为：（1）多学科、多个年级的教学任务过多；（2）社区位置不佳（地理的、个人的、文化的和专业的隔离；住房不满意）；（3）低工资；（4）缺乏专业发展和晋升的机会；（5）师范教育机构的教学训练不足（或不切实际）（Horn，1985）。

### 3. 保留优秀老师

留住乡村教师需要学校和社区共同努力。社区可以认可新教师的成就，邀请他们参加各种各样的活动。学校也可以用以下措施来协助新教师：指定一位导师；简化繁文缛节；提供周密的职业计划；安排时间与资深教师交流（Stone，1990）。

保留乡村小学校教师需要良好的规划。具体有三种保留教师的策略：增加工资，同时社区提供参与机会，协助购置住房；提供在职奖励制度，促进地区内及地区间的教师交换，鼓励绩效提升；提供专业性组织活动费用，提供充足的住房，强化学校管理支持。

### 专栏 7-2：美国乡村教师现实困境

美国乡村地区被分为边缘乡村、遥远乡村和偏远乡村。边缘乡村为距离城市化地区不到 5 英里，以及距离城市群小于或等于 2.5 英里的乡村地区；遥远乡村为距离城市化地区超过 5 英里但小于或等于 25 英里，以及超过 2.5 英里但距离城市群不到 10 英里的乡村地区；偏远乡村最远，距离城市化地区超过 25 英里，离城市群超过 10 英里的乡村地区。乡村教师不仅指乡村学校的在职教师，还包括为乡村教育服务的师范专业职前教师和退休教师（杨茂庆，2020）。

## 二、美国乡村学校教师薪酬的竞争劣势

洛娜（Lorna，2003）的调研资料进一步揭示了美国乡村教师低收入及其不利影响，展示了高薪改善教师短缺的效果，分析了乡村补贴的不公平现象。

### （一）概况

乡村社区的特点是人口稀少。然而，总的来说，乡村人口占美国公民的很大比例。乡村有超过 800 万儿童在美国公立学校，这是所有公立学校学生的 21%。乡村有 24143 所公立学校，占所有学校的 31.3% 或以上。全国有 7832 个乡村学区，占所有公立学区的 49.3%。40 多万教育工作者在这里教书，乡村学校占公立学校教师总数的 31%。

这些统计数字值得注意：所有的州都有乡村社区，它们共同代表了美国社区的很大一部分。事实上，数百万儿童生活在乡村地区，就读于当地的公立学校。他们的教育掌握在 40 多万名教师手中。如何支付这些教师的薪水很重要。在全国范围内，乡村教师的工资低于其他地区的教师。

美国 50 个州中有 39 个州，乡村教师的起薪比非乡村新教师要低。50 个州中有 44 个州的乡村教师的平均工资水平低于非乡村教师的平均工资。50 个州中有 41 个州，提供给乡村教师最高工资比非乡村教师的低。

由于全国数据是用平均数表示的，各州内乡村工资的范围并不明显。在大多数州，乡村教师的工资往往比州平均水平低得多。在检查地区一级教师的工资时，乡村教师工资偏低的程度变得尤其明显。

在全国范围内，初级教师在非乡村地区的收入比在乡村地区高出11.3%（2725 美元）。非乡村地区的平均工资比乡村地区高出 13.4%（4010 美元）。而在非乡村地区（拥有硕士学位和 20 年以上工作经验的教师），他们的期望比乡村地区的同行高出 17.2%（6784 美元）。因此，这种乡村与非乡村的差距从教师职业生涯的一开始就很明显，而且随着培训和经验的积累，这种差距会变得更加严重。

这是一个非常明显的趋势。在全国范围内，乡村教师的收入低于他们各自所在州的其他教师。

**1. 乡村地区面临着与其所在州内其他地区的直接竞争挑战**

在过去的几年里，各州乡村地区和非乡村地区的初任教师之间的差距已经缩小（Beeson，2000）。这可能直接反映了一些州提高最低工资的努力。

乡村地区需要在三个方面竞争合格的教师候选人。首先，教师的报酬不如其他专业人士。其次，乡村各州的工资往往低于人口较多、工业化程度较高的州。最后，在大多数州，乡村教师的工资低于郊区和城市教师。

所有地区的新教师的收入往往低于其他需要同等教育水平的职业。刚毕业的大学生在销售和市场营销方面可以多赚35%，在商业管理方面可以多赚43%，在工程方面可以多赚68%。因此，与其他职业相比，较低的工资水平阻碍了大学生进入教育行业（Nelson，2000）。

**2. 各州之间的挑战**

调查显示，工资最低的州都是乡村州，工资最高的州往往是人口更密集的城市，阿拉斯加是个例外。工资差距是惊人的。例如，排名第一的新泽西州的平均工资（49872 美元）是薪酬最低的北达科他州（24234 美元）平均工资的两倍多。

在同一州，乡村地区的工资往往比郊区和市区低。无论是在乡村还是在城市，情况都是如此。例如，在全国教师平均工资排名第四的纽约，乡村教师的收入仍比非乡村地区教师低16%。在南达科他州，由于平均工资在全国最低，乡村和非乡村教育者之间工资差距达 18%。在某种程度上，这个内部校际竞争对乡村地区来说是最大的障碍，因为他们更直接地竞争同一群潜在的新教师，而且可能与收入更高的郊区很接近。

## （二）生活成本和教育成本

在考虑不同地理位置的教师薪酬时，人们很容易转向生活成本指标。有充分的证据表明，某些商品和服务的成本在不同的地理区域之间存在显著差异。

有关乡村地区的费用调整问题实际上不是生活费用问题，而是"教育费用"问题。各学区需要确定吸引和培养高素质教师的成本。如果高素质的教师对学生的学业成功是必不可少的，而且所有的孩子都需要达到高标准，那么所有的地区都需要提供能够吸引优秀教师的薪酬。例如，一个乡村地区可能会发现有必要提供高得多的工资，以吸引一个高素质的物理教师到一个偏远的乡村学校。因此，竞争激烈的市场需要高素质的教师来决定工资，而不是相对的房价。

研究表明，需要更多的钱来吸引和留住贫困地区的合格教师，这些地区的生活成本通常较低（Prince，2002）。因此，为了招聘和留住高素质的教育工作者，这些地区的薪水可能需要更高而不是更低。

## （三）教师短缺对地区及学生的影响

在美国乡村，教师工资普遍偏低。大多数乡村教师的收入低于郊区受过同等教育、经验丰富的教师，即使在同一个州内也是如此。研究人员认为，低工资加剧了教师短缺。例如，纽约市通过将起薪提高到每年 3.9 万美元，消除了教师短缺危机（Rothstein，2002）。同样，康涅狄格州在过去十年普遍提高了工资，现在才有充足的合格教师供应（Wilson，2001）。

教师短缺对许多乡村学区的影响是显著的。通常管理人员必须找人来教这门课，尤其是在小学。行政人员可能会聘用资历不太令人满意的教师。

在高中，特别是对于更专业的课程，管理人员可能会选择取消课程。因此，更高级的课程尤其容易受到冲击，因为它们是选修课，因此"可有可无"。

因此，教师短缺的后果就会导致以下问题：聘用质量较低的教师、更多的校外教学任务、更大的班级、更少的高级课程选择、更不协调的教学计划以及支离破碎的专业发展。最终结果是显而易见的，即教育质量下降，学生的学习受到严重损害。这些地区的学生都极有可能被剥夺接受优质教育所需的基本资源。

### （四）增加薪酬能否解决问题

#### 1. 加薪将在多大程度上为地区提供更多高素质教师？

提高工资将大大有助于乡村地区吸引和留住高素质的新教师。现有数据表明，工资水平会影响更高能力的大学生职业选择，尤其是在考虑其他职业选择时。歌德哈珀（2001）提出，"教师对从教的兴趣往往与教师职业相对工资的波动密切相关"。

在20世纪70年代至80年代中期，教师的薪水相对于其他职业有所下降，与此同时，大学生对教育这一职业的兴趣也有所下降。当教师工资开始上涨时，更多的大学生表示教师是一个有潜力的职业。在其他条件都相同的情况下，教师的工资和福利相对于其他职业来说有所提高，教学就会成为一个更有吸引力的领域，高水平的人也会进入这个行业（歌德哈珀，2001）。

研究表明，最合格的教师往往任教于经济条件较好的地区，工资也较高（Ingersoll，1999；Ballou，1996）。菲戈里奥（Figlio，1997）进一步证实了这种联系。这些地区都在争夺收入较高的郊区教师。高薪能吸引优秀的候选人，这一事实表明，加薪或许确实能有效地吸引非常能干的教育工作者进入乡村学校。

**2. 高工资有利于挽留乡村教师**

研究人员认为，即便不是充分的，高薪也是一个必要的挽留办法。

教师保留率（通常以流动率衡量）数据令人担忧。一般来说，大约 30% 的教师在工作的头三年就离开了教学行业。相比之下，其他行业的平均流失率约为 11%（Ingersoll，2001）。教师流动实际上是造成教师短缺的主要因素，甚至超过了所谓的"老年化"（即将退休的年龄）。

老师为什么离开？调查显示，员工对工作的不满占到了员工流动率的 1/4 以上。导致不满的因素包括需要更多的行政支持、更多的决策投入、学生纪律问题和低工资。在所有的原因中，低工资是教师离职最常见的解释（Ingersoll，2001）。

研究人员对薪酬在工作满意度中的作用进行了广泛的研究。例如，教育经济学家钱伯斯（1995）指出，工作满意度包括金钱和非金钱奖励。也就是说，工作条件和经济报酬会影响就业决策。他们认为，当工作条件变得更加困难时，金钱奖励变得更加重要，反之亦然。当工作环境非常吸引人时，金钱奖励的重要性就会降低。同样，物质激励常常作为工作满意度的"临界点"或决定性因素发挥作用。

乡村地区的物质经济条件不足以支撑教师队伍建设的均衡发展。其一，乡村教师工资水平较低。公立中小学全日制教师的平均工资约为 5.3 万美元，而乡村地区教师的平均工资仅为 4.7 万美元，联邦政府曾颁布《小型乡村学校成就计划》，要求州政府对乡村教师进行财政补贴，但截至 2013 年仍有 10% 的州政府未执行该项计划，其他 7 个司法管辖区均未分配补贴金额。美国农业农村部经济研究局 2016 年的数据显示，科罗拉多州最小乡村地区的教师平均工资比最富裕的城区低 4.6 万美元。同样的学历和职位，乡村教师不能享有同等的薪资待遇，部分教师纷纷转向城市、郊区或乡镇待遇较为优厚的学校。其二，乡村学校地理位置偏远。蒙大拿州乡村地区的一所学校从学校社区到当地商业设施的地方距离 1 小时甚至更长时间。通勤时间消耗多，日常生活用品采购难等问题给乡村教师带来不便。偏远的地理位置、有限的资源和时间等乡村特征给乡村教师带来独特的挑战，甚至可能成为乡村教师教育教学的障碍。其三，乡村教师生存发展与外界隔离。乡村学校远离市区经济和文化中心，乡村教师易出现严重脱离社会节奏、人际交往受阻和缺乏社会认同等状况。不少新教师到校后对工作的期望过高，理想和现实的差距引起他们不满、低效率工作甚至跳槽。美国中小学教师流动率上升至 16.9%，近 50% 的新教师在入职的 5 年内离职。根据美国国家统计中心提供的数据，乡村地区 30.1% 的学校存在教师空缺（杨茂庆，2020）。

因此，在学校和环境因素特别具有挑战性的地方，增加经济回报将更加重要。对于贫困乡村地区的教师来说，尤其是那些资源较少、需要多项教学任务、提供的辅助人员较少、地处偏远乡村地区尤其如此。尽管改善工作条件不仅仅是增加工资，但这是政策制定者可以直接改变的一个领域，而且，这确实可能是鼓励教师留在乡村地区的"转折点"。

### 3. 加薪能否改善乡村教师/非乡村教师的不平等

如果根据乡村学校的实际需要和情况实施物质激励，将会产生很大的影响。全面提高工资水平的政策，不会消除乡村和非乡村地区之间已经存在的不平等。乡村的工资水平仍将落后于富裕的郊区，最好的教师仍将流向富裕的郊区。

为"难雇员工"地区设定的加薪目标是有效的，因为最贫困地区将受益最多。不过，政策细节很重要，经济激励金额同样很重要。

由于地方税收能力和地方财富有关，地方补贴必然会加剧不平等。例如，2002 年的北卡罗来纳州对每位教师的平均补贴从 100 美元到 5481 美元不等，但是有 7 个县不提供补贴，都是乡村地区。由此产生的不平等是显而易见的。

## 三、建议与启示

**1. 加大对乡村教师的财政投入，为乡村教师提供公平的工资待遇**

所有乡村教师的最低工资标准是，乡村教师的工资和福利应与郊区和城市地区的教师相当。乡村地区能否聘请和留住高素质教师，将取决于他们能否提供公平、有竞争力的薪酬。

所有的乡村学校都需要提供有竞争力的工资，而某些类别的乡村学校将需要额外的激励措施，而不仅仅是有竞争力的工资。

联邦政府必须发挥重要作用，因为将乡村教师的平均工资提高到非乡村教师的平均工资水平，会涉及联邦投资约 16 亿美元。

**2. 改善乡村教育的策略**

具体包括鼓励和支持乡村地区的教师队伍建设；加强乡村教师发展计划；考虑乡村地区的独特性，提供严格的课程培训，为教师在小型乡村学校工作做好准备；鼓励招聘有乡村背景的教师；支持高质量的入职培训。

本节评析中，不仅展示出美国乡村教师薪酬的劣势及其影响，同时提供了分析模型和对策措施。从理论依据、理论价值、分析方法和对策等方面，都具有相应的参考价值。首先本节评析提出乡村教师短缺的结构问题与根本成因，即教师工资的竞争力低下。其次，从薪酬现实来看，乡村教师工资低，表现在比专业人士低、比人口多的州低、比本区域的市区和郊区教师低。最后在本节评析提供的对策中，政策目标清晰，对策针对性与措施的操作性强，解决乡村教师薪酬竞争力的薄弱环节分析比较精准。

从研究方法看，本节评析主要是定性分析方法和现状对比方法，运用客观的薪酬数据资料，对乡村教师薪酬效果、绩效管理、职业发展等方面进行了比较好的分析。虽然缺乏定量分析结果，但是本节评析研究方法仍然提供了规范的分析结论。

中美两国社会经济状况、文化与历史差异显著，但是从中国、美国乡村教师绩效薪酬效果来看，其基本一致的观点是，绩效薪酬能够吸引优秀人才到乡村从教，即绩效薪酬偏好是存在于乡村教师心目中的，只是个体特征、乡村社会环境、政策执行机制等因素影响了该偏好。此外，中国、美国乡村教师绩效薪酬偏好案例的复杂性，再次提示人们，即便有了乡村教师绩效薪酬制度体系，不等于该绩效薪酬制度体系就会自动发挥应有的效果。

## 第三节　韩国乡村教师绩效薪酬偏好评析

中国、美国乡村教师绩效薪酬偏好评析展示出一些共性，即两国乡村教师在总体上都拥护、偏好绩效薪酬。那么同样属于集体主义文化取向的韩国乡村教师，对绩效薪酬持什么样的态度？韩国乡村教师绩效薪酬案例给出了另外的答案。

### 一、韩国乡村教师对绩效薪酬的抵触现象

#### （一）韩国乡村教师优厚待遇

#### 1. 乡村教师加分晋升制度

在韩国城镇化和工业化进程中，由于农村学龄人口持续减少，农村小规模学校数量不断增加，城乡学生学业成绩差距扩大，城乡教师队伍失衡（表现在韩国农村教师整体素质不高、农村优秀教师流失严重、城乡教师结构失衡）等教育问题，韩国政府实行了城乡教师轮岗制度。该制度在缩

小城乡教师水平差距，提高农村教师整体素质和农村教育质量上发挥了巨大作用。为了促进城乡教师轮岗制度的实施，韩国政府还制定了有关流动教师，特别是偏远贫困地区教师待遇的措施，1974 年，政府颁布了《岛屿、偏僻地区教育振兴法》，给流动到岛屿、偏僻地区学校工作的教师优先研修的机会，并支付岛屿、偏僻地区津贴。为激励教师流动到农村地区执教，韩国还实行加分晋升制度。根据农村地区不同的贫困程度和偏远程度，乡村学校教师将获得不同的晋升分值。此项制度在韩国教师激烈的升职竞争中，成了一个颇具吸引力的行为驱动器，激励了更多的优秀教师申请到农村学校竞争上岗。作为一项经济利益鼓励措施，此项制度很受韩国教师的欢迎和支持。在某种程度上，缓解了农村优秀教师不足的问题（董博清，2012）。

**2. 政府教育经费优先保障乡村**

作为世界上教育较为发达的国家之一，韩国政府在保障教师待遇方面持续做出不少努力。如颁布《教育公务员法》《公务员年金法》《教师地位特别法》《关于进一步改善教师地位的谈判和协商的规章规定》《教师优惠待遇准则》等条文，使得教师的薪酬待遇得到了保障。为保障乡村偏僻地区教育的发展，政府义务教育经费规定要先保障经济困难的岛屿和偏僻地区，再保障其他地区；要先保障农村，再保障城市（李宁，2017）。

**3. 教师高薪保障**

韩国教师报酬制度具有稳定、平均、丰厚三大特点，其报酬由基本工资和各项津贴组成，由于基本工资由中央财政统一发放，消除了教师之间、学校之间、地区之间的差异。基本工资采取单一型报酬体系，工资体系分为 40 个等级，毕业于 4 年制教育大学的新任教师为 2 级正教师，拿 9 级工资，此后每年递升 1 级，直到退休。因此，只要知道工龄，就可猜出拿多少基本工资，即使升职为校长、教导主任，都对基本工资体系无任何影响（姜英敏，2012）。

韩国政府为提高教师待遇做出了巨大的努力，把教师列入公务员，使教师享有公务员的工资和福利待遇。目前，韩国教师的工资最高可达到400 万韩元以上。新任中小学教师第一年每月收入能达到150 万～200 万韩元（折合人民币 1.1 万～1.6 万元）。以后，随着教龄的增长收入也会不断增加，工作 10 年左右的中小学教师每月的收入会超过 300 万韩元——这在首尔已经是高收入了。在首尔的一个四口之家，每月生活费只要 80 万～100 万韩元（折合人民币 4600～5800 元左右）就够了，也就是说，一人做了教师之后，一家人就可以一辈子衣食无忧了。较高的收入，很明显是韩国优秀人才乐于从教的重要原因之一。韩国教师的津贴也是按公务员津贴发放的，可以说涉及生活的各个方面，从子女的学费补贴到体育锻炼补贴，相当广泛。2004 年，韩国中小学教师的年薪为 4.8875 万美元（以拥有 15 年教龄的教师为基础），在全世界处于第 3、第 4 位的水平，最高的能够拿到 7.8351 万美元，超过美国、日本和德国等发达国家，处于世界最高水平。

**4. 乡村教师高额津贴**

韩国一向重视偏僻地区教育的发展，政府义务教育经费规定先保障经济困难的岛屿和偏僻地区，再保障其他地区。1967 年，韩国就颁布了《岛屿、偏僻地区教育振兴法》，该法规定：国家对这些地区要优先支付所需经费。为了鼓励教师的积极性，避免偏僻地区教师的流失，保证偏僻地区的教育质量，韩国给予在偏僻岛屿工作的教师额外的津贴，以弥补其因工作环境带来的不便和困难。通过津贴补助，在一定程度上保证了偏僻地区教师的稳固，保证了偏僻地区教育的发展（黄非非，2011）。

**5. 健全的教师福利制度**

教师工资的个人差异主要来自津贴制度，即根据劳动性质、工作岗位、工作地点、家庭环境等因素获得不同的"津贴"，这样的津贴在教师收入中所占比例较高，有的地区甚至超过 50%。其内容包括：公务员基本津贴，例如年终津贴、管理岗位津贴、家族津贴、子女学费补助津贴、每年 1 月和 7 月发放的定勤津贴等；只发给教师的特殊岗位津贴，例如教职津贴、偏僻地区任职津贴、教材研究津贴、班主任津贴等；福利卫生津贴，例如困难补助、节假休假津贴、午餐津贴等，而各项津贴的发放依据和额度也是由法令详细规定的（姜英敏，2012）。

### （二）绩效薪酬制度遭遇教师抵制

韩国自 2001 年开始改革报酬制度，根据教师的工作业绩颁发结构工资。但是，由于受到全国各类教师组织的猛烈反对，自 2002 年开始先对所有教师平均颁发 90% 的业绩津贴，只用剩下的 10% 来进行差额分配。此后，差额发放津贴的制度逐渐被人们所接受，各地开始陆续采用津贴的差额分配制度，目前各地差额津贴的发放比例为 30% ~ 50% 不等（姜英敏，2012）。

## 二、教师抵触绩效薪酬的成因

那么韩国教师为什么强烈反对绩效薪酬？哈邦伍（Bong - Woon Ha，2011）为此做了进一步调查研究。

### （一）教师绩效薪酬历史与积弊

绩效薪酬引起很多争议，最直接的原因是因为它很难客观地评价谁究竟是优秀老师。学者认为该类薪酬制度只不过是人气竞赛（Kim，2001）。

1999 年韩国政府通过了雄心勃勃的"提高教师地位特别法"，其中包括尊重教师权威，提高教育领域工资、各种保障和其他福利，提高教师的社会经济地位的政策。但高额的预算赤字使其难以增加在这些项目上的支出。在不能够增加整体工资情况下，政府鼓励学校内部开展适度竞争，通过差异化绩效薪酬提高教师士气，该绩效薪酬制度于 2001 年正式生效。

2009 年韩国政府宣布将修改绩效薪酬政策，因为其有效性受到社会严厉的指责批评。修订后的绩效薪酬是让各个学校互相竞争，最终将由学校中的教师分享。教师群体反对该绩效薪酬制度，并宣示了抵制绩效薪酬制度的意图。他们认为，这对教师职业来说是不合适的，对教师绩效的评估是不公平和不客观的。而教育部、人力资源部门声称该薪酬制度能提供激励作用，因为该薪酬计划中的奖金将作为创新的薪酬方式，不按标准工资形式那样，按照例行制度安排发放给教师。

根据绩效薪酬制度安排，每个学校将把教师划分为两组，即获奖小组（70% 的教师）和不获奖组（其余的 30% 教师）。由校长或副校长根据每个教师的绩效进行评价。教师绩效的评价操作规则由学校决定。运用这些规则，获奖教师分为一级、二级和三级，分别得到 150%、100% 和 50% 的一次性奖金。奖金不计入基本工资，全部计入应税收入。这个政策不仅遭到家长反对，更受到教师的批评，因为该政策是自上而下进行推广，排斥教师的参与，缺乏客观的评价标准。

具体地，该制度运作的弊端表现在：（1）在政策研究和实施过程中，教师意见基本被排除在外，没有听取教师对政策的反映过程。（2）教师工作绩效评价没有清晰的定义，优秀教师标准是什么并不清楚，也不给考评人员提供教师行为锚定等级评定量表。（3）不允许校长和教师、公众分享评价结果，也不给老师们提供申诉通道。

韩国教师绩效薪酬方案是依据激励模型而设置的，强调奖励计划可以激励老师们来提高自身的教学实践能力，以获得教学奖金。所以研究问题集中在奖金究竟对韩国教师有何种激励作用。

韩国传统的教师观与儒家文化的"舍生取义"价值观相联系。该观点强调，教师不能够与同事竞争钱财。因为教师职业强调舍生取义，与教师劳动力市场的竞争观念、新自由主义相矛盾。因此，在教师绩效薪酬制度设计与实施过程中，需要考虑到韩国的传统文化观念。

按照期望理论，绩效薪酬要对教师动机产生影响，要满足三个关键条件（Kelley，2000；Odden，2002）。

第一个条件是努力—绩效期望（即期望感）。教师必须感觉到努力就会有绩效。在这样的情形下，期望就是可能性，教师越努力工作，就越成功（Welbourne，1995）。教师的信念强度、专注度和持久努力越强，就越能够从高成就中得到回报。因此，教师努力工作就必须准确聚焦在学校所需要的高成就上。教师越追求高成就，通过自身努力得到绩效薪酬的期望就越大（Heneman，1992）。

第二个条件是绩效—结果期望（工具知觉）。教师必须相信，如果他们努力实现目标（如高绩效），就一定会得到回报（比如奖金）；目标达成就必然得到所承诺的结果。结果兑现程度将激励教师趋利避害（Heneman，1992）。

为了强化这一感知，使得教师们相信，如果他们成功达到目标，就一定能够拿到奖金，还必须有公平、有效、可靠评估教师绩效的方法。如果教师认为偏袒或评价误差决定了个人的绩效评价结果，而不是真实绩效水平的话，他们不太可能去努力工作来提高绩效（Odden，1997）。

第三个条件是效价（价值、吸引力）。效价是教师对报酬的认同程度。人们普遍认为，教师不仅重视加薪，还必须充分认同报酬的价值所在。有价值的报酬除了奖金以外，还有其他内部报酬（如专业自豪感、专业协作、学生成功的满足感）、外部报酬（如金钱鼓励和职位晋升）。如果采用这种激励模式，这些奖励措施将更具激励作用。

综上所述，绩效薪酬制度成功发挥作用的前提是必须获得教师认同、拥护该制度（Milanowski，2001）。

## （二）教师访谈

哈邦伍（Bong - Woon Ha，2011）运用半结构化访谈方法，对 12 所韩国学校的 48 个教师进行了访谈。访谈内容是依据期望理论，分析教师对绩效薪酬的态度和反应，并且解释校园文化因素对政策效果的影响。具体的调查活动涉及 7 个方面：绩效薪酬态度、教学业绩期望、绩效考评与绩效薪酬制度理解、胜任力、组织因素、工具知觉、效价。研究过程立足韩国学校文化以便进行深入讨论。

"资历"在韩国教育文化中根深蒂固，在接受绩效考核方面存在很大困难。李（Lee，2006）发现，绩效薪酬制度决策过程中存在很多缺陷。韩国教师绩效薪酬政策失败的文化原因，就是因为平等、按资排辈的校园文化导致教师对绩效薪酬制度的抵触。

如果因为评估人员的偏见或偏爱，把不合格的教师判定为高绩效水平，那么绩效薪酬的激励效果一定减小。如果考核人员让糟糕的教师获得奖励的话，那么报酬制度就不会激励教师努力工作（Milanowski，2001）。教师们认为舞弊行为在评估过程中起了很大的作用，会打击那些受过良好教育的优秀教师，将导致他们难以为学校作出有价值的贡献。一个老师这样说：

如果绩效评估和奖金分配是基于个人之见的情谊，就会导致教师讨好那些负责考评的管理人员。一些业绩很糟糕的人因为讨好考评人员，得到的评价和奖金将很高。而成绩突出的教师因为没讨好考评人员，反而往往得不到绩效薪酬。

正如佩里（2009）曾经指出，文化和环境因素会影响绩效薪酬的实施效果，影响教师对绩效薪酬制度的认知。传统观点强调，人们期望教师们拥有正直和高尚道德的人格特征。在历史上，教育部门也被认为是神圣的、不可侵犯的，教师一向受到尊重；教学工作是具有高度价值的、知识为基础的一种职业。在儒家文化中，教师被公认为是正直、通明、责任心、清廉的象征符号（Lee，1997）。因此，总体上，韩国教师不熟悉强调财富、享受高生活标准观念的资本主义体制。随着韩国经济快速发展，一些人收入快速增长，让人们过上了前所未有的好生活，因此教师们也开始有同样的期望。虽然当代文化逐渐改变了一些韩国人的传统认识，但是教师们仍然保留他们唯一自豪的价值观，不想因金钱而与同事们竞争。在传统文化中，金钱激励不应是教学的动力。一些教师担心，金钱竞争容易产生误解。

牛顿（Newton，1980）争论说，教育需要明确的体制以衡量各种教学成就的水平。一旦建立起来评价系统，就要相信该评价系能够准确评价和提高教师绩效。而目前对教师考评和绩效薪酬制度的主要争论是因为运用了含糊不清、不客观准确的考评体系来考评教师。

有学者认为，教育活动不能用绩效薪酬来有效回报教师（Murnane，1986）。在韩国，教育职业的特殊性意味着：一些教师认为教育和商业根本不同。不仅是教师自身性质，也在社会文化、历史方面存在巨大的差异。

总而言之，绝大多数教师对绩效考核体系、绩效薪酬制度、激励动机效果的反应都是消极的。对绩效考评体系的访谈表明，相当多的教师不理解考评体系，不认为考评标准能够展示出优秀教学活动业务和工作行为标准；不相信校长是合格的考评专家，并有足够能力来对教师进行考评；不认为考评系统是公平的，不能够从考评过程中得到信息提升教学效果。于是，教师对绩效薪酬制度、考评系统普遍持抵触态度，不支持绩效薪酬制度。韩国教师绩效薪酬制度的态度，与其他学者对教师绩效薪酬偏好的研究结论类似（Kelley，2000；Heneman，2003；Murnane，1986）。

此外，教师绩效薪酬制度的动机反应分析也显示，大量教师没有得到激励来改变他们的教学活动，也没有得到正确的反馈与培训机会，不相信校长、同事、工会的支持，不认可努力工作就能够获得高成就，不相信优绩优酬，感觉绩效薪酬制度提高了教师之间的竞争而非合作精神，工作负担沉重，压力巨大，失去工作自豪感，不相信绩效薪酬具有很大意义。特别当期望理论和韩国校园文化共同作用时，因为缺乏充分的激励条件和保障，绩效薪酬制度往往难以成功。从期望理论来看，韩国教师的期望概率与中介效果值低，绝大多数教师不重视绩效薪酬，反而产生消极态度，比如竞争、压力、过度劳累等。因此，绩效薪酬制度并没有激发教师们的教学绩效。

## 三、启示

可以看出，在接受调查的韩国教师中，普遍对绩效考核系统不认可，认为绩效考核标准不能有效地展现出良好的教学业务活动，也没有展现出绩效考核人员的评估经验。因此教师对绩效薪酬持否定态度，不支持该计划再延续下去。可见韩国教师抵触绩效薪酬，对绩效薪酬呈现出消极态度。

启示如下：

（1）韩国乡村教师绩效薪酬态度调研结果再次明确，研究教师绩效薪酬偏好的重要理论基础是期望理论。这一观点和绩效薪酬偏好主流研究观点一致（Lazear，2000；格哈特，2005），因此巩固了绩效薪酬偏好理论基础。

（2）韩国作为亚洲集体主义国家，教师不偏好个人绩效薪酬，但是很可能欢迎团队绩效薪酬。

（3）韩国教师对绩效考评、绩效薪酬的抵触态度受到传统文化的显著影响。在现代绩效薪酬管理理念、方法和项目设计中，绩效管理系统的低效能往往抵消了绩效薪酬制度效果，造成教师对绩效薪酬制度的反感与抵触。

（4）哈邦伍（Bong – Woon Ha，2011）所运用的半结构化访谈方法，是教师绩效薪酬偏好的良好调查方法。目前许多学者都在运用该方法，具有良好的研究成果。

# 第四节　中国、美国、韩国乡村教师薪酬偏好比较分析

上述评析展示出中国、美国、韩国教师对于绩效薪酬偏好的差异。现在围绕这些评析进行比较讨论。

## 一、中国、美国乡村教师薪酬偏好比较

### 1. 相同点

（1）从前文资料可以看出，要吸引乡村教师长期在乡村从教，中、美两国乡村教师都期望薪酬收入具有竞争力；

（2）对于绩效薪酬制度都有偏好态度，强调工作成就得到回报，相信学校考评组织，对于绩效薪酬制度和政策持积极正向看法；

（3）对于薪酬体系中非货币薪酬项目的偏好，比如住房、职业发展机会、工作—生活平衡等非货币薪酬项目，两国乡村教师对相关政策都抱着积极预期；

（4）绩效薪酬资金预算保障主体均为政府预算，表明中美两国在乡村教师绩效薪酬保障方面均有可靠的绩效薪酬资金来源；

（5）均有国家层面的乡村教师队伍发展专项政策保障。美国联邦政府颁布实施了系列乡村教师专业发展政策，保障乡村教育可持续发展。我国

也制定实施了《乡村教师支持计划（2015—2020）》等系列政策，为新时期乡村教师队伍建设指明方向。

**2. 中国、美国乡村教师绩效薪酬偏好的区别**

（1）绩效薪酬项目差异的影响

我国乡村教师绩效薪酬体系是一项全国统一的制度，绩效薪酬项目主要是基础性绩效薪酬和奖励性绩效薪酬项目。而美国的乡村教师项目是由各州、各学区自己确定，项目体系灵活，主要围绕个人绩效薪酬、知识/技能薪酬和团队绩效薪酬三部分。

因此，绩效薪酬项目差异在制度上，导致中国、美国乡村教师绩效薪酬偏好存在较大的差异。

（2）乡村教师津补贴政策区别较大

美国乡村地区教师特殊津补贴大部分通过奖励金的形式直接发放，各州根据各自的实际情况，给予教师 1000 ~ 15000 美元不等的补贴，补贴额度相当于美国普通教师年薪的 2% ~ 4%，有的州一次性签约奖金甚至高达 20000 美元，形成了"联邦—州—地区"三方统筹兼顾的格局，这使得美国教师津补贴政策在兼具了各地区普遍性、特殊性的同时，也保障了公平。

我国自义务教育教师绩效工资开始实施后，农村学校教师补贴成为绩效工资的组成之一，许多地方都针对乡村教师增设了津补贴，但各地乡村教师人均月补助标准不一，差距较大。2017 年，人均补助标准达到 200 ~ 400 元的乡村教师约占 68%，400 元以上的占 27%。约有 5% 的乡村教师所得生活补助低于 200 元（付卫东，2019）。究其原因，在于我国教师津补贴主要由县级财政负担。由于津补贴额度过低，因此对教师激励作用有限。

（3）乡村学校主体作用差异

要使教师真正扎根于乡村地区，乡村学校的主体作用也有区别。美国不断增强乡村学校的影响力以提高乡村地区的竞争优势。近年来试图通过经济刺激、专业帮扶、本土培养、乡村学校环境改进等多项举措来整体性提升乡村教师的薪酬竞争力和职业吸引力，为美国乡村教育的发展提供了坚实的人力基础与专业支撑。

我国的乡村教师改革要取得突破性进展、迈出实质性步伐，从宏观政策来看，需要打"组合拳"，推"一揽子"计划。尤其需要注意的是，仅仅只有经费是远远不够的。如果说以往乡村教师"下不去"和"留不住"的根本原因是经济待遇低，那么在当前背景下，心理上的孤独感、与本土文化的相容性、专业发展的可能性等越来越成为教师是否愿意到乡村从教的重要考量因素（刘丽群，2018，2019）。

## 二、美国、韩国教师绩效薪酬偏好比较分析

### 1. 绩效薪酬偏好的相同点

（1）两国都属于经济发达国家，教育水平总体处于全世界前列，其教师收入水平也处于世界各国前列，教师薪酬吸引力和地位优越感明显，总体上教师职业令人羡慕；

（2）两国都高度重视教育经费投入；

（3）两国都制定了系列法规，明确国家、地方对教师队伍发展所需的经费保障机制。

### 2. 绩效薪酬偏好区别

（1）文化差异巨大。美国属于高度的个人主义文化取向国家，而韩国属于高度的集体主义文化取向国家，因此两国教师对于绩效薪酬偏好有比较大的差异。

（2）美国教师偏好个人绩效薪酬项目，而韩国教师抵触绩效薪酬。

（3）韩国教师工资水平总体上高出美国教师工资水平。

（4）两国中小学教师绩效管理效能的理论和实践水平存在比较大的差距，相对地，美国中小学教师绩效考核系统具有较高的可信度，教师对绩效管理体制认同度比较高。

## 三、中国、韩国乡村教师绩效薪酬偏好比较分析

### （一）相同点

1. 中、韩两国文化背景相近，都属于东北亚集体主义文化浓郁的国家。历史上两国都高度重视文化教育，尊师重教有悠久的历史传统，都对乡村教师队伍的发展给予高度关注。

2. 教师对于绩效管理系统效能都有高要求，期望考核效果可信度高。

3. 国家层面全面落实集中连片特困地区乡村教师生活补助政策，依据学校艰苦边远程度实行差别化补助，鼓励有条件的地方提高补助标准。

4. 我国确立公办中小学教师作为国家公职人员特殊的法律地位，类似地，韩国把教师列入公务员体系，使教师享有其工资和福利待遇。

5. 两国的乡村教师对于职业都有较高的认同度，对于乡村振兴战略实施带来的地位提升和社会荣誉感同样重视。

6. 两国乡村教师都重视综合待遇，即不仅期望高薪、高绩效薪酬和良好的福利项目，也期望获得良好的工作—生活平衡状态、职业发展平台。

### （二）区别

我国《教师法》《义务教育法》明确规定，教师平均工资应当不低于或高于当地公务员。

历史上，我国乡村教师薪酬和综合待遇基本取决于当地社会经济条件，也和个人职称、工作量等直接关联，尤其是教师职称，往往决定着个

人基本工资、绩效薪酬和福利待遇高低。目前我国教育部门已经决定完善教师绩效薪酬制度相关内容，将更重视教师的实绩和教育教学成果。

　　韩国政府先后出台并完善了一系列配套鼓励和补偿措施，作为保障教师定期轮岗政策的配套措施。教师无论轮岗到哪所学校任职，经济待遇及各项福利都是一样的，还有相应的政策法规确保对他们进行利益补偿，使得参与流动的教师个人利益得到有效保障。与之相比在我国，不仅不同地区教师待遇不同，即使同一区域不同教师的待遇也可能相差悬殊。这种差距成为实施教师流动制度的最大障碍。借鉴韩国的经验，我们可以在内部实施"同级同工同酬"的做法，减少教师流动的阻力。韩国政府对教师采用的计算流动分的评价方法，对于激励教师参与流动具有重大作用。其中的工作业绩分除了学校对教师的年度工作评价，还有学校或教师本人受到上级部门的表彰奖励而得到的另加分，由集体实绩分、研究实绩分和褒奖分三部分组成。另加分能促使教师提升集体意识，重视团队的整体发展，同时也鼓励教师进行科学研究，不断自我完善。借鉴韩国的成功经验，我们也可以建立类似的教师考评制度，将教师流动的工作实绩纳入教师评价范围，充分肯定他们作出的积极贡献，并将考核结果作为教师流动、待遇提高、职称评定等的重要依据（倪中华，2019）。

　　应该注意到，韩国教师相对偏好团队绩效薪酬，这和韩国基础教育教师的高薪待遇、传统校园文化有一定的关系。

## 四、中国、美国、韩国三国乡村教师绩效薪酬偏好评价

　　三个国家乡村教师的绩效薪酬偏好总体上都倾向于高收入，追求更高的社会经济地位和职业成就。相对地，目前我国和美国教师的绩效薪酬偏好结构相似度比较高，即更偏好个人绩效薪酬项目，而韩国教师可能偏好团队绩效薪酬项目。在乡村津贴补贴中，美国、韩国教师通过国家和地方

两级有力的财政预算保障，乡村教师津贴项目丰富，对乡村教师的保障程度相对更高。加上基本工资的话，韩国乡村教师的薪酬收入在中国、美国、韩国三个国家中居于首位。

随着乡村振兴战略的深入实施，我国乡村教师收入水平、职业吸引力必然得到进一步提升，乡村教师绩效薪酬偏好将得到进一步改善，乡村教师质量发展将得到更大提升。

# 本 章 小 结

本章开展了绩效薪酬偏好比较研究，主要就中国、美国、韩国乡村教师绩效薪酬偏好特征开展了研究。

总体上，中、美两国乡村教师薪酬竞争力处于严峻状态，对教师吸引力低下，吸引和招聘乡村教师遇到挑战，因此需要从国家、省（州）、乡村采取相应的鼓励性政策，来应对目前的挑战。而韩国教师受到文化和环境因素影响，加上对绩效考核系统效果不清楚，认为绩效考核标准不能有效地展现出良好的教学业务活动，导致教师对绩效薪酬持否定态度。

本章绩效薪酬偏好比较研究对于乡村教师绩效薪酬效果提升、乡村教师队伍建设有较高的参考价值。

# 第四篇　对策与展望

# 第八章 乡村教师绩效薪酬偏好
# 与从教决策研究

薪酬偏好与职业吸引力是薪酬效果理论的重要内容。绩效薪酬偏好作为绩效薪酬分选效应的心理学研究范式，逐渐受到理论界和人力资源管理实践者的高度关注。立足乡村振兴战略，在乡村教师绩效薪酬偏好的实证研究基础上，探索乡村教师绩效薪酬偏好及其从教决策行为、实现路径，具有重要的实践价值。特别要注意的是，本章所讨论的方法，将作为实证研究结果与对策的桥梁，为本书理论研究成果精准应用于乡村教师队伍发展实践提供技术方法。

## 第一节 绩效薪酬偏好与乡村教师从教决策类型

本书第六章实证研究结果表明，在文化取向调节作用下，社会心理环境对乡村教师绩效薪酬偏好具有显著的影响。这一理论研究结果，无疑提供了乡村教师绩效薪酬偏好及其乡村从教决策的内在关系。从职业生涯规划与职业发展的实践角度观察，绩效薪酬偏好与乡村教师从教决策模式，形成乡村教师薪酬战略与乡村教师队伍发展战略之间匹配的纽带。

## 一、乡村振兴战略与乡村教师职业吸引力

乡村振兴战略为未来中国乡村的发展描绘了一幅综合全面的蓝图，为改善乡村教育状况提供重大历史机遇。

### 1. 乡村教师队伍发展的政策动力

2016 年国务院印发《关于统筹推进城乡义务教育一体化改革发展的若干意见》中，明确提出城乡义务教育实现"四个统一"和"一个全覆盖"，包括乡村教师的培养、培训、补充及待遇等。其中，乡村教师待遇保障机制明确强调，要实行乡村教师收入分配倾斜政策，落实并完善集中连片特困地区和边远艰苦地区乡村教师生活补助政策，因地制宜稳步扩大实施范围，按照"越往基层、越往艰苦地区补助水平越高"的原则，使乡村教师实际工资收入水平不低于同职级县镇教师工资收入水平。健全长效联动机制，核定义务教育学校绩效工资总量时统筹考虑当地公务员实际收入水平，确保县域内义务教育教师平均工资收入水平不低于当地公务员的平均工资收入水平。建立乡村教师荣誉制度，使广大乡村教师有更多的获得感。完善乡村教师职业发展保障机制，合理设置乡村学校中级、高级教师岗位比例。落实中小学教师职称评聘结合政策，确保乡村学校教师职称即评即聘。将符合条件的边远艰苦地区乡村学校教师纳入当地政府住房保障体系，加快边远艰苦地区乡村教师周转宿舍建设。

2018 年 1 月 2 日中共中央　国务院发布《中共中央国务院关于实施乡村振兴战略的意见》其中明确提出，优先发展农村教育事业，高度重视发展农村义务教育。推动建立以城带乡、整体推进、城乡一体、均衡发展的义务教育发展机制。统筹配置城乡师资，并向乡村倾斜，建好建强乡村教师队伍。

在这些重要的政策文件中，无论对乡村教师生活补助标准依据、提升

潜力，还是绩效薪酬水平、各项荣誉奖励、职称与住房改善，都有了政策依据，无疑对乡村教师绩效薪酬制度、职业吸引力改善有直接的政策导向和激励作用。

**2. 乡村教师职业吸引力仍不乐观**

截至目前，理论界对乡村教师职业吸引力的研究已有较丰富的成果。总体上，乡村教师是乡村文化的传承者、维护者和创新者，在乡村振兴战略中起着关键性的作用。

还值得注意的是，目前我国乡村教师队伍建设存在教师身份价值边缘化、补给问题逐渐扩大化、教师责任意识淡薄化等问题。学者对某省4480名乡村青年教师进行了网络调研，结果发现，对于乡村青年教师而言，职业吸引力整体处于中等偏下水平（孔养涛，2020；许爱红，2020）。学者主张，在乡村振兴战略背景下，立足乡村实行乡村教师从职前到职后的本土化培养，才能实现教师真正扎根乡村教育的目标。在操作上，需要实施定向培养，建设乡村教师队伍后备资源；培养专业化，增强职前教师教育的乡村情感；实现文化认同，提高乡村教师的职业认同感；确立价值追求，生成乡村教师扎根动力；建立荣誉制度，留住乡村教师（孔养涛，2020），强化政策因子、待遇和激励因子对乡村教师职业吸引力（许爱红，2020）。

本书第六章的实证研究结果表明，虽然乡村教师的职业具有一定的吸引力，但是乡村教师薪酬满意、非常满意的比例分别占24.6%、2.5%，两项合计仅占27.1%，可见乡村教师的薪酬满意度不到30%。

按照从教意愿的分布统计结果来看，具体情况也不乐观。具体地，乡村从教意愿中，同意和非常同意者比例为49.8%；乡村长期从教意愿中，同意和非常同意者比例为23.3%；在乡村努力从教者，同意和非常同意者比例为83.4%。这些统计结果显示，乡村教师乐意在乡村从教比例只接近50%，愿意在乡村长期从教的教师不到30%。

综合乡村教师薪酬满意度和职业吸引力统计结果，乡村教师职业吸引力状况可见一斑。

因此，无论是政策要点，还是学者的分析，在乡村振兴战略背景下，对于乡村教师职业吸引力的提升，都关系到乡村教师的待遇、乡村社会环境、文化取向协同等方面。因此，立足本书实证研究成果，很有必要研究乡村教师绩效薪酬偏好与职业吸引力提升模式。

## 二、乡村教师绩效薪酬偏好与乡村教师职业吸引力

乡村教师绩效薪酬偏好实证研究结果表明，总体上，教师是拥护绩效薪酬制度的。绩效薪酬制度的重要效果就是分选效应，即能够吸引优秀的、高素质的求职者到实施绩效薪酬制度的组织中，从而改善组织的劳动力队伍素质（格哈特，2005）。既然乡村教师偏好绩效薪酬制度，那么乡村教师职业吸引力为什么不高？

从薪酬管理理论看，绩效薪酬只是薪酬体系的重要组成部分。乡村教师薪酬体系中，除了绩效薪酬外，还有基本工资、教龄工资、特优津贴、乡村生活补助等构成。

从人力资源管理的工作分析理论看，薪酬是工作的重要特征。工作吸引力中，薪酬吸引力是重要的组成。

良好的薪酬制度，不仅仅表现在制度理念先进、项目结构合理，更重要的是，薪酬水平也具有分选效应，具有竞争力，通常人们都喜欢高收入（格哈特，2005；Cable，1994）。因此，乡村教师薪酬体系中，不仅薪酬制度理念要得到教师的拥护，薪酬项目设置及结构要得到教师的偏爱，高收入同样会受到教师的偏爱。

如果乡村教师薪酬收入水平不高的话，即便教师偏好绩效薪酬制度，对于薪酬制度总体满意度也不会高。对应地，乡村教师职业的吸引力可能就受到消极影响。

从绩效薪酬实践成效看，美国大多数教师绩效薪酬制度都不成功。绩效薪酬制度是依据管理者对教师的考评结果，而教师的产出很难观察到，属于团队作业产品，个人贡献难以分离出来。绩效薪酬制度只奖励教师可以衡量的绩效贡献，难以衡量的绩效贡献就不能够给予奖励；学校行政管理者往往无法解释为什么某个教师比另一个教师更有效；绩效薪酬还会造成教师的机会主义和不合作行为（Ballou，2001；Murnane，1996，1986）。这些学者的观点值得高度关注。

目前，我国乡村教师的薪酬收入距离教师的期望目标还有相当的差距。还需要高度重视乡村教师职业吸引力研究。

## 三、绩效薪酬偏好与乡村教师从教决策类型

乡村教师从教决策的本质是乡村教师劳动力供给的问题。我国对乡村教师队伍建设历来非常重视，但发展过程中也出现了乡村教师供给不足等问题，究其根源在于乡村教师编制制度（赖昀，2020）。新中国成立以来，偏重城镇的政策导向导致制度设计缺陷，因岗限人致使制度分配失当，改革过程中引发部分制度结构混乱，核编机制落后导致制度绩效低下。通过破除制度设计路径依赖，教师编制独立供给，优化教师编制制度结构，创新核编机制等措施，创新我国乡村教师编制制度，将有助于保障乡村教师从数量、质量和结构上实现供给充足。

因此，分析乡村教师供给与其从教决策，就要深入讨论乡村教师的供给与绩效薪酬偏好关系，进而分析从教决策行为。按照圣地亚哥（Santiago，2002）的从教决策分析模型，本书提出乡村教师从教决策行为分析框架。

### （一）乡村教师来源

乡村教师来源主要包括四部分。第一部分是储备的师资源，即经验丰

富的退休教师和早期没有从教的毕业师范生，给予这些老师适当激励，就可能吸引他们来乡村从教。第二部分是最近刚毕业的师范生。第三部分来源是临时代课教师，包括乡村支教生。这两部分教师来源都是大学毕业生。第四部分来源是从私立学校调出到乡村公立中小学任教的老师、从城镇中学调动到乡村学校的教师。

### （二）乡村教师从教决策类型与影响因素

个人是否在乡村从教，其决策内容和影响因素分析如下。

**1. 是否接受师范教育，愿意成为未来的乡村教师**

高考志愿填报中，考生要慎重决定自己是否愿意进入师范类高校或师范类专业学习，成为未来的乡村教师，会受到以下因素影响：乡村地区可提供的教师职位数量、乡村教师的相对薪酬地位、职业地位、乡村教师从业资格证书要求、师范生培养方案、师范生学习优惠待遇等。

**2. 师范生毕业后是否在乡村从教**

师范生该项决策受到如下因素影响：乡村教师职位数量、乡村教师相对薪酬水平、乡村教师职业以外的就业机会、乡村教师职业地位（包括职业晋升条件、目前乡村教师职称结构）。

**3. 会否从乡村学校调动到非乡村学校**

该从教决策会受到以下因素影响：非乡村学校能够提供的教师岗位（或编制）、相对薪酬水平、相对工作条件等因素。

**4. 在乡村学校从教多长**

该从教决策受到的影响因素包括：乡村教师相对薪酬水平、乡村学校外部有吸引力的就业岗位、岗位职业地位、绩效薪酬、退休福利、家庭抚养负担等。

**5. 是否从其他职业返回乡村学校从教**

该从教决策的影响因素包括：乡村教师相对薪酬水平、乡村教师以外的其他就业机会、乡村教师地位、乡村教师职业结构（教师队伍构成）、工作条件和个人境遇。

### （三）绩效薪酬偏好、职业吸引力与乡村教师从教

总体上，影响乡村教师职业吸引力的激励要素包括：相对薪酬水平、职业生涯历程、绩效薪酬、工作条件、乡村教师专业地位、个人境遇、乡村教师培训和证书要求、乡村教师职业的相对求职难度（Santiago，2002）。

从中可以看出，在影响教师职业吸引力的因素中，绩效薪酬发挥着重要的影响。但是不可忽视的是，文化取向、社会心理环境不仅对乡村教师绩效薪酬偏好产生直接的影响，对乡村教师从教决策可能也具有影响。因此综合考虑这些因素，有助于从更广泛的、创新程度更高的视野，提高乡村教师绩效薪酬偏好导向下的从教决策效果。毕竟，乡村绩效薪酬政策的重要出发点是吸引优秀人才到乡村从教，长期从教。

# 第二节　乡村教师从教决策矩阵与运用

绩效薪酬偏好导向下，乡村教师从教决策不是自动就能实现的。结合第六章的实证研究结论，就乡村教师从教决策的实现路径，构建乡村教师从教决策矩阵，有助于揭示乡村教师从教决策行为与相关因素之间的关系。

# 一、从教决策矩阵含义

我国正在积极实施乡村振兴战略。对大量高素质乡村教师的需求，是乡村教育振兴的重要师资资源。强有力的研究证据表明教师质量是决定学生质量的最重要校内因素，因此学校应积极采取措施，提高教师的质量（Rivkin，2000）。

在乡村教师劳动力市场逐渐完善背景下，分析乡村振兴战略动力机制、乡村教师劳动力市场调节机制、乡村教师权益保障机制、乡村社会心理环境的协同机制的整合行动，需要构建乡村教师从教决策矩阵。

乡村教师从教决策矩阵是指用简洁的图形、表格、文字等形式，描述乡村教师从教决策行为步骤，反映从教决策相关环节之间的逻辑关系。它能够帮助乡村教师政策制定者、乡村学校和乡村教师明确从教决策方向，理顺实现目标所需的关键要素，明晰从教决策行为与相关环节、决策环境之间的关系。乡村教师从教决策矩阵具有高度概括、高度综合和前瞻性的基本特征。该矩阵包括设计过程与最终结果。

# 二、乡村教师职业选择和从教决策矩阵结构

## （一）乡村教师职业选择

### 1. 乡村教师职业选择目标

乡村教师职业选择目标是指乡村教师在合理选择职业依据基础上，根据客观的教师劳动力市场供需情况，理性选择教师职业类型、任职学校。

依据前文分析，乡村教师确定职业目标会受到以下因素的影响：

（1）选择职业的依据。依据什么样的标准来选择自己认可的职业类型，比如合法性、职业收入、社会地位、任务繁重程度、职责等。

（2）职业选择的自身条件。主要包括自己的学历、职业资格、实践经历、工作成就等。

（3）职业选择的可能性。包括用人单位所提供的职位类型、数量和招聘时间。

（4）职业选择的环境条件。包括工作地点、工作条件和设施、工作中的人际关系和上下级关系等。

**2. 乡村教师职业选择活动**

（1）报考师范类高校或师范类专业，为从事教师职业接受教师教育培训。

（2）师范生毕业从事义务教育教师。师范生毕业就决定从事教师职业。

（3）毕业后去乡村学校。师范生选择去乡村学校开始教师职业生涯活动。

（4）在乡村学校短期任教。只考虑在乡村学校短期从教，不打算长期在乡村学校做教师。

（5）乡村学校长期从教。打算在乡村学校长期任教，不去城镇学校做教师。

（6）离开乡村学校去城镇学校。计划从乡村学校调离，去城镇学校任教。

（7）从事教师以外的职业。放弃教师职业，从事非教师职业的工作。

**3. 乡村教师从教决策中的职业阶段划分**

乡村教师从事教师职业，往往经历一定的职业生涯过程和阶段，主要包括如下：

（1）教师职业目标确定阶段：从高考填报志愿、选择师范类院校或师范类专业、接受师范类专业教育到毕业时确定从事教师职业。

（2）教师职业生涯初期阶段：从新教师开始，早期任教过程。

（3）教师职业生涯中期阶段或离职：从事教师工作有一定教龄，对学科教学、学科科研有比较扎实的基础，担任班主任工作的阶段。也可能选择离职，从事其他职业的阶段。

（4）教师职业生涯调整阶段。可能会选择从事不同学段、不同学科的教学、科研工作，或者兼职担任一定的行政管理职位。

（5）教师职业生涯稳定阶段。经过一段时间的调整，重新进入稳定的教师职业生涯阶段，教学、科研成果丰富，职业生涯进入收获阶段。

（6）教师职业生涯退出阶段。随着年龄达到国家规定的退休年龄，准备退休阶段。

**4. 社会心理环境、文化取向、学校环境、政策影响机制**

乡村教师职业发展进程中，职业吸引力往往发挥着关键的作用，而影响乡村教师职业吸引力的因素主要包括如下：

（1）乡村社会心理环境吸引力：主要反映乡村教师对乡村社会心理环境的感觉，包括归属感、领导支持、学校目标认同等。

（2）乡村环境熟悉：乡村教师对农村、农民的熟悉和热爱程度。

（3）喜爱乡村学校氛围。乡村教师对乡村学校总体的喜好感觉。

（4）良好的薪酬待遇：主要包括基本工资、绩效薪酬、乡村生活补助、乡村工作津贴、住房周转、医疗保障、交通通信保障等综合待遇。

（5）符合自身的职业兴趣。反映教师对乡村教师职业的偏好程度。

（6）对乡村振兴战略实施的信心。指乡村教师拥护国家实施乡村振兴战略、促进乡村教师队伍发展的坚定信心。

（7）自身的文化取向。主要是乡村教师个人的文化取向，比如个人的水平集体主义文化取向。

（8）家庭抚养负担，反映乡村教师抚养家庭成员的状态。

**（二）乡村教师定位及从教决策矩阵结构**

基于乡村教师从教决策定位，明确从教决策矩阵结构。本书结合乡村教师从教决策行为所依据的职业兴趣、预期待遇、绩效薪酬偏好、乡村学校工作条件和乡村社会环境特征，构建以下从教决策定位类型，以便构建乡村教师从教决策矩阵，促进乡村教师从教决策过程的精准分析（见图8-1）。

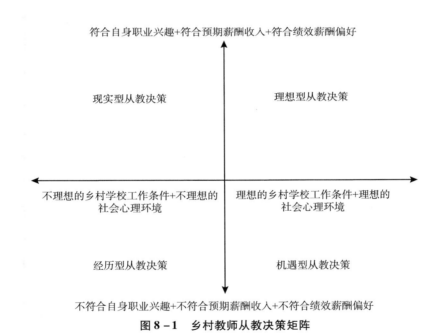

图8-1 乡村教师从教决策矩阵

（1）理想型从教决策定位：符合自身职业兴趣＋符合预期的薪酬收入－符合自己的绩效薪酬偏好＋理想的乡村学校工作条件＋喜欢乡村社会环境。

（2）现实型从教决策定位：符合自身职业兴趣＋符合预期的薪酬收

入＋符合自己的绩效薪酬偏好＋不理想的乡村学校工作条件＋不理想的乡村社会心理环境。

（3）机遇型从教决策定位：不符合自身职业兴趣＋不符合预期的薪酬收入＋不符合自己的绩效薪酬偏好＋理想的乡村学校工作条件＋理想的乡村社会心理环境。

（4）经历型从教决策定位：不符合自身职业兴趣＋不符合预期的薪酬收入＋不符合自己的绩效薪酬偏好＋不理想的乡村学校工作条件＋不理想的乡村社会心理环境。

## 三、乡村教师从教决策矩阵的运用

### （一）乡村教师从教决策矩阵的运用目的

在图8－1中，横轴代表乡村学校工作条件、社会心理环境，越往右表示越理想，越往左代表越不理想。

纵轴代表教师的自身职业兴趣、预期薪酬收入、绩效薪酬偏好。越往上代表越符合教师的期望，越往下代表越不符合教师的期望。

从图中可以看出，最佳的状态是乡村教师处于理想型从教决策位置，最差的状态是经历型从教决策位置，处于中间位置的分别是机遇型从教决策和现实型从教决策。

实践中，乡村教师从教决策较少处于理想型从教决策位置，而往往处于中间位置的机遇型和现实型从教决策，还有一部分教师处于经历型从教决策。

构建乡村教师从教决策矩阵，就是争取更多的教师能够从机遇型、现实型从教决策向理想型从教决策位置转移，力争更多处于经历型从教决策位置的教师向机遇型、现实型从教决策转移。

因此，运用乡村教师从教决策矩阵的有关部门、组织，可以结合乡村教师从教决策矩阵了解乡村教师职业选择的状态，制定相关的优惠制度政策，促进乡村教师队伍健康发展；师范生、相关教师运用该分析工具，则有利于自我诊断在乡村学校任教的可能性和从教决策依据。

### （二）乡村教师从教决策矩阵的运行机制

乡村教师从教决策矩阵的理论基础是乡村教师职业生涯规划、乡村教师薪酬偏好、乡村学校社会心理环境等理论。那么在乡村振兴战略进程中，具有理论支撑的乡村教师从教决策矩阵的运行机制如何？管理实践中的业务操作流程如何展开？以下将分别讨论这些问题。

**1. 乡村教师从教决策矩阵运行机制的基本任务**

（1）乡村教师从教决策的主观要求和客观条件

自身职业兴趣、预期薪酬收入、绩效薪酬偏好、乡村学校工作条件、社会心理环境是乡村教师从教决策的五个核心要素。在这五个核心要素中，前三项可以归纳为乡村教师从教决策的主观要求，后两项可以归纳为从教决策的客观条件。在主观要求和客观条件达到积极一致时，很可能形成理想的决策结果，即理想型从教决策；而两者达到消极一致时，可能会形成经历型从教决策；主观要求和客观条件二者不一致时，可能形成机遇型从教决策或现实型从教决策结果，即在理想主观要求和不理想的客观条件作用下，形成现实型从教决策结果；而在不理想主观要求和理想的客观条件下，形成机遇型从教决策结果。

因此，乡村教师从教决策的主观要求、客观条件之间的一致性或匹配性，就成为乡村教师从教决策的重要矛盾和焦点。

值得再次强调的是，主观要求和客观条件的一致包括积极一致和消极一致两种可能，在运行机制中必须区分对待。

（2）从教决策矩阵的运行机制的基本任务

乡村教师从教决策矩阵解决的基本任务是，促进乡村教师从教决策主观要求和客观条件之间的不一致性向积极一致性的转变，保持并提升积极一致性程度。

完成该一致性转变、保持和提升任务，需要动态地调整乡村教师从教决策的主观要求，完善乡村学校、乡村社会心理环境的客观条件。

**2. 乡村教师从教决策主观要求应变机制**

乡村教师主观要求主要反映了乡村教师的职业兴趣、预期薪酬收入、绩效薪酬偏好等，这些要求是乡村教师职业活动的个人需求。所谓主观要求调整，就是乡村教师对于这些方面的个人愿望和选择标准要依据劳动力市场供需状况、个人能力及职业生涯过程，及时、准确进行应变，调高或降低自己的职业预期。

（1）乡村教师职业兴趣变化

乡村教师职业兴趣变化，反映了个人对乡村教师职业的综合评价，包括职业吸引力、自身职业能力认知、职业的派生需求等方面，进而对乡村教师职业产生更强的偏好或抵触。

一般意义上，职业吸引力反映着"乡村教师"这一职业所具备和提供的条件，对在职乡村教师和潜在乡村教师个体价值与社会责任的实现予以满足，吸引其就业、保障其安业并促进其乐业的力量。乡村教师职业吸引力越强，乡村教师职业兴趣就越强，反之亦然。

乡村教师自身的职业能力是从教的基本保障，是乡村教师实现工作职责、完成教学任务、提高教学效果的前提。自身专业能力越强，乡村教师从教的动机相应地会越强。在乡村教师职业吸引力增强的条件下，能力越强，教师越可能在乡村从教，能够发挥自身专业能力，也往往是工作动力机制的有效成分。

职业派生需求是乡村教师劳动力市场的重要特征，表明对乡村教师数量、质量和结构需求，受制于对乡村教育发展的最终需求。即社会对乡村教育的需求，会导致对乡村教师数量、质量、师资结构的需求。乡村教师派生需求因素长期被忽视，导致对乡村教师队伍建设中乡村教育发展、乡村社会发展的根本因素的忽视。

随着乡村振兴战略的实施，必须高度重视乡村教师队伍派生需求。实践操作层面上，乡村振兴战略将提升乡村教育事业发展速度，乡村教育发展必然促进乡村教师队伍发展速度，最终对乡村教师从教决策带来积极的职业生涯预期。

在具体的乡村教师规划方面，必然强化乡村教师对乡村社会、乡村教育的方向判断，增强乡村教师的社会角色自信心和乡村社会发展的成就感，增强职业兴趣。

要注意的是，正如本书第七章案例资料所展示的，新生代乡村教师的身份认同出现严重的危机。因此，新生代乡村教师群体的身份认同危机亟须得到整个社会高度的关注。

（2）乡村教师薪酬保障和激励需求的变化

人力资源管理的工作分析理论强调，薪酬是工作的重要特征。因此薪酬收入水平、绩效薪酬偏好反映着乡村教师薪酬需求，是乡村教师从教的物质需求动力。对薪酬的追求是居民个人对工作回报的重要诉求。所以乡村教师通常会依据自己对乡村振兴战略的实施前景、乡村教师生活条件与物价水平、个人职称晋升、教学工作量、基本工资上涨、当地公务员工资收入上涨等情况的预测，持续增强或弱化自己的薪酬收入水平预期、绩效薪酬偏好等要求。

乡村教师主观要求变化往往取决于个人的从教经历、离职成本、非教师岗位相对薪酬水平、生活成本等因素。关于乡村教师主观要求变化所需时间、调整产生的压力、信息不对称产生的代价等，都还需要深入研究。

### 3. 乡村学校、乡村社会心理环境的改善机制

本书理论回顾中的多项研究表明，乡村学校工作条件、岗位任务与职责、乡村教师绩效管理、教师学科队伍发展平台与培训机会、配套生活便利设施、校园环境等客观条件的改善机制，是激发乡村教师从教决策动机的重要因素。

乡村社会心理环境感觉虽然是教师的心理感受，但是本质上是乡村教师对乡村社会环境和谐、满意、积极向上的心理评价。按照马克思理论中物质决定意识的科学观点，乡村社区环境发挥着决定性作用，尤其是乡村的社会支持系统。乡村教师的社会支持系统是指政府、学校、社会团体等支持主体，通过经济、制度、文化等手段，满足乡村教师生活和发展要求。

举例来说，仅仅从社会文化层面构建乡村教师专业发展的社会支持体系来看，就包括专业制度支持、专业价值支持、专业信念支持和专业文化支持。从实际情况来看，某些乡村教师培训的内容与形式无法满足乡村教师的现实需求致使培训成效不高，不合理的考核评价制度影响了乡村教师参与专业发展的意愿与动机，乡村教师在校际合作中处于边缘处境，且在教师角色责任上往往与其他角色身份产生冲突。此外，乡村学校规模小、生源特殊，教师工作多样复杂。乡村教师工作总量多、工作时间长，工作结构不合理，非教育教学任务重，工作面过广，都会影响教师身心健康，有损教育教学质量和学校教育生态。

从历史看，自 20 世纪 90 年代开始，伴随着撤点并校政策的出台和实施，乡村学校与城市社会的空间距离逐渐缩小，而乡村教师与乡村社会的心理距离却逐渐拉大。与其相伴随的是，乡村教师的社会生活所具有的乡土性、地域性、群际性特征，则随着撤点并校等政策的出台和实施，乡村教师纷纷与乡村脱离，生活在区别于城乡居民的异质文化空间，成为远离乡村社会的"他者"和游走于城市社会的"边缘人"。本土资源与地域性

知识是乡村教师融入乡村、开展教育活动的知识基础与社会支撑，其中乡村文化是乡村居民的精神家园。乡村文化要对乡村教师产生一定的文化吸引力，也必须改变某些封闭与稳定的文化特质，积极地吸收外来文化的影响。乡村文化只有在与都市文化等外来文化的接触中借鉴、吸收优质文化资源，才能形成可持续发展的乡村文化体系，才能促进乡村的繁荣并提升其生态凝聚力。

因此，乡村振兴战略的实施进程必然极大程度地改善乡村社区环境。通过振兴乡村教育，还乡村教育以本色，重塑乡村教师的知识分子形象，以保障他们能尽乡村公共知识分子的责任与义务，实现乡村教师应有的尊严。

**4. 主观要求与客观条件的沟通与协调机制**

乡村教师从教决策矩阵的展开，表明了教师对于乡村学校、乡村社会心理环境的认同。同时，乡村学校管理层、各级教育主管部门要及时掌握乡村教师的主观要求，精准掌握乡村教师的薪酬需求。本书一再强调，乡村教师绩效薪酬偏好不仅取决于制度本身，更取决于制度执行过程是否公开、公平、公正，教师是否对绩效管理体制有比较高的认同度，乡村教师是否对乡村有归属感，是否认同乡村学校发展目标。从乡村教师的个人特质看，其文化取向将和这些社会心理环境共同影响绩效薪酬偏好，进而影响乡村从教决策结果。因此，强化乡村学校管理层与教师之间的顺畅沟通机制，建立长久高效的沟通平台，积极解决乡村教师的实际困难和工作发展瓶颈，形成良性乡村学校校园氛围，都会形成乡村教师主观要求与客观条件的积极协同效果。

**（三）乡村教师从教决策矩阵的实施步骤与方法**

乡村教师从教决策矩阵的实施基本划分为准备阶段、实施阶段、总结与完善阶段，各个阶段的实施要点和方法要因地制宜，灵活应对。

**1. 准备阶段**

作为师范生或教师，要有效地运用乡村教师从教决策矩阵，需要做好以下准备工作。

（1）能够理性判断自己职业兴趣、报酬期望（收入水平、绩效薪酬偏好），具有教师资格证或者符合乡村学校教师任职资格要求。

（2）熟悉和热爱乡村文化、有乡村生活经历、适应乡村学校工作及生活环境。

（3）对乡村教师工作有高度认同感。

《乡村教师支持计划（2015—2020 年)》强调，要努力造就一支素质优良、甘于奉献、扎根乡村的教师队伍，为基本实现教育现代化提供坚强有力的师资保障。教育主管部门、乡村学校、乡村社区要依照该目标，结合乡村振兴战略实施，围绕全面提高乡村教师思想政治素质和师德水平、拓展乡村教师补充渠道、提高乡村教师生活待遇、职称（职务）评聘向乡村学校倾斜、推动城镇优秀教师向乡村学校流动、建立乡村教师荣誉制度、全面提升乡村教师能力素质工作，落实各自责任，保障资金投入。

**2. 实施阶段**

师范生、教师在对乡村教师职业、岗位要求等方面熟悉基础上，通过比较分析、实地调研等活动，在决定从事乡村教师职业后，积极参加乡村教师招聘报名、考试、入职等活动。

政府有关部门、乡村学校、乡村社区要及时公布乡村教师招聘公告，按照规定开展乡村教师考核与录取活动；积极主动为师范生参观学校、安排教学实习、招聘录用新教师提供相应条件，推进高素质乡村教师队伍建设。

**3. 总结与完善阶段**

在运用乡村教师从教决策矩阵、推进乡村教师队伍建设的活动中，教育主管部门、乡村学校等组织可以总结该方法的成效，根据本地、本校实际，完善相关制度，提高乡村教师从教决策矩阵的效果。

师范生可以从运用该工具的过程中，交流自己的切身感受，师范类院校可以通过对入职乡村学校的毕业生的就业调查活动，了解同学们对乡村教师从教决策矩阵的心得体会，为后续毕业生从事乡村教师的职业发展活动提供针对性帮助。

# 本 章 小 结

本章主要讨论了绩效薪酬偏好与乡村教师职业吸引力问题，为乡村教师从教决策提供新的分析方法和工具。为此本书提出了乡村教师从教决策矩阵工具。先讨论了乡村教师从教决策矩阵的含义、要素和设计分析，然后通过绩效薪酬偏好视角下的乡村教师从教决策要素分析、乡村教师从教决策类型与影响因素分析，构建了乡村教师从教决策矩阵，明确了四种从教决策定位，即理想型从教决策、机遇型从教决策、现实型从教决策、经历型从教决策，提出运用乡村教师从教决策矩阵的策略、运行机制。理论上，乡村教师从教决策矩阵反映了乡村教师从教决策定位及其影响变量关系，实践上，也可以作为乡村教师从教决策活动的新方法、新工具，对于相关部门、乡村社区和乡村学校进行教师招聘也有一定的参考作用。

# 第九章　乡村振兴进程中乡村教师职业发展对策研究

乡村振兴战略是乡村教师队伍建设的重大战略机遇，本章将结合乡村振兴战略，结合本书所开展的乡村教师绩效薪酬偏好实证研究成果，结合乡村教师从教决策矩阵分析，就乡村教师绩效薪酬制度完善、乡村教师队伍建设和乡村教师长期从教提出相关对策。

## 第一节　乡村教师绩效薪酬制度完善对策

根据薪酬管理理论，绩效薪酬制度具有分选效应和激励效应。能力越强者，越偏好绩效薪酬制度。因此要实现乡村振兴，建立城乡融合的乡村教育制度，完善乡村教师绩效薪酬制度就尤为重要。

### 一、乡村教师绩效薪酬制度完善目标

我国乡村教师绩效薪酬制度自 2008 年实施以来，取得了积极成绩，特别是《乡村教师支持计划（2015—2020 年）》等配套制度的陆续推出，强化了绩效薪酬制度的落实，发挥了积极的作用。但是目前乡村教师绩效

薪酬效果仍然距离政策目标还有相当距离，因此应该进一步明确乡村教师绩效薪酬制度完善的目标，即充分发挥绩效薪酬制度效果，形成更强的制度力量，实现制度收益，真正让乡村教师成为人人羡慕的职业。

## 二、乡村教师绩效薪酬制度完善原则

### 1. 战略性与战术性协调

将乡村教师绩效薪酬制度完善提高到国家意志上，这个是多项政策中都提出的。但是在战术层面的完善相对比较欠缺，比如乡村教师绩效薪酬制度理念、项目体系优化、绩效薪酬激励强度等，需要在操作性、战术性方面进行明确。

理念上，要立足乡村振兴战略要求，彻底贯彻优绩优酬；要坚持项目体系的动态优化调整，按照乡村教师薪酬需求，适度微调基础性绩效薪酬、奖励性绩效薪酬比例和项目；要明确将绩效工资修改为绩效薪酬，因为按照薪酬管理理论，绩效工资只是绩效薪酬的一个具体构成项目；强化绩效管理系统的高效能，增强教师对绩效考评效果的信任度。

### 2. 创新性和稳定性协同原则

乡村教师绩效薪酬制度调整涉及面广，环节复杂，制度创新的成本比较高，因此创新和稳定协同原则很有必要。

国家和省级教育主管部门可以逐步建立乡村教师绩效薪酬制度创新机制，积极吸纳社会智库平台、专家学者参与其中；积极吸收国外先进绩效薪酬理念和项目，降低制度创新成本；稳定性主要是保持绩效薪酬制度的国家意志，体现各级政府的稳定保障性资金投入，让广大乡村教师能够安心、欢心分享到国家繁荣富强的制度红利，这也是党的十九大报告中强调的人民群众获得感的具体表现。

**3. 制度完善的专业性和群众性结合原则**

乡村教师绩效薪酬制度完善涉及到国家乡村振兴战略在乡村教育振兴层面的微观举措。涉及人数 290 万乡村教师的长期性根本利益，动员乡村学校校长和一线教师们的积极参与、意见沟通至关重要。具体可以借鉴高科技员工绩效薪酬沟通机制，发挥百万乡村教师的智慧，从而提高教师对制度完善和制度执行的认同，形成制度过程偏好机制，避免制度抵触，提高乡村教师绩效薪酬偏好。

专业机构、专家学者对乡村教师绩效薪酬制度的完善有专业机构的研究优势，政府应该继续加大购买专业服务的力度，舍得制度完善前期的咨询服务购买支出，降低乡村教师绩效薪酬咨询、调研、设计、实施、调整、沟通各个环节成本，把有限的教育资金投入还利于民。

## 三、乡村教师绩效薪酬完善内容

### （一）持续增加乡村生活补助标准

乡村振兴离不开国家资源投入。要持续增加乡村教师生活补助标准，按照"越往基层、越是边远、越是艰苦，教师的地位待遇越高"的原则，制定差别化标准，并提高起步标准。具体可以根据学校距离县城或市区中心的远近程度共分为若干梯度。从国家振兴乡村教育的战略目标出发，稳步持续增加乡村生活补助标准，建议以 2019 年全国乡村教师生活补助标准平均水平为基数，每年按照一定幅度自动晋档递增。

建议明确教师津补贴职责主体，东部地区乡村教师津补贴可采取"以县为主，省级为辅"的经费体制，中部地区则坚持"以省为主，中央为辅"，西部地区乡村教师津补贴应由中央政府全权负责。如此形成的"以县为主""以省为主"或"以中央为主"的经费保障制度，才能确保教师津补贴按时足额发放，弱化地区差异，促进城乡义务教育均衡发展。

### （二）强化非货币性绩效薪酬项目

本书研究中，乡村教师对于非货币薪酬偏好有强烈的要求，而目前的工作—生活均衡满意度、福利满意度都处于低下状态。因此建议如下：

1. 大幅度改善乡村教师工作—生活均衡状态。关心乡村教师工作条件、生活条件，特别是日常生活的各个事项，满足乡村教师婚育、子女教育、城乡交通、就医等要求。乡村教育振兴不能再苦乡村教师及其家人。乡村教师生活水准、生活便利和质量应不低于当地公务员水平。

2. 显著改善乡村教师福利状况，尤其是住房、旅游和体检项目。

这些非货币报酬直接关系到乡村教师职业脸面，是乡村教师薪酬偏好的重点，与我国乡村社会心理环境、文化传统价值观密切相关。

### （三）大幅度增加乡村教师绩效薪酬总预算

乡村教师生活条件、工作负担都需要得到有效的回报，特别是绩效薪酬收入水平增长，要设计自动晋升的长效联动机制。教师法明确规定，教师的平均工资水平应当不低于或者高于国家公务员的平均工资水平。2018年《全面深化新时代教师队伍建设改革的意见》颁发，确立了公办中小学教师作为国家公职人员特殊的法律地位，并明确提出要健全中小学教师工资长效联动机制，核定绩效工资总量时统筹考虑当地公务员实际收入水平，确保中小学教师平均工资收入水平不低于或高于当地公务员平均工资收入水平。同年《国务院办公厅关于进一步调整优化结构提高教育经费使用效益的意见》以及修订后的《中华人民共和国义务教育法》先后颁发，并对教师收入水平再次进行了明确。由此可见，上述文件对教师收入的界定和要求具有很强的内在一致性，需要把握好系列制度的脉络和规定，这是切实提升教师收入的基础。

值得注意的是，本书研究结果显示，尽管乡村教师绩效薪酬期望比例为36.04%，但是并不意味着教师不喜欢绩效薪酬制度，而是期望基本工资作为稳定的收入能够占据更高的比例，毕竟绩效薪酬收入具有不确定性、波动性大的特征。此外，较低的绩效薪酬期望比例或许和教师绩效管理效能有关。

## （四）优化绩效薪酬项目体系

本研究结果表明，按照偏好从强到弱排序，乡村教师绩效薪酬偏好结果依次是奖励性绩效薪酬、基础性绩效薪酬、知识与技能薪酬、团队绩效薪酬。

现行乡村教师绩效薪酬项目中，基础性绩效薪酬占比为70%，奖励性绩效薪酬项目占比为30%。依据教育主管部门的工作安排，奖励性绩效薪酬项目占比将会提升。

奖励性绩效薪酬项目和乡村教师个人绩效密切关联，受到教师的高度重视。目前该类项目占比明显偏低，建议在增加绩效薪酬预算总量基础上，大幅度调整奖励性绩效薪酬项目，充分发挥绩效薪酬分选效应机制，即绩效薪酬的优胜劣汰机制，从而改善乡村教师队伍素质结构，实现高质量乡村学校目标。

目前我国乡村教师绩效薪酬制度中，尚缺乏知识与技能薪酬、团队绩效薪酬项目。作为主流绩效薪酬项目，此两类绩效薪酬项目在国外中小学应用比较普遍。我国乡村振兴中，乡村文明倡导的集体主义文化将会影响教师的团队绩效薪酬偏好。因此在条件成熟的乡村学校，适当引入学校团队绩效薪酬，比如学校文明奖、学校安全奖、学校乡村文明风尚奖等，都会培育乡村教师爱校爱岗的风气，增强学校凝聚力。

关于知识与技能薪酬项目类型，在国外中小学应用比较多，建议政府主管部门增加预算，积极开展项目调研，创造条件，尽快设计、实施该类绩效薪酬项目，将有利于乡村教师多方面提高知识水平、提升专业技能，与教师职业发展规划密切联系起来，也有利于乡村教师长期在乡村从教。

# 第二节　促进乡村教师长期从教的对策

促进乡村教师长期从教，是实现乡村教育振兴的重要任务。围绕乡村教师长期从教目标，提出以下对策。

## 一、全面宣传乡村教师长期从教工作事迹

### 1. 开展乡村教师工作分析活动

（1）完善乡村教师工作职责。

乡村教师工作分析是进行乡村教师人力资源规划的基础。要提升乡村教师职业吸引力，就需要完善乡村教师的工作职责、教学任务、教学技能、工作条件、师生关系、乡村社会环境、综合待遇、考核评价及任教资格制度；适度向社会宣传一线乡村教师工作全貌，增强全社会对乡村教师工作的全面认识。

（2）展现乡村教师工作满意度。

通过新闻媒体系列专题化宣传活动，向全社会展现乡村振兴战略实施进程中各地一线乡村教师的辛勤工作事迹，宣传乡村教师为乡村学校发展和学生进步所作的贡献，增强社会对乡村教师成就认同，提升乡村教师的成就感和工作满意度，强化乡村教师职业的荣誉感。

### 2. 展现乡村教师与乡村社会的融合形象

乡村教师不仅仅是乡村学校的教师，更发挥着振兴乡村教育、推进乡村社会发展的积极作用。因此，客观精准宣传乡村教师在乡村社会生活的

常态性融入景象，增强乡村教师对乡村社区的归属感，无疑能够促进乡村教师与乡村社会微观层面的良性互动，促进乡村教师和乡村居民之间的沟通，获得乡村社区全面的支持，为乡村教师带来更多的生活便利，丰富乡村教师的文化生活。

**3. 系统宣传乡村学校学生的学业成就**

乡村学校学生的学业成就、学业成果要立足乡村振兴战略总体要求，反映乡村教育特色；要丰富乡村学生创新精神内涵，体现出乡村教师的教学结果。

## 二、完善乡村教师从教决策支持系统

充分运用本书提供的乡村教师从教决策矩阵图，助力乡村教师长期从教决策。

**1. 完善乡村教师供需信息平台**

乡村教师供需信息平台作为重要的公共基础设施与服务支撑体系，要不断进行完善和建设，保持良好的运行状态，以便及时、精准地提供乡村教师岗位供需变动状况，降低乡村教师从教决策成本。

**2. 鼓励专业性教师职业咨询服务体系建设**

求职、就业涉及到大量专门知识和专业技能，因此各级政府部门要鼓励专业性教师职业咨询服务体系建设，以满足乡村教师从教决策中的职业咨询需求，为乡村教师从教决策提供周到服务。

**3. 支持、鼓励乡村教师长期从教**

乡村教师从教决策、从教活动是长期从教的基础，因此政府有关部门要从教师需求实际出发，采取有效激励措施，鼓励优秀人才从事乡村教师工作。当前要积极落实各级政府出台的乡村教师优惠待遇政策，并依据本地实际，从乡村教师工作条件、生活条件、乡村文化条件、教师专业发展条件等方面，对乡村教师从教决策态度和行为进行综合性奖励和保障，吸引更多人才到乡村学校工作。

建议有条件的乡村学校，对乡村教师长期从教进行专项物质性奖励，鼓励乡村教师长期从教；开展乡村教师知识与技能发展薪酬项目试点工作，鼓励教师不断提升教学专业知识和技能；扶持乡村教师立足乡村文化，编著乡土文明教材，开展乡村学校教育教学研究活动，拓展本地乡村文化服务活动。

### 三、积极开展乡村教师人力资源管理活动

（1）立足乡村学校实际，做好乡村教师队伍发展规划，有序衔接乡村教师供需平衡。

（2）积极开拓乡村教师供给渠道，吸引更多优秀人才从事乡村教师职业。

（3）结合实际需求，针对性开展乡村教师培训活动，提高乡村教师培训效果。

（4）建立高效能乡村教师绩效管理体制，不断提高乡村教师对绩效考核工作的满意度，提升对绩效考核系统的认同度，全面落实乡村教师职称晋升鼓励政策。

（5）建立乡村教师薪酬竞争力指数制度，定期测量、公布乡村教师薪酬满意度。

## 第三节　提升乡村教师队伍素质的对策

乡村教师队伍发展是改变农村和贫困地区教育薄弱面貌、深层次实现

教育公平的重要举措，是乡村振兴、乡土文明建设的文化中坚力量，当前尤其要充分把握乡村振兴推动乡村教师队伍结构完善的战略机遇期，制定、实施科学的乡村教师队伍发展规划。

## 一、为乡村学校优先配齐乡村教师

各级教育主管部门应该对农村教师队伍结构进行深入调研，全面掌握农村学校、教学点教职工编制数量、岗位设置数、专任教师数、学科配套情况、年龄结构、学历层次、县级以上名师数量等具体情况，重点开展农村学校及教学点学科配套测算工作，根据各年级各学科周课时数、该学科周平均课时数、该学科所需教师数，逐校逐学科对比分析，准确测算短缺的学科及教师人数，并充分考虑乡村小规模学校、寄宿制学校的实际需要，统筹分配农村教职工编制和岗位数量。这个工作是乡村学校教师队伍管理的基础，是保障乡村教师队伍结构完善的重要前提。因为只有在配齐乡村教师基础上，才能逐渐稳定、提升乡村教师队伍素质结构。

## 二、积极推进乡村教师培训交流

实施"县管校聘"改革，是乡村教师队伍人力资源管理的核心。由教育主管部门协调，鼓励从城区学校选派学科带头人、骨干教师到农村学校开展公开课、示范课、教学研讨等形式多样的送教下乡和走教活动，从农村薄弱学校选派教师到城区优质学校跟岗学习，这些活动将有效促进教育资源城乡交流、校际交流，形成城乡教育资源共建、共享的新格局，对于乡村教师队伍素质提升有直接作用。

加大教师培训力度，坚持集中与分散相结合，培训与教研相结合，线下与线上相结合，县区、学校之间互学互补等办法，不断加大教师培训力度。

## 三、完善乡村教师队伍管理工作

（1）严格执行国家各级教育主管部门、人力资源和社会保障部门乡村教师招聘政策规定，严把乡村教师入职门槛。

（2）严格执行各级教育主管部门对职称评定、师资考核、薪酬奖励等制度要求，保障乡村教师队伍的正常人员流动机制。

（3）要严格按照教育主管部门要求，结合所在乡村学校实际，合理确定、落实乡村教师工作量要求。

（4）执行国家相关部门的政策规定，做好乡村教师工作和生活平衡，完善乡村教师生活设施，丰富乡村教师业余文化生活，不断改善乡村教师的生活条件。

（5）不断改善教师的工作条件和教育教学设施，促进乡村教师改进教学水平。

（6）持续推进最美乡村教师、先进教师、乡村名师等荣誉激励活动，促进物质奖励与精神激励相协调。

## 四、乡村文化建设

本书研究结果表明，文化取向影响教师绩效薪酬偏好和乡村教师职业吸引力。因此，塑造良好的文化取向对于乡村教师队伍发展格外重要。乡村文化表现为民俗民风、物质生活与行动章法等，以言传身教、潜移默化的方式影响人们，反映了乡民的处事原则、人生理想以及对社会的认知模式等。乡村精神文化建设、乡村制度文化建设、乡村行为文化建设对于加强乡村教师文化取向有重要的影响。

**1. 加强乡村文化建设**

提高认识，制定规划，将乡村文化建设纳入政府重点建设工程。要制定文化建设和文化事业发展规划，加强乡村文化组织领导，形成文化建设有专人管、专人抓的工作格局。完善服务质量监测体系，建立公共文化服务第三方评价机制。

创新管理，扩大投入，加快乡村公共文化服务设施建设。确保文化事业经费的预算增长不低于当年同级财政收入的增长幅度。采取政府购买、项目补贴、定向资助、贷款贴息等政策措施。加强对公共文化服务资金管理使用情况的监督和审计。推广村民评议等做法，健全民意表达和监督机制。

整合乡村资源，培育乡村文化特色，以乡村文化建设带动地方经济发展、乡村文化繁荣，提高乡村教师的本地文化信心。

**2. 建立良好乡村学校校园文化氛围**

（1）坚定执行国家教育方针，遵守国家教育法规、制度，依法治校。平安校园环境、平安乡村社区对于校园治理、教师文化信心具有直接保障效果。

（2）乡村校园文化氛围对于教师文化取向至关重要。学校教师群体追求的价值观、群体的协作精神会强化助人为乐、团结向上的良好人际关系。

（3）经常举办高尚文明的集体主义文化活动，保持乡村学校独特的乡村文化内涵，增强学校环境、乡村社区的归属感和凝聚力。

（4）要塑造正确的教育教学业绩观，避免单纯的分数论、升学指标论，教师绩效考评要多方面展现教师的教书育人成就，体现乡村教育、乡土文明对学生的影响力。

# 五、乡村公共服务体系完善对策

乡村社会心理环境离不开乡村公共设施的完善。党的十九大报告明确提出，要培养造就一支懂农业、爱农村、爱农民的"三农"工作队伍。《中共中央、国务院关于实施乡村振兴战略的意见》中指出，在公共财政投入上优先保障，在公共服务上优先安排，在干部配备上优先考虑，加快补齐农业农村短板。在这样强大动力的推动下，农村公共服务体系建设必然会兴起一个新高潮。而随着乡村公共服务基础设施的完善、服务水平的提高、服务质量的改善、城乡基本公共服务均等化目标的总体实现，也必将极大助力乡村振兴战略的实施，促进农村教育现代化建设的进程。

根据本书的研究结果，教师对社会心理环境评价中的关键要素是学校领导支持。因为学校领导支持对乡村教师绩效薪酬效果、乡村教师职业吸引力都有直接影响。这一观点和十九大报告中农村人才队伍建设、《中共中央、国务院关于实施乡村振兴战略的意见》中的干部队伍配备意见高度一致。

此外，增强乡村教师乡村归属感、学校发展目标认同感，都会增强教师的绩效薪酬信心，强化职业吸引力。

加快农村公共服务体系建设有利于提升乡村教师综合素质、维护乡村教师权益，实现和保障社会公平。

# 本 章 小 结

本章立足乡村振兴战略，结合实证研究结果，从完善乡村教师绩效薪酬制度、完善乡村教师队伍结构、促进乡村教师长期从教等方面提供了相应的对策建议。

# 第十章 研究结论与展望

## 第一节 研究结论

### 一、居民薪酬偏好研究结论

（1）人们在工作回报中，最重视的是获得高收入，总体上报酬合理程度比较高。调查对象中，个人预期年收入均值是 211070.45 元。

（2）按照单位的待遇合理程度，从高到低依次为工作业绩、工作资历、工作责任、工作技能、努力程度。总体上，对工作的满意度达到63%。

（3）个人认知能力显著影响薪酬偏好。

### 二、大学生薪酬偏好文化影响模型研究结论

大学生文化价值取向存在多元化特点。在文化价值取向的四个维度上，按照从强到弱的排序，依次是水平集体主义、水平个人主义、垂直个人主义、垂直集体主义。

大学生薪酬需求偏好从高到低依次为：个人绩效薪酬、知识与技能薪酬、员工持股计划、基本工资、团队绩效薪酬。

对于绩效薪酬强度偏好，大学生对基本工资的占比期望为 60.77%，对绩效工资的占比期望为 39.23%。

个人能力、文化取向、核心自我评价均显著影响大学生的绩效薪酬偏好。

## 三、乡村教师绩效薪酬偏好文化——社会心理环境模型研究结论

（1）乡村教师的文化取向从强到弱的排序是：水平集体主义＞水平个人主义＞垂直个人主义＞垂直集体主义。

（2）乡村教师绩效薪酬偏好结构从高到低依次为：奖励性绩效薪酬＞基础性绩效薪酬＞知识与技能薪酬＞团队绩效薪酬。

（3）描述性统计结果。

教师对乡村生活月度补助标准期望均值为 1752 元，该标准远远高出全国 2017 年乡村教师生活补助标准平均水平的 322 元。反映出教师对乡村生活需求有比较高的追求和愿望。

乡村教师工作满意度总体处于满意状态。薪酬总体处于较为满意状态，非货币报酬的满意度从高到低依次排序为：工作机会满意度、工作—生活均衡满意度、福利满意度。

乡村教师的职业具有一定的吸引力。按照从教意愿的分布统计结果来看，具体情况并不乐观。具体地，在乡村从教意愿中，同意和非常同意者比例为 49.8%；乡村长期从教意愿中，同意和非常同意者比例为 23.3%；在乡村努力从教者，同意和非常同意者比例为 83.4%。可见，调查对象中，近半数乡村教师乐意在乡村从教，长期从教意愿总体不乐观，但是在

乡村从教将会努力认真工作。

绩效薪酬强度偏好结果表明，教师基本工资期望比例为 63.96%，绩效工资期望比例为 36.04%；基础型绩效薪酬期望比例为 64.12%，奖励性绩效薪酬期望比例为 35.88%。

4. 回归分析结果

文化取向显著影响乡村教师绩效薪酬观念偏好，显著影响绩效薪酬项目需求偏好。

社会心理环境显著影响乡村教师绩效薪酬观念偏好，显著影响绩效薪酬项目需求偏好。

5. 结构方程模型验证结果

（1）社会心理环境的领导支持、水平集体主义文化取向直接影响绩效薪酬需求偏好。

（2）社会心理环境的领导支持通过归属感、乡村学校发展认同、水平集体主义文化取向间接影响绩效薪酬需求偏好。

（3）社会心理环境的归属感、学校发展认同，均通过水平集体主义文化取向的中介而间接影响绩效薪酬需求偏好。

# 四、乡村教师、居民、大学生绩效薪酬偏好比较

（1）总体上，在报酬体系中，人们认同、偏好绩效报酬，其中个人奖励性绩效薪酬偏好程度最高，团队绩效薪酬偏好程度最低。

（2）在薪酬偏好的影响因素中，个人因素仍然占据重要的地位，无论是能力、文化取向、核心自我评价，还是社会心理环境感受，均表明绩效薪酬偏好的个性内在因素不可忽略。

（3）本书对居民、大学生和乡村教师的绩效薪酬偏好的实证研究结果，总体上能够相互校验，达到高度一致。

# 第二节 研究展望

本书立足于乡村振兴战略，在与居民、大学生的薪酬需求进行比较基础上，从文化取向、社会心理环境视角，构建并验证了乡村教师绩效薪酬偏好文化—社会心理环境模型。本研究取得了预期的成果，但是因为研究时间、抽样调查对象等方面因素的制约，今后还应该在以下方面取得更新的突破。

## 一、研究对象展望

继续开展乡村教师队伍分层调查研究。围绕乡村振兴战略的实施进程，按照研究分类，调查我国乡村教师绩效薪酬偏好的总体结构，获得乡村教师绩效薪酬效果的分层结构数据，进一步丰富绩效薪酬效果研究成果。

## 二、研究内容展望

展望未来，围绕研究内容，在以下几个方面进行突破。

### 1. 乡土文明与乡村教师报酬观念关系研究

乡村振兴必然要求乡土文明繁荣昌盛，从而激发乡村教师对自身使命、职责、职业吸引力的深度思考，激发乡村教师高水平的教育教学绩效追求。对应地，乡村教师的报酬观念将出现新变化，对于经济学中的公平、需求和平均分配原则有怎样的偏好选项，应该成为重要的研究课题。

**2. 绩效薪酬对乡村教师队伍质量结构改进的实证研究**

随着对乡村教师队伍建设发展持续性财政资源投入，乡村教师薪酬水平必将稳定提升，绩效薪酬结构将不断完善，对乡村教师队伍建设要求必将越来越高。尤其在城乡融合发展中，师资队伍优质均衡将对高质量乡村教师队伍建设提出更高的挑战。绩效薪酬制度如何促进城乡教师队伍优质均衡，就需要新的研究成果给予支持。

**3. 乡村教师绩效薪酬效果的国际比较研究**

本书虽然进行了绩效薪酬偏好国际比较文献梳理，但是还需要开展乡村教师绩效薪酬偏好实证研究成果的国际比较研究，以取得更丰富的乡村教师绩效薪酬偏好比较研究成果。

# 本 章 小 结

本章主要介绍了本书的主要研究结论，并提出未来研究展望。

# 附录　师范生乡村学校从教意愿调查问卷

## 师范生乡村学校从教意愿调查问卷

尊敬的各位师范生同学：

您好！为了了解您的绩效薪酬偏好与乡村学校从教选择意愿，为学校及教育部门提供同学们的职业发展诉求，我们组织了这次调查，感谢您参与调查。问卷中问题的回答没有对错之分，您只要把实际状况和想法如实填写即可。我们承诺不会公开您问卷的任何个人信息，请您放心回答。

对您给予的大力帮助深表谢意！

### 第一部分　[个人情况]

请您在合适的选项上打"√"。

1. 请您告诉我们有关您个人的一些基本情况。

您的性别：男（　　）女（　　）；年龄是 _____ 岁；目前是 _____ 年级；您上学期学习绩点是 _____。

您目前的专业类：理科师范类（　　）文科师范类（　　）艺术师

范类（　　　）其他师范类（　　　）

　　您的籍贯是＿＿＿省＿＿＿市＿＿＿＿＿县＿＿＿＿＿乡/镇/街道办＿＿＿＿＿村。

　　2. 您就业/创业意向是：中小学从教（　　　）继续读研（　　　）考公务员（　　　）央企（　　　）外资企业（　　　）其他企业（　　　）自己创业（　　　）

　　3. 您乐意从教的基础教育学校是：小学（　　　）一贯制学校（　　　）初中（　　　）完全中学（　　　）高中（　　　）其他（　　　）

　　4. 您乐意去的学校所在地是：省会城市、直辖市学校（　　　）地级市城区学校（　　　）县城城区学校（　　　）城郊中小学（　　　）乡镇学校（　　　）村庄学校（　　　）

　　5. 如果选择乡镇、村庄学校，您期望学校距离县城（市）中心最远（　　　）公里，期望相应获得乡村生活补助和乡村工作津贴不少于（　　　）元/月。

　　6. 您期望工资总额是：2499 元以下（　　　）2500～4999 元（　　　）5000～7499 元（　　　）7500～9999 元（　　　）10000 元及以上（　　　）。其中您期望基本工资占总收入＿＿＿＿＿＿＿%，绩效工资占总收入＿＿＿＿＿＿＿%，乡村生活补助和工作津贴占总收入＿＿＿＿＿＿＿%。

　　7. 您期望：基础绩效工资占绩效工资＿＿＿＿＿＿＿%，奖励性绩效工资占绩效工资＿＿＿＿＿＿＿%。

　　8. 其中，在奖励性绩效工资中，您期望依据个人绩效高低的个人奖励性部分占＿＿＿＿＿＿＿%，依据团队绩效高低的团队奖励性部分占＿＿＿＿＿＿＿%。

　　9. 您期望个人知识与技能发展性奖励收入应占奖励性绩效工资＿＿＿＿＿＿＿%。

## 第二部分　加薪方案选择

1. 以下是几种加薪方案。请按照您自己增加工资的愿望，对每个方案进行评价。1 表示很不愿意，2 不愿意，3 不确定，4 愿意，5 很愿意。请在选择的数字下面画√。

| 评价项目 | 1 | 2 | 3 | 4 | 5 |
|---|---|---|---|---|---|
| 1. 基础性绩效工资（依据学校所在地区经济发展、物价水平和岗位职责支付） | | | | | |
| 2. 奖励性绩效工资（依据您自己个人工作量和实际贡献） | | | | | |
| 3. 个人知识/技能发展工资（在个人技能达到学校各类水平后，收入相应增加） | | | | | |
| 4. 团队绩效工资（依据团队成绩而非个人绩效提升而增加的收入） | | | | | |
| 5. 年度加薪（完成自己的岗位职责，每年将增加的基本工资收入） | | | | | |

2. 请您比较下面五个加薪方案，按照自己喜欢程度进行评价，并将数字填入括号中，其中："最不喜欢"=1，"不喜欢"=2，"不确定"=3，"喜欢"=4，"最喜欢"=5。

基础性绩效工资（　　　）；奖励性绩效工资（　　　）；知识/技能发展工资（　　　）；团队绩效工资（　　　）；年度加薪（　　　）。提示：括号中的数字不得重复。

3. 请您与年度加薪方案分别比较、评价其他四种加薪方案的吸引力。其中，"很无吸引力"=1，"无吸引力"=2，"相同吸引力"=3，"有吸引力"=4。

基础性绩效工资（　　）；奖励性绩效工资（　　）；知识/技能发展工资（　　）；团队绩效工资（　　）。提示：括号中的数字不得重复。

## 第三部分　您的文化取向

"不同意"＝1，"有点不同意"＝2，"无所谓"＝3，"有点赞同"＝4，"非常赞同"＝5。

| 评价项目 | 1 | 2 | 3 | 4 | 5 |
|---|---|---|---|---|---|
| 如果我的一个同事或同学获奖的话，我会引以为豪 | | | | | |
| 如果一个亲戚陷入经济困境，我会以我的方式帮助他 | | | | | |
| 同他人合作时，我感觉很好 | | | | | |
| 对我而言，花时间与人共处是快乐的事情 | | | | | |
| 虽然某项活动我十分喜欢，但如果家人不赞成，我也会放弃 | | | | | |
| 只要能让家人高兴，即使是不喜欢的活动，我也会去做 | | | | | |
| 我不愿意在集体中与别人有分歧 | | | | | |
| 我干得比别人好，这对我而言很重要 | | | | | |
| 成功就是一切 | | | | | |
| 有人很看重胜利或成功，而我则不然 | | | | | |
| 当其他人比我好时，我会很烦恼 | | | | | |
| 在我身上发生的事，都是我自己选择的结果 | | | | | |
| 我经常是"做自己的事情，让别人说去吧" | | | | | |
| 我是一个很独特的人 | | | | | |

## 第四部分　您的自我评价

"完全不同意"＝1，"不同意"＝2，"不确定"＝3，"同意"＝4，"完全同意"＝5。

| 评价项目 | 1 | 2 | 3 | 4 | 5 |
|---|---|---|---|---|---|
| 1. 在生活中我有信心获得该得的成功 | | | | | |
| 2. 有时我感到沮丧 | | | | | |
| 3. 只要尝试我通常会成功 | | | | | |
| 4. 有时候，当我失败时，会觉得自己毫无价值 | | | | | |
| 5. 我成功地完成了各项任务 | | | | | |
| 6. 有时候，我觉得自己无法控制工作 | | | | | |
| 7. 总体上，我对自己很满意 | | | | | |
| 8. 我对自己能力很怀疑 | | | | | |
| 9. 我决定自己的生活 | | | | | |
| 10. 我觉得自己无法控制事业上的成功 | | | | | |
| 11. 我能应付自己的绝大多数问题 | | | | | |
| 12. 在我看来，有时候事情看起来相当暗淡和无望 | | | | | |

## 第五部分 您对乡村和学校环境的社会心理评价

"完全不符合"＝1，"不符合"＝2，"说不准"＝3，"基本符合"＝4，"完全符合"＝5。

| 评价项目 | 1 | 2 | 3 | 4 | 5 |
|---|---|---|---|---|---|
| A 社区环境 | | | | | |
| 1. 社区参与 | | | | | |
| （1）我参与到社区之中 | | | | | |
| （2）我努力忠诚社区 | | | | | |
| （3）我支持社区 | | | | | |
| （4）我热衷于社区活动 | | | | | |
| （5）我和社区成员一起参加体育活动 | | | | | |
| （6）我参加社区成员的社交活动 | | | | | |

续表

| 评价项目 | 1 | 2 | 3 | 4 | 5 |
|---|---|---|---|---|---|
| （7）我对社区的贡献不仅仅是作为一个教师 | | | | | |
| （8）我和社区有积极友好的关系 | | | | | |
| 2. 个人安全 | | | | | |
| （1）我感觉安全 | | | | | |
| （2）不需要考虑个人安全 | | | | | |
| （3）如果怀疑个人安全，我相信警察会马上采取行动 | | | | | |
| （4）社区有足够的警力进行维护 | | | | | |
| （5）我相信出门后财产是安全的 | | | | | |
| （6）我能够很安全地在城市走动 | | | | | |
| （7）即便在家里我晚上也没有安全感 | | | | | |
| （8）在晚上可以很安全地在城里走走 | | | | | |
| 3. 社区融入 | | | | | |
| （1）我感觉离家很远 | | | | | |
| （2）我觉得社区文化和家里迥异 | | | | | |
| （3）我感觉到难以融入该社区 | | | | | |
| （4）我发现在该社区生活与家里截然不同 | | | | | |
| （5）家里很重要的事情在这里却不重要 | | | | | |
| （6）在这里很重要的事情在家里不是同样重要 | | | | | |
| （7）在家里想当然的事情，在这里不能够想当然 | | | | | |
| （8）在该社区我没有家的感觉 | | | | | |
| 4. 社区服务 | | | | | |
| （1）有足够的健康设施（医疗、牙科和医院） | | | | | |
| （2）有一个药店 | | | | | |
| （3）有一家银行 | | | | | |
| （4）有运动设施 | | | | | |
| （5）在这里有足够的通信设施（电话、互联网接入便利） | | | | | |
| （6）日用品和家居用品能够以合理价格购买到 | | | | | |
| （7）休闲设施齐全（比如电影院、酒店娱乐设施） | | | | | |
| （8）有足够的图书馆设施 | | | | | |

| 评价项目 | 1 | 2 | 3 | 4 | 5 |
|---|---|---|---|---|---|
| 5. 社会包容性 | | | | | |
| （1）在社区活动各个方面我感觉是受欢迎的 | | | | | |
| （2）努力让老师们能够参与到社区活动中 | | | | | |
| （3）在任何社交活动中，我都觉得自己是个局外人 | | | | | |
| （4）我感到被社会排斥 | | | | | |
| （5）我有和其他老师联系的社交网络 | | | | | |
| （6）我被邀请参加社交活动 | | | | | |
| （7）我觉得社区在社交上很支持我 | | | | | |
| （8）我的社会幸福感对社区很重要 | | | | | |
| （9）我觉得被其他老师接受了 | | | | | |
| B　学校环境 | | | | | |
| 6. 教师人际关系 | | | | | |
| （1）同事会注意到我的专业观点和意见 | | | | | |
| （2）教师之家互相支持 | | | | | |
| （3）人们想尽办法让新老师感到舒服 | | | | | |
| （4）人们彼此都很感兴趣 | | | | | |
| （5）教师下班后仍然一起做事 | | | | | |
| （6）我在学校同事中有许多朋友 | | | | | |
| 7. 学校行政管理层的支持 | | | | | |
| （1）管理团队以关心方式而不是独裁的方式处理人际关系 | | | | | |
| （2）老师们觉得他们有权在这所学校里作决定 | | | | | |
| （3）管理团队的行动往往立足于教师是学校最重要资源的理念 | | | | | |
| （4）本学院员工的努力能够得到学校管理者的认可 | | | | | |
| （5）管理团队始终如一地支持教师 | | | | | |
| （6）学校领导经常要求教师参与有关校方的行政政策和程序 | | | | | |
| （7）鼓励教师不要顾忌行政管理提供决策支持 | | | | | |

续表

| 评价项目 | 1 | 2 | 3 | 4 | 5 |
|---|---|---|---|---|---|
| 8. 共识 | | | | | |
| （1）教师能够很好地理解学校使命和目标 | | | | | |
| （2）教师经常参照学校的使命来处理学校事务 | | | | | |
| （3）教师对学校目标有高度的共识 | | | | | |
| （4）我对这所学校使命看法与其他教职员非常相似 | | | | | |
| （5）学校运行与其目标是一致的 | | | | | |
| （6）教师们同意学校的总目标 | | | | | |
| （7）教师们能够就如何管理学校等重要问题达成一致意见 | | | | | |
| 9. 教师助手的支持 | | | | | |
| （1）助手支持教师 | | | | | |
| （2）助手积极应对新教师的需求 | | | | | |
| （3）助手尊重教师的职业地位 | | | | | |
| （4）助手用专业的态度对待与教师的相关工作 | | | | | |
| （5）助手会对新教师给学校带来的新思想作出积极反应 | | | | | |
| （6）助手以灵活态度对待教师 | | | | | |
| （7）助手接受来自教师的指导意见 | | | | | |
| 10. 专业学习机会 | | | | | |
| （1）我能够获得专业发展 | | | | | |
| （2）我所在的学校与世隔绝，很难与其他老师联系 | | | | | |
| （3）我的学校地处偏远地方，妨碍了与政府部门的沟通 | | | | | |
| （4）我的专业学习受到学校偏远位置的限制 | | | | | |
| （5）应该运用技术来促进教师专业发展 | | | | | |
| （6）外部专家来访学校将有助于专业发展 | | | | | |
| （7）应该使用技术设施来与其他教师保持联系 | | | | | |
| 11. 资源充分性 | | | | | |
| （1）学校图书馆有充足的资源 | | | | | |
| （2）多媒体设备供应充足 | | | | | |

续表

| 评价项目 | 1 | 2 | 3 | 4 | 5 |
|---|---|---|---|---|---|
| （3）学校有足够的复印设备 | | | | | |
| （4）体育运动和其他活动设施足够 | | | | | |
| （5）计算机硬件和软件足够 | | | | | |
| （6）为教师提供适当的互联网接入 | | | | | |
| （7）学生可以适当地上网 | | | | | |

# 参 考 文 献

［1］蔡雪，薛海平．工资改革提高了我国义务教育教师工资水平吗？
［J］．教育科学研究，2018（9）：26－33．

［2］曹二磊，张立昌．新时期乡村教师"文化使命"的式微及重塑
［J］．新疆社会科学，2019（3）：86－91．

［3］畅铁民．义务教育教师绩效薪酬偏好研究［M］．北京：经济科
学出版社，2013：60－66．

［4］畅铁民．组织信任与教师绩效薪酬偏好［M］．北京：中国社会
科学出版社，2014：77－90．

［5］畅铁民．考核认同与义务教育教师绩效薪酬偏好研究［M］．北
京：经济科学出版社，2015：120－136．

［6］畅铁民．中小学教师绩效考评团队结构及影响研究［M］．北京：
经济科学出版社，2018：116－128．

［7］畅铁民，许昉昉．绩效考核系统认同、组织信任与员工绩效薪酬
偏好［J］．河南社会科学，2015，23（7）：89－93．

［8］常芳，党伊玮，史耀疆，等．"优绩优酬"：关于西北农村教师
绩效工资的实验研究［J］．华东师范大学学报（教育科学版），2018，36
（4）：131－167．

［9］车丽娜．空间嵌入视野下乡村教师社会生活的变迁［J］．西北师
范大学学报（社会科学版），2020，57（2）：78－84．

［10］陈琪．农村小学教师心理成长实践探索［J］．中小学心理健康教育，2012，39（16）：75-79.

［11］陈飞，武新燕．乡村教师职业角色的适应障碍与破解思路［J］．教育理论与实践，2019，39（35）：28-32.

［12］陈邈，李继宏．乡村教师的角色冲突及化解策略［J］．基础教育课程，2019（16）：76-80.

［13］程建荣，白中军．百年中师教育特色问题摭探［J］．教育研究，2011，32（9）：82-86.

［14］丁明智，张正堂，王泓晓．心理行为特征、薪酬陈述框架与个体目标绩效薪酬选择［J］．南京大学学报（哲学·人文科学·社会科学），2014，51（4）：67-77.

［15］董银柱．当我走上领奖台的时候［J］．河北教育，2019（2）：1.

［16］董博清，于海波．韩国城乡教师轮岗制度及其对我国的启示［J］．外国中小学教育，2012（7）：44-51.

［17］杜旌，尹晶．无领导小组讨论中个人绩效的影响因素——基于性格、价值观和团队经验的研究［J］．南京大学学报（哲学·人文科学·社会科学版），2009，46（4）：132-141.

［18］杜维鹏．民国时期乡村教师的收入状况与生存状态——以华北地区为中心的考察［J］．历史教学（下半月刊），2015（2）：23-30.

［19］杜志强，陈怡帆．中国乡村教师研究的可视化分析——基于2000-2018年CSSCI刊载文献计量研究［J］．教育学术月刊，2019（8）：35-41.

［20］樊香兰．乡村教师专业学习生态环境探析［J］．教育理论与实践，2019，39（25）：36-39.

［21］范先佐．义务教育均衡发展与农村教育难点问题的破解［J］．华中师范大学学报（人文社会科学版），2013，52（2）：148-157.

［22］付昌奎，曾文婧．乡村青年教师何以留任——基于全国18省35县调查数据的回归分析［J］．教师教育研究，2019，31（3）：45－69．

［23］付卫东，彭士洁．《乡村教师支持计划》执行情况的调查与分析——以四川省X县和Y县为例［J］．教师教育论坛，2018，31（3）：11－19．

［24］付卫东．县域义务教育教师工资待遇不平衡不充分：难题及破解——基于中西部6省16个县（区）160余所中小学的调查［J］．河北师范大学学报（教育科学版），2019，21（4）：5－12．

［25］付卫东，沙苏慧．发达国家教师津补贴政策的实践及对我国的启示——以日本、美国、法国为例［J］．教师教育论坛，2019，32（5）：60－66．

［26］龚宝成，殷世东．公平与均衡：乡村教师配置的优化理路与价值复归［J］．教学与管理，2019（19）：8－12．

［27］顾玉军．乡村振兴中乡村教师助力乡村文化传承路径探析［J］．教育理论与实践，2019，39（13）：47－50．

［28］桂勇，冯帮，万梦莹．《乡村教师支持计划（2015—2020年）》政策认同度的调查与分析［J］．教师教育论坛，2016，29（5）：37－42．

［29］郭文斌，马永全，吉刚．乡村教师心理需求对工作投入的影响：组织承诺的中介作用［J］．当代教育与文化，2019，11（5）：89－97．

［30］黄任之，姚树桥，邹涛．个人主义和集体主义量表中文版信度和效度的研究［J］．中国临床心理学杂志，2006（6）：564－565．

［31］黄非非．论韩国中小学教师薪酬制度及其对我国的启示［J］．安康学院学报，2011，23（1）：111－116．

［32］黄伟．学校社会心理环境初探［J］．教学与管理，1993（4）：10－13．

［33］黄杰．湖南乡村教师的生存状态与改善路径［J］．湖南第一师范学院学报，2018，18（6）：61－66.

［34］黄晓茜，程良宏．城乡张力间的彷徨：乡村教师身份认同危机及其应对［J］．当代教育与文化，2019，11（4）：80－86.

［35］皇甫林晓，代蕊华．义务教育教师绩效工资政策执行困境与破解之道——基于史密斯政策执行过程模型的视角［J］．教育科学研究，2020（3）：20－45.

［36］贺伟，龙立荣．基于需求层次理论的薪酬分类与员工偏好研究［J］．商业经济与管理，2010（5）：40－48.

［37］贺伟，龙立荣．薪酬体系框架与考核方式对个人绩效薪酬选择的影响［J］．心理学报，2011，43（10）：1198－1210.

［38］金盛华．社会心理学（第2版）［M］．北京：高等教育出版社，2010：145－178.

［39］蒋蓉，陈茜．《湖南省乡村教师支持计划实施办法》的政策认同与实施情况——基于全省14个市州的1284份问卷的分析［J］．湖南第一师范学院学报，2018，18（6）：39－46.

［40］蒋莉．教师工资水平、构成对薪酬公平感的影响研究［J］．上海教育科研，2019（1）：21－25.

［41］蒋亦华．新世纪我国乡村教师政策文本的多维审视［J］．教育发展研究，2019，39（20）：53－60.

［42］姜雪青，马勇年．近30年我国乡村教师研究回顾与展望——基于CNKI的期刊文献计量及可视化分析［J］．教师教育论坛，2019，32（10）：70－74.

［43］姜金秋，田明泽．乡村教师生活补助政策对教师留任意愿的影响——基于连片贫困地区三个县的实证研究［J］．教育科学研究，2019（4）：28－34.

[44] 姜英敏．韩国基础教育教师职业吸引力保障制度分析 [J]．比较教育研究，2012，34（8）：25 – 29.

[45] 吉标，刘擎擎．民国时期乡村教师的乡贤精神探微——基于民国乡村小学教员的自我叙事 [J]．教师发展研究，2019，3（2）：108 – 113.

[46] 孔养涛．乡村振兴战略中乡村教师队伍的本土化建设 [J]．教学与管理，2020（12）：55 – 58.

[47] 赖昀，张学敏．制度变迁视角下乡村教师供给困境的编制制度创新 [J]．教育学报，2020，16（2）：97 – 108.

[48] 赖怡，赵科，杨丽宏，等．乡村教师职业期望与积极心理健康的关系：一个有调节的中介模型 [J]．大理大学学报，2019，4（3）：105 – 109.

[49] 蔺海沣，赵敏，杨柳．新生代乡村教师角色认同危机及其消解路径 [J]．中国教育学刊，2019（2）：70 – 75.

[50] 李海燕，田莹．中美中小学教师绩效工资政策比较分析 [J]．教师发展研究，2019，3（2）：114 – 124.

[51] 李宁．乡村教师生活补助政策的麦克唐纳尔模型分析 [J]．教育科学研究，2017（7）：28 – 58.

[52] 李宁．乡村教师生活待遇政策演变及相关研究述评 [J]．湖南第一师范学院学报，2017，17（2）：67 – 71.

[53] 李艳楠，纪童琳．基于陶行知乡村教育思想的中国当代乡村教师队伍建设 [J]．西部素质教育，2019，5（14）：188 – 190.

[54] 李恺，万芳坤．乡村振兴背景下乡村教师工作满意度研究——基于心理契约的视角 [J]．华中农业大学学报（社会科学版），2019（4）：123 – 176.

[55] 李静美，邬志辉．乡村教师补充策略的国际经验与启示 [J]．

比较教育研究，2018，40（5）：3-12.

［56］李志辉，王纬虹．乡村教师离职意向影响因素实证研究——基于重庆市 2505 名乡村教师调查数据的分析［J］．教师教育研究，2018，30（6）：58-66.

［57］李升，方卓．社会转型背景下乡村教师发展的结构性困境——兼论乡村社会建设中的教育问题［J］．教育学术月刊，2018（10）：81-89.

［58］李冬倩，李宝明，朱兴国．发展性绩效评价取向与乡村教师专业发展的相关研究［J］．中小学心理健康教育，2018（12）：4-10.

［59］李昌庆．我国乡村教师研究的 30 年文献计量可视化分析［J］．现代教育科学，2018（4）：132-138.

［60］凌云志，邬志辉．城镇化背景下乡村教师的身份挣扎及其融合——对 4 省 9 位乡村教师的访谈研究［J］．教育理论与实践，2019，39（7）：33-37.

［61］刘颖，张正堂，王亚蓓．团队薪酬分配过程、任务互依性对成员合作影响的实验研究［J］．经济科学，2012（5）：92-103.

［62］刘丽群，任卓．美国乡村学校的历史跌宕与现实审视［J］．教育研究，2018，39（12）：133-141.

［63］刘赣洪，王晓佩．乡土文化视域下乡村教师能力模型构建研究［J］现代中小学教育，2019，35（9）：38-42.

［64］刘小强．乡村教师乡土社会文化再生产：历史溯源、现实问题与路径探索［J］．当代教育科学，2019（12）：44-48.

［65］刘华锦，叶正茂．人类学视角下的乡村教师文化研究［J］．现代大学教育，2019（1）：104-110.

［66］刘佳．"乡村教师支持计划"实施方案研究——基于 31 个省（区、市）"乡村教师支持计划"实施办法的内容分析［J］．教师教育研究，2017，29（3）：100-107.

［67］刘佩铭，王益荣．社区心理环境建设初探［J］．唯实，2009 （3）：40－43.

［68］刘丽群．乡村教师如何"下得去"和"留得住"：美国经验与中国启示［J］．教师教育研究，2019，31（1）：120－127.

［69］刘丽群，任卓．美国乡村学校的历史跌宕与现实审视［J］．教育研究，2018，39（12）：133－141.

［70］刘善槐，李梦琢，朱秀红．乡村教师综合待遇的劳动定价、差异补偿与微观激励研究［J］．东北师范大学学报（哲学社会科学版），2018（4）：183－189.

［71］柳谦，张贝贝．漂泊的"师者"：乡村教师社会角色的田野研究——以河南省 G 小学为例［J］．上海教育科研，2018（10）：51－56.

［72］龙立荣，祖伟，贺伟．员工对企业经济性薪酬的内隐分类与偏好研究［J］．科学学与科学技术管理，2010，31（12）：154－162.

［73］龙立荣，邱功英．基于员工偏好的福利分类及其影响因素研究［J］．管理学报，2013，10（1）：84－90.

［74］吕天．文化环境层面的乡村教师流失问题探查［J］．教学与管理，2019（32）：6－8.

［75］吕武，金志峰．NCLB 法案以来美国农村教师补充的政策逻辑及其实现路径研究［J］．外国教育研究，2018，45（6）：67－77.

［76］吕银芳，李威，祁占勇．改革开放 40 年乡村教师政策的变迁逻辑与未来走向［J］．现代基础教育研究，2018，31（3）：21－27.

［77］罗佳，王倩．乡村振兴战略下乡村教师乡土文化自信培养文献综述［J］．中国农村教育，2019（10）：46－47.

［78］马多秀．乡村教师的乡土情怀及其生成［J］．教育理论与实践，2017，37（13）：42－45.

［79］马飞，张旭．《乡村教师支持计划》背景下的教师工资待遇满

意度调查——基于全国 11 个县 2888 份问卷的分析 [J]. 上海教育科研，2017（7）：10 – 14.

[80] 宁本涛. 打造高素质、有情怀、接地气的乡村教师队伍对策与建议——基于乡村教师职业认同的问卷调查与分析 [J]. 人民教育，2019（17）：40 – 43.

[81] 庞丽娟，杨小敏，金志峰. 乡村教师职称评聘的困境、影响与政策应对 [J]. 教师教育研究，2019，31（1）：31 – 36.

[82] 庞丽娟，金志峰，杨小敏. 新时期乡村教师队伍建设政策研究 [J]. 中国行政管理，2017（5）：109 – 113.

[83] 彭冬萍，曾素林，刘璐. 乡村教师荣誉制度实施状况调查研究 [J]. 当代教育科学，2018（2）：34 – 37 + 43.

[84] 秦玉友，曾文婧，许怀雪. 绩效工资政策的预期实现了吗？——12 省义务教育教师绩效工资实施状况调查 [J]. 教育与经济，2019，35（5）：52 – 61.

[85] 戚海燕，吴长法. 源自城市的乡村教师文化认同研究 [J]. 教育发展研究，2018，38（4）：16 – 23.

[86] 任胜洪，黄欢. 乡村教师政策 70 年：历程回顾与问题反思 [J]. 吉首大学学报（社会科学版），2019，40（6）：41 – 50.

[87] 桑国元，叶碧欣，黄嘉莉. 社会支持视角下的乡村教师专业自主发展——基于云南省 H 中学的田野研究 [J]. 教师发展研究，2019，3（2）：87 – 94.

[88] 石亚兵. 乡村教师流动的文化动力及其变迁——基于"集体意识"理论的社会学分析 [J]. 全球教育展望，2017，46（11）：55 – 66.

[89] 时广军. 澳大利亚乡村教师体验：价值与实践——以 TERRR Network 项目为例 [J]. 比较教育研究，2019，41（9）：106 – 112.

[90] 申卫革. 乡村教师文化自觉的缺失与建构 [J]. 教育发展研究，

2016，36（22）：47－57.

　　[91] 沈德立．基础心理学 [M]．上海：华东师范大学出版社，2003：124－135.

　　[92] 宋岳新．余姚市中小学教师社会心理环境调查报告 [J]．宁波教育学院学报，2003（3）：68－72.

　　[93] 孙颖．基于学校空间视域的乡村教师发展困境探究 [J]．教育理论与实践，2018，38（25）：47－50.

　　[94] 孙卫华．我国乡村教师支持政策现状——基于政策目标的分析视角 [J]．浙江社会科学，2018（5）：97－101，159－160.

　　[95] 唐一鹏，王恒．何以留住乡村教师——基于 G 省特岗教师调研数据的实证研究 [J]．教育研究，2019，40（4）：134－143.

　　[96] 唐智松，王丽娟，谢焕庭．乡村教师职业情怀的现状与特征 [J]．现代远程教育研究，2019，31（5）：64－74.

　　[97] 唐松林．理想的寂灭与复燃：重新发现乡村教师 [J]．中国教育学刊，2012（7）：28－31.

　　[98] 田晓琴，王媛．乡村教师政策 40 年回顾与展望 [J]．基础教育参考，2019（4）：7－9.

　　[99] 王红．政策精准性视角下乡村青年教师激励的双重约束及改进 [J]．教师教育研究，2019，31（4）：47－52.

　　[100] 王红，邬志辉．乡村教师职称改革的政策创新与实践检视 [J]．中国教育学刊，2019（2）：42－47.

　　[101] 王爽，刘善槐．乡村教师生活补助政策评估与优化——基于东中西部 8 省 8 县的调查分析 [J]．华中师范大学学报（人文社会科学版），2019，58（4）：178－184.

　　[102] 王晓生，邬志辉．乡村教师职称评聘的结构矛盾与改革方略 [J]．中国教育学刊，2019（9）：70－74.

［103］王艳玲，李慧勤．乡村教师流动及流失意愿的实证分析——基于云南省的调查［J］．华东师范大学学报（教育科学版），2017，35（3）：134－173.

［104］王中华，贾颖．城乡文化冲突下乡村教师文化自信的危机及化解［J］．基础教育课程，2019（16）：71－75.

［105］王安全．中小学合理性教师性别结构及其形成［J］．教育学术月刊，2012（9）：59－61.

［106］王吉康，李成炜．乡村教师视角下《乡村教师支持计划（2015—2020）》实施效果研究——基于甘肃省 G 县的调研［J］．当代教育论坛，2019（5）：99－107.

［107］王永丽，时勘．文化价值取向与自我调节点对反馈效果的调节作用［J］．心理学报，2004（6）：738－743.

［108］吴明霞．中小学教师工作—家庭冲突的结构及关系研究［D］．重庆：西南大学，2006.

［109］邬志辉，秦玉友．中国农村教育发展报告 2019［M］．北京：北京师范大学出版社，2020：13－40.

［110］席梅红．新中国成立 70 年乡村教师历史价值探析［J］．中国教育学刊，2019（6）：30－36.

［111］辛宪军．心理契约发展与乡村教师职业生涯管理研究［J］．江苏第二师范学院学报，2019，35（3）：9－12.

［112］辛慧丽．论教育生态学视域中社会心理环境与高校思想政治教育的互动［J］．福建论坛（社科教育版），2008，6（12）：150－153.

［113］谢爱磊，刘群群．声望危机隐忧下的乡村教师荣誉制度建设研究［J］．中国教育学刊，2019（1）：23－28.

［114］徐四华，方卓，饶恒毅．真实和虚拟金钱奖赏影响风险决策行为［J］．心理学报，2013，45（8）：874－886.

[115] 许爱红，许晓莲. 乡村青年教师职业吸引力影响因子分析 [J]. 当代教育科学，2020 (3)：41-45.

[116] 薛二勇，李廷洲. 义务教育师资城乡均衡配置政策评估 [J]. 教育研究，2015，36 (8)：65-73.

[117] 薛珊. 绩效要素与分配公平感：义务教育学校奖励性绩效工资分配研究——基于对 808 位浙江省教师的调查 [J]. 教师教育研究，2019，31 (4)：68-84.

[118] 闫闯. 走向"新乡贤"：乡村教师公共身份的困境突破与角色重塑 [J]. 教育科学，2019，35 (4)：77-83.

[119] 杨茂庆，董洁. 美国乡村教师队伍建设的现实困境与应对策略 [J]. 河北师范大学学报（教育科学版），2020，22 (2)：80-86.

[120] 杨卫安. 乡村小学教师补充政策演变：70 年回顾与展望 [J]. 教育研究，2019，40 (7)：16-25.

[121] 杨挺，李伟. 城乡义务教育治理 40 年 [J]. 教育研究，2018，39 (12)：71-80.

[122] 杨明刚，于思琪，唐松林. 如何提升教师吸引力：欧盟的经验与启示 [J]. 湖南师范大学教育科学学报，2018，17 (4)：84-92.

[123] 杨明刚，唐松林. 乡村教师发展的现代性透析——超越城市镜像、机械主义与绩效思维 [J]. 教育发展研究，2018，38 (20)：43-48.

[124] 姚岩，郑新蓉. 走向文化自觉：新生代乡村教师的离农化困境及其应对 [J]. 中小学管理，2019 (2)：12-15.

[125] 姚翔，刘亚荣. 义务教育教师绩效工资政策执行现状及其治理——基于29 省市教育局长和督学的调查 [J]. 现代教育管理，2018 (8)：86-91.

[126] 叶菊艳. 农村教师身份认同的影响因素及其政策启示 [J]. 教师教育研究，2014，26 (6)：86-92.

[127] 殷赵云，王斌. 乡村教师政策后设评价的实施构想：目标和策略 [J]. 教师教育学报，2019，6（6）：71 – 77.

[128] 袁博成，余小鸣，金春玉，等. 学校心理社会环境教师评定问卷编制及信效度分析 [J]. 中国学校卫生，2014，35（4）：556 – 558.

[129] 张国玲. 新中国 70 年教师队伍建设的"变"与"常"——基于历年国务院政府工作报告的语料分析 [J]. 教师发展研究，2019，3（3）：1 – 8.

[130] 张莹.《乡村教师支持计划（2015—2020）》政策执行效果分析——基于安徽省国培计划教师的调查 [J]. 当代教育论坛，2018（6）：9 – 16.

[131] 张晓文，吴晓蓉. 乡村教师生活世界遮蔽与回归——基于教育人类学生命价值的视角 [J]. 教师教育研究，2019，31（4）：40 – 46.

[132] 张瑾. 用慈善之心铸就商业辉煌——访马云公益基金会秘书长于秀红 [J]. 中国社会组织，2019（3）：28 – 30.

[133] 张峰，耿晓伟. 组织政治知觉对乡村教师离职意向的影响：组织公平和组织认同的中介作用 [J]. 心理与行为研究，2018，16（5）：678 – 683.

[134] 张滢. 为乡村教师发展搭建更好的政策环境——访华中师范大学教育学院副院长、教授雷万鹏 [J]. 中国民族教育，2016（3）：37 – 39.

[135] 赵新亮. 提高工资收入能否留住乡村教师——基于五省乡村教师流动意愿的调查 [J]. 教育研究，2019，40（10）：132 – 142.

[136] 赵新亮. 我国乡村教师队伍建设的实践困境与对策研究——基于全国 23 个省优秀乡村教师的实证调查 [J]. 现代教育管理，2019（11）：81 – 87.

[137] 赵新亮，刘胜男. 工作环境对乡村教师专业学习的影响机制

研究——心理资本的中介作用［J］. 教师教育研究，2018，30（4）：37－43.

［138］赵海霞，郑晓明，龙立荣. 团队薪酬分配对团队公民行为的影响机制研究［J］. 科学学与科学技术管理，2013，34（12）：157－166.

［139］赵鑫. 民族地区乡村教师职业吸引力提升的理念与路径［J］. 教育研究，2019，40（1）：131－140.

［140］赵武，高樱，何明丽. 集体主义与个人主义视角下科技人员文化价值取向与薪酬满意度研究［J］. 中国科技论坛，2014（2）：124－130.

［141］钟景迅，刘任芳. 乡村教师生活补助政策实施困境分析——来自 A 省欠发达地区县级教育局长的质性研究［J］. 教育发展研究，2018，38（2）：48－54.

［142］朱海，韩雨珂，崔智友. 心理服务体系：乡村教师队伍的稳定器［J］. 中国教育学刊，2019（10）：84－86.

［143］朱秀红，刘善槐. 乡村青年教师的流动意愿与稳定政策研究——基于个人－环境匹配理论的分析视角［J］. 教育发展研究，2019，39（20）：37－46.

［144］朱永新. 切实提高地位待遇 增强教师职业吸引力［J］. 中国教育学刊，2018（4）：1－4.

［145］左小娟，刘兴凯. 提升乡村教师职业吸引力的激励措施研究——基于 ERG 激励理论视角［J］. 教育导刊，2016（7）：75－77.

［146］周国华，吴海江. 中小学教师薪酬研究：问题与方向——基于近 15 年的文献分析［J］. 教师教育研究，2016，28（6）：96－104.

［147］周钧. 农村学校教师流动及流失问题研究现状与发展趋势［J］. 教师教育研究，2015，27（1）：60－67.

［148］周宏. 论德育的社会心理环境［D］. 上海：复旦大学，2009.

［149］周桂．场域视野下乡村教师身份认同的危机与出路——基于陕西省 WN 市四县的调研反思［J］．当代教育科学，2019（8）：40－44.

［150］巴里·格哈特，萨拉·瑞纳什．薪酬管理－理论、证据与战略意义［M］．朱舟，译．上海：上海财经大学出版社，2005.

［151］A. Banu Goktan, Ömür Y. Saatçıoǧlu. The effect of cultural values on pay preferences：A comparative study in Turkey and the United States［J］. International Journal of Management, 2011, 28（1）：173－174.

［152］Anthony Milanowski. Performance Pay System Preferences of Students Preparing to Be Teachers［J］. Education Finance and Policy, 2007, 29（2）：111－132.

［153］Anton Schlechter, Nicola Claire Thompson, Mark Bussin. Attractiveness of non-financial rewards for prospective knowledge workers：An experimental investigation［J］. Employee Relations, 2015, 37（3）：274－295.

［154］Adams, J. Inequity in social exchange［M］. In L. Berkowitz（Ed.）, Advances in Experimental Social Psychology（Vol. 2, pp. 267－299）. New York：Academic press, 1965.

［155］Armstrong, M. and Murlis, H. Reward Management：A Handbook of Remuneration Strategy and Practice［M］. 5th ed. London：Kogan Page, 2005.

［156］Armstrong, M., and Brown, D. Strategic reward：Implementing more effective reward management［M］. London：Kogan Page, 2009.

［157］Ballou, D. and Podgursk, M. Teachers' attitudes towards merit pay：examining conventional wisdom［J］. Industrial and Labor Relations Review, 1993, 47（1）：50－67.

［158］Barney, J. B. Firms' resources and sustained competitive advantage［J］. Journal of Management, 1991, 17（1）：99－120.

[159] Bartol, K. M. and Srivastava, A. Encouraging knowledge sharing: the role of organizational reward systems [J]. Journal of Leadership and Organization Studies, 2002, 9: 64 – 76.

[160] Becker, G. Human Capital: A Theoretical and Empirical Analysis with Special Reference to Education [M]. Chicago, IL: University of Chicago Press, 1983.

[161] Bong – Woon Ha, Youl – Kwan Sung. Teacher Reactions to the Performance Based Bonus Program: How the Expectancy Theory Works in the South Korean School Culture [J]. Asia Pacific Education Review, 2011, 12 (4): 129 – 141.

[162] Blau, T. Exchange and Power in Social Life [M]. New York: Wiley, 1964.

[163] Boyd, B. K. and Salamin, A. Strategic reward systems: a contingency model of pay system design [J]. Strategic Management Journal, 2001, 22 (8): 777 – 792.

[164] Cable, D. M. and Judge, T. A. Pay preferences and job search decisions: a person-organization fit perspective [J]. Personnel Psychology, 1994, 47 (2): 317 – 348.

[165] Cadsby, C. B., Song, F. and Tapon, F. Sorting and incentive effects of pay for performance: an experimental investigation [J]. Academy of Management Journal, 2007, 50 (2): 387 – 405.

[166] Carrell, M. R. and Dittrich, J. E. Equity theory: the recent literature, methodological considerations, and new directions [J]. Academy of Management Review, 1978, 3 (2): 202 – 210.

[167] Campbell, J. P., McCloy, R. A., Oppler, S. H. and Sager, C. E. A theory of performance [M]. In Schmitt, N. and Borman, W. C.

(Eds), Personnel Selection in Organizations. San Francisco, CA: Jossey – Bass, c1993: 35 – 70.

[168] Chen, C. C. New trends in rewards allocation preferences: a Sino – U. S. comparison [J]. Academy of Management Journal, 1995, 38 (2): 408 – 428.

[169] Chiang, F. and Birtch, T. A. Achieving task and extra-task related behaviors: a case of gender and position differences in the perceived role of rewards in the hotel industry [J]. International Journal of Hospitality Management, 2008, 27 (4): 491 – 503.

[170] Clugston, M. , Howell, J. P. and Dorfman, P. W. Does cultural socialization predict multiple bases and foci of commitment [J]. Journal of Management, 2000, 26 (1): 5 – 30.

[171] Collins, C. J. and Smith, K. G. Knowledge exchange and combination: the role of human resource practices in the performance of high-technology firms [J]. Academy of Management Journal, 2006, 49 (3): 544 – 560.

[172] Cohen, J. , Cohen, P. Applied multiple regression/correlational analysis for the behavioral sciences [M]. 2rd ed. Hillsdale, N. J. : Lawrence Erlbaum Associates, 1983.

[173] Chao C. Chen. New trends in rewards allocation preferences: A Sino – U. S. comparison [J]. Academy of Management Journal, 1995, 38 (2): 408 – 428.

[174] Chiang, F. F. T. , Birtch, T. A. The transferability of management practices: Examining cross-national differences in reward preferences [J]. Human Relations, 2007, 60 (9): 1293 – 1330.

[175] Chang, E. Individual Pay for Performance and Commitment HR Practices in South Korea [J]. Journal of World Business, 2006, 41 (4):

368 – 381.

[176] Dickinson, J. Adolescent representations of socio-economic status [J]. British Journal of Developmental Psychology, 1990, 8 (3): 51 – 71.

[177] Dirks, K. T. and Ferrin, D. L. Trust in leadership: meta-analytic findings and implications for research and practice [J]. Journal of Applied Psychology, 2002, 87 (4): 611 – 628.

[178] Deci, E. L. and Ryan, R. M. Intrinsic Motivation and Self-determination in Human Behavior [M]. Plenum, New York, NY, 1985.

[179] Deci, E. L. and Ryan, R. M. The "what" and "why" of goal pursuits: human needs and the self-determination of behavior [J]. Psychological Inquiry, 2000, 11 (2): 27 – 68.

[180] Deutsch, M. Equity, equality, and need: what determines which value will be used as the basis for distributive justice? [J]. Journal of Social Issues, 1975, 31 (3): 137 – 149.

[181] Deutsch, M. Distributive justice [M]. New Haven & London: Yale University Press, 1985.

[182] Deutsch, M. The resolution of conflict: Constructive and destructive processes [M]. New Haven: Yale University Press, 1973.

[183] Dore, R. P. Flexible Rigidities in Industrial Policy and Structural Adjustment in the Japanese Economy 1979 – 1980 [M]. London: Athlone Press, 1986.

[184] Dorfman, P. W. and Howell, J. P. Dimensions of national culture and effective leadership patterns: Hofstede revisited [J]. Advances in International Comparative Management, 1988, 3: 127 – 150.

[185] Doz, Y. and Prahalad, C. Controlled variety: A challenge for human resource management in the MNC [J]. Human Resource Management,

1986, 25 (1): 55 – 71.

[186] Eunmi Chang. Motivational effects of pay for performance: a multi-level analysis of a Korean case [J]. The International Journal of Human Resource Management, 2011, 22 (18): 3929 – 3948.

[187] Eby, L. T. and Dobbins, G. H. Collective orientation in teams: an individual and group-level analysis [J]. Journal of Organizational Behavior, 1997, 18 (3): 95 – 275.

[188] Endo, K. (1994), "Satei" (Personal Assessment) and Inter-worker Competition in Japanese Firms [J]. Industrial Relations, 1994, 33 (1): 70 – 82.

[189] Farrell, C. , and Morris, J. Still Searching for the Evidence? Evidence-based Policy, Performance Pay and Teachers [J]. Journal of Industrial Relations, 2009, 51 (1): 75 – 94.

[190] Flora F. T. Chiang, Thomas A. Birtch. A taxonomy of reward preference: Examining country differences [J]. Journal of International Management, 2005, 11 (3): 57 – 375.

[191] Fama, E. F. Agency problems and the theory of the firm [J]. Journal of Political Economy, 1980, 88 (2): 288 – 307.

[192] Fischer, R. and Smith, P. B. Reward allocation and culture: a meta-analysis [J]. Journal of Cross – Cultural Psychology, 2003, 34 (3): 251 – 268.

[193] Flora F. T. Chiang, Thomas A. Birtch. The Performance Implications of Financial and Non – Financial Rewards: An Asian Nordic Comparison [J]. Journal of Management Studies, 2012, 49 (3): 538 – 570.

[194] Gibson, C. B. and Cohen, S. G. Virtual Teams that Work: Creating Conditions for Virtual Team Effectiveness [M]. Jossey – Bass, San Fran-

cisco, CA, 2003.

[195] Gomez, C. , Kirkman, B. L. and Shapiro, D. L. The impact of collectivism and in-group/out-group membership on the evaluation generosity of team members [J]. Academy of Management Journal, 2000, 43 (6): 1097 – 1106.

[196] Goldberg, L. The structure of phenotypic personality traits [J]. American Psychologist, 1993, 48 (1): 26 – 34.

[197] Gross, S. E. Trends in compensation [J]. Benefits and Compensation International, 1993, 23 (1): 11 – 15.

[198] Gross, S. E. , and Friedman, H. M. Creating an effective total reward strategy: Holistic approach better supports business success [J]. Benefits Quarterly, 2004, 20 (3): 7 – 12.

[199] Gahan, P. , and Abeysekera, A. What Shapes an Individual's Work Values? An Integrated Model of the Relationship Between Work Values, National Culture and Self – Construal [J]. The International Journal of Human Resource Management, 2009, 20 (1): 126 – 147.

[200] Gerhart, B. , and Rynes, S. Compensation: Theory, Evidence, and Strategic Implications [M]. Thousand Oaks, CA: Sage Publications, Inc, 2003.

[201] Gerhart B, Fang M, Pay for (Individual) Performance: Issues, Claims, Evidence and the Role of Sorting Effects [J]. Human Resource Management Review, 2014, 24 (1): 41 – 52.

[202] Gibson, C. B. and Cohen, S. G. Virtual Teams that Work: Creating Conditions for Virtual Team Effectiveness [M]. Jossey – Bass, San Francisco, CA, 2003.

[203] Gupta, N. , and Shaw, J. Let the Evidence Speak: Financial Incentives are Effective [J] . Compensation and Benefits Review, 1998, 30

(2): 26 - 32.

[204] Gross, S. E. Trends in compensation [J]. Benefits and Compensation International, 1993, 23 (1): 11 - 15.

[205] Hart, R. K. and McLeod, P. L. Rethinking team building in geographically dispersed teams: one message at a time [J]. Organizational Dynamics, 2003, 31 (4): 352 - 361.

[206] Heneman, R. L. , Greenberger, D. B. and Strasser, S. The relationship between pay-for-performance perceptions and pay satisfaction [J]. Personnel Psychology, 1988, 41 (4): 745 - 761.

[207] Harmon, H. L. Rural schools in a global economy [J]. The School Administrator, 1997, 54 (9): 32 - 37.

[208] Hofstede, G. Culture's Consequences: International Differences in Work - Related Values [M]. Thousand Oaks, CA: Sage, 1980a.

[209] Hofstede, G. Motivation, leadership, and organization: do American theories apply abroad? [J]. Organization Dynamics, 1980, 9: 42 - 63.

[210] Hofstede, G. Culture's Consequences: Comparing Values, Behaviors, Institutions, and Organizations across Nations [M]. 2nd edition. Thousand Oaks, CA: Sage, 2001.

[211] Holland, J. The Vocational Preference Inventory [M]. Consulting Psychologists Press, Palo Alto, CA, 1977.

[212] Holmstrom B, Milgrom P. Aggregation and Linearity in the Provition of Intertemporal Incentives [J]. Econometrica, 1987, 55 (2): 303 - 323.

[213] Hui, C. H. , Triandis, H. C, and Yee, C. Cultural differences in reward allocation: Is collectivism the explanation? [J]. British Journal of Social Psychology, 1991, 30 (3): 145 - 157.

［214］Hyun – Jung Leea, Yuko Iijimab and Carol Reade. Employee pref-erence for performance-related pay: predictors and consequences for organiza-tional citizenship behaviour in a Japanese firm ［J］. The International Journal of Human Resource Management, 2011, 22 (10): 2086 – 2109.

［215］James W. Westerman Rafik I. Beekun Joseph Daly SitaVanka. Per-sonality and national culture Predictors of compensation strategy preferences in the United States of America and India ［J］. Management Research News, 2009, 32 (8): 767 – 781.

［216］Jackson, S., and Schuler, R. Understanding human resource management in the context of organizations and their environment ［J］. Applied Review of Psychology, 1995, 46: 237 – 264.

［217］Jackson, S. Chinese enterprise management ［M］. New York: Walter de Gruyter, 1992.

［218］Janssen, O., Van de Vliert, E. and West, M. The bright and dark sides of individual and group innovation: a special issue introduction ［J］. Journal of Organizational Behavior, 2004, 25 (2): 129 – 145.

［219］Jeffrey Dorman, Joy Kennedy, Janelle Young. The development, validation and use of the Rural and Remote Teaching, Working, Living and Learning Environment Survey (RRTWLLES) ［J］. Learning Environments Re-search, 2015, 18: 15 – 32.

［220］Jesse E. Olsen, Societal values and individual values in reward al-location preferences ［J］. Cross Cultural Management, 2015, 22 (2): 187 – 200.

［221］Jillian Webb Day, Courtney L. Holladay, Stefanie K. Johnson, Laura G. Barron. Organizational rewards: considering employee need in alloca-tion ［J］. Personnel Review, 2014, 43 (1): 74 – 95.

［222］ John Sutherland, Job attribute preferences: who prefers what? [J]. Employee Relations, 2011, 34 (2): 193 – 221.

［223］ Judge, T., and Bretz, R. Jr. Effects of Work Values on Job Choice Decisions [J]. Journal of Applied Psychology, 1992, 77 (3): 261 – 271.

［224］ Judge, T. and Ilies, R. Relationship of personality to performance motivation: a metaanalytic review [J]. Journal of Applied Psychology, 2002, 87 (4): 797 – 807.

［225］ Judge, T. A. Cable, D. M. Applicant personality, organizational culture, and organization attraction [J]. Personnel Psychology, 1997, 50 (2): 359 – 394.

［226］ Julie Dickinson. Employees' preferences for the bases of pay differentials [J]. Employee Relations, 2006, 28 (2): 164 – 183.

［227］ Kulig, J. C., Stewart, N., Penz, K., Forbes, D., Morgan, D., Emerson, P. Work setting, community attachment, and satisfaction among rural and remote nurses [J]. Public Health Nursing, 2009, 26 (5): 430 – 439.

［228］ Kim, Y. I. Dangerous experiment: The politics of educational reform [M]. Seoul, Korea: MoonUmSa, 2001.

［229］ Kim, T. – Y. and Leung, K. Forming and reacting to overall fairness: a cross-cultural comparison [J]. Organizational Behavior and Human Decision Processes, 2007, 104 (1): 83 – 95.

［230］ Kristof – Brown, A. L., Zimmerman, R. D. and Johnson, E. C. Consequences of individuals' fit at work: a meta-analysis of person-job, person-organization, person-group, and personsupervisor fit [J]. Personnel Psychology, 2005, 58 (2): 281 – 342.

[231] Kaplan, R. and Norton, D. The Balanced Scorecard. Boston [M]. MA: Harvard Business School Press, 1996.

[232] Kostova, T., and Roth, K. Adoption of an Organizational Proactive by Subsidiaries of Multinational Corporations: Institutional and Relational Effects [J]. Academy of Management Journal, 2002, 45 (1): 215 – 233.

[233] Lazear, E. Teacher incentives [J]. Swedish Economic Policy Review, 2003, 10 (3): 197 – 213.

[234] Lazear, E. P. The power of incentives [J]. American Economic Review, 2000, 90 (2): 410 – 414.

[235] Lawler, E. E. Rewarding excellence: Pay strategies for the new economy [M]. San Francisco: Jossey – Bass, 2000.

[236] Lee, H. – J. Willingness and Capacity: The Determinants of Prosocial Organizational Behaviour Among Nurses in the UK [J]. International Journal of Human Resource Management, 2001, 12 (6): 1029 – 1048.

[237] Lee, A. Y., Aaker, J. L. and Gardner, W. L. The pleasures and pains of distinct selfconstruals: the role of interdependence in regulatory focus [J]. Journal of Personality and Social Psychology, 2000, 78 (6): 1122 – 1134.

[238] Leung, K. How generalizable are justice effects across cultures? [M]// in Greenberg, J. and Colquitt, J. A. (Eds), Handbook of Organizational Justice, Lawrence Erlbaum Associates, Mahwah, NJ, c2004: 555 – 586.

[239] Leung, K. Theoretical advances in justice behavior: Some cross-cultural inputs [M]// in M. H. Bond (Ed.), The cross-cultural challenge to social psychology. Newbury Park, CA: Sage, c1988: 218 – 229.

[240] Leventhal, G. S. Fairness in social relationships [M]//in Thibaut,

J. W. , Spence, J. T. and Carson, R. C. (Eds), Contemporary Topics in Social Psychology, General Learning Press, Morristown, NJ, c1976: 211 – 239.

[241] Lorna Jimerson. The Competitive Disadvantage: Teacher Compensation in Rural America [R]. Washington, D. C. : Rural School and Community Trust, 2003: 12.

[242] Mayer, R. , and Schoorman, F. Predicting Participation and Production Outcomes Through a Two – Dimensional Model of Organizational Commitment [J]. Academy of Management Journal, 1992, 35 (3): 671 – 684.

[243] Mamman, A. Employees' attitudes toward criteria for pay systems [J]. The Journal of Social Psychology, 1997, 137 (1): 33 – 41.

[244] Maslow, A. H. Motivation and Personality [M]. New York: Harper and Row, 1954.

[245] McFarlin, D. B. and Sweeney, P. D. Distributive and procedural justice as predictors of satisfaction with personal and organizational outcomes [J]. Academy of Management Journal, 1992, 35 (3): 626 – 637.

[246] Meglino, B. , Ravlin, E. , and Adkins, C. A Work Value Approach to Corporate Culture: A Field Test of the Value Congruence Process and its Relationship to Individual Outcomes [J]. Journal of Applied Psychology, 1998, 74 (3): 424 – 432.

[247] Milanowski, A. The varieties of knowledge and skill-based pay design: A comparison of seven new pay systems for K – 12 teachers [M]. Madison, WI: Consortium for Policy Research in Education, 2001.

[248] Miller, J. S. , Hom, P. W. and Gomez – Mejia, L. R. The high cost of low wages: does maquiladora compensation reduce turnover? [J]. Journal of International Business Studies, 2001, 32 (3): 585 – 595.

[249] Miles, R. L. , Marshall, C. , Rolfe, J. , Noonan, S. The attraction and retention of professionals to regional areas [M]. Rockhampton: Central Queensland University, 2004.

[250] Milkovich, G. T. , Newman, J. M. , and Gerhart, B. Compensation [M]. (10th edn. ). New York: McGraw – Hill, 2011.

[251] Moos, R. H. Work environment scale manual [M]. 2rd ed. Palo Alto, CA: Consulting Psychologists Press, 1986.

[252] Murphy – Berman, V. and Berman, J. J. Cross-cultural differences in perceptions of distributive justice [J] Journal of Cross – Cultural Psychology, 2002, 33 (2): 157 – 170.

[253] Murnane, R. , and Cohen, D. Mertit pay and the evaluation problem: Why most merit pay plans fails and a few survive [J]. Harvard Educational Review, 1986, 56 (1): 1 – 17.

[254] Newman, K. and Nolan, S. (1996), "Culture and congruence: the fit between management practices and national culture", Journal of International Business Studies, 1996, 27 (4): 753 – 758.

[255] Newton, R. Teacher Evaluation: Focus on Outcomes. Peabody [J]. Journal of Education, 1980, 58 (1): 45 – 54.

[256] Odden, A. , and Kelley, C. Paying teachers for what they know and do: New and smarter compensation strategies to improve schools [M]. Thousand Oaks, California: Corwin, 2002.

[257] Oliver, E. G. and Cravens, K. S. Cultural influences on managerial choice: an empirical study of employee benefit plans in the United States [J]. Journal of International Business Studies, 1999, 30 (4): 745 – 762.

[258] Oliver Rack, Thomas Ellwart, Guido Hertel, Udo Konradt. Team-based rewards in computer-mediated groups [J]. Journal of Managerial Psychol-

ogy, 2011, 26 (5): 419 –438.

[259] Oliver, N. Work Rewards, Work Values, and Organizational Commitment in an Employee – Owned Firm: Evidence from the UK [J]. Human Relations, 1990, 43 (6): 513 – 526.

[260] Rehu, M., Lusk, E., and Wolff, B. Incentive preferences of employees in Germany and the USA: An empirical investigation [J]. Management Revue, 2005, 16 (1), 81 – 98.

[261] Rokeach, M. The Nature of Human Values [M]. New York: Free Press, 1973.

[262] Rose, M. A guide to non-cash reward [M]. London: Kogan Page, 2011.

[263] Rousseau, D. M. Psychological contracts in the workplace: understanding the ties that motivate [J]. Academy of Management Executive, 2004, 18 (3): 151 –161.

[264] Rynes, S. Compensation strategies for recruiting [J]. Topics in Total Compensation, 1987, 2: 185 – 196.

[265] Rynes, S., Gerhart, B., and Minette, K. The Importance of Pay in Employee Motivation: Discrepancies Between What People Say and What They Do [J]. Human Resource Management, 2004, 43 (4): 381 – 394.

[266] Santiago, P. Teacher Demand and Supply: Improving Teaching Quality and Addressing Teacher Shortages [Z]. OECD Education Working Paper, No. 1. Paris: OECD, 2002.

[267] Schneider, B. The people make the place [J]. Personnel Psychology, 1987, 40 (3): 437 –454.

[268] Sharplin, E., O'Neill, M., Chapman, A. Coping strategies for adaptation to new teacher appointments: Intervention for retention [J]. Teach-

ing and Teacher Education, 2011, 27 (1): 136 – 146.

[269] Stajkovic, A. and Luthans, F. Differential Effects on Incentive Motivators on Work Performance [J]. Academy of Management Journal, 2001, 44 (3): 580 – 590.

[270] Sutherland, M. Foreword. In M. Bussin (Ed.), The remuneration handbook for Africa [M]. Randburg: Knowres Publishing, 2011.

[271] Tor Eriksson, Marie Claire Villeval. Performance-pay, sorting and social motivation [J]. Journal of Economic Behavior and Organization, 2008, 68 (2): 412 – 421.

[272] Trinidad, S., Sharplin, E., Lock, G., Ledger, S., Boyd, D. and Terry, E. Developing strategies at the preservice level to address critical teacher attraction and retention issues in Australian rural, regional and remote schools [J]. Education in Rural Australia, 2011, 21 (1): 111 – 120.

[273] Triandis, H. C. Individualism and Collectivism [M]. Boulder, CO: Westview Press, 1995.

[274] Vroom, V. Work and Motivation [M]. New York: Wiley, 1964.

[275] Westerman, J. W., Beekun, R. I., Daly, J., Vanka, S. Personality and national culture: Predictors of compensation strategy preferences in the United States of America and India [J]. Management Research News, 2009, 32 (8): 767 – 781.

# 后　　记

从 2007 年开始，笔者对于义务教育教师绩效薪酬偏好的调查研究已经持续 13 年。对于这一学术问题的认识，也逐渐加深，体会到国家对于义务教育教师队伍发展的深切厚望。

党的十九大报告提出乡村振兴战略，一方面将对乡村教育投入更大，另一方面将对乡村教师队伍建设提出更高要求。乡村教师绩效薪酬制度效果必然引发人们的更大关注。

对于乡村教师绩效薪酬制度效果的研究，不仅是教育管理理论界研究热点，也是经济学、心理学等学科高度关注的学术领域。在应用心理学领域，绩效薪酬效果理论中影响力比较大的是绩效薪酬偏好理论和激励效应理论。人事管理经济学中，绩效薪酬分选效应理论研究成果同样引人注目，也正成为行为经济学者的关注热点。

从学科理论的融合来看，绩效薪酬分选效应理论、绩效薪酬偏好理论必将出现更丰富的实证研究成果。从实践角度看，笔者能够在乡村振兴进程中，体验、观察我国乡村教师队伍建设历程，是非常有意义的事。

笔者坚信，随着乡村振兴战略的实施，乡村教师职业吸引力一定会更高，乡村学校学生会接受更高质量的教育。

本书写作过程中，笔者爱人薛银霞始终给予高度支持，笔者所在学校领导和同事给予了大量支持，本人所教的研究生和本科生同学都积极提供了调研协助。经济科学出版社编辑李雪老师更是给予了笔者强大的支持和帮助。

在本书即将出版的时候，向所有提供过帮助的朋友们表示真挚的谢意。

作 者

2020 年 9 月